정신건강사회복지론

Mental health social welfare

정신건강사회복지론

나동석 · 서혜석 · 김선범 · 홍재은 · 곽의향 · 유은무 공저

동문사

PREFACE
머리말

정신건강분야에서 정신건강사회복지사의 역할은 중요하다. 사람들이 살아가는 환경은 다양한 영역으로 이루어졌고 이러한 영역과 관련하여 교류하면서 살아갈 것이다. 특히, 정신적인 문제로 고통 받아 살아가고 있는 사람들도 이와 같은 다양한 영역의 환경 속에서 살아가는 것도 마찬가지일 것이다. 이러한 관점에서 정신질환자에게 개입하여 그들의 문제를 해결하고 도와주기 위해서는 그들이 상호작용해야 할 영역의 환경과 촉진시켜주는 일이 아주 중요할 것이다. 즉, 정신질환으로 고통 받고 있는 사람들에게 미약했던 역량을 강화시켜주고 환경과의 상호작용을 촉진시키는 역할이 주로 정신건강사회복지사들의 활동이다.

정신질환자들이 생활할 수 있는 환경을 강조하여 2017년 5월 30일에 '정신건강증진 및 정신질환자 복지서비스 지원에 관한 법률(약칭 「정신건강복지법」)'이 시행되었다. 주요내용을 살펴보면, 정신질환자의 정의를 독립적인 생활에서 제약이 있는 경우로 축소하였고, 전 국민의 정신건강을 증진하는 사업과 정신질환자에 대한 복지서비스를 지원하기 위한 세부사항을 마련하였으며, 보호의무자, 자신이나 타인에게 해를 끼칠 위험정도, 강제입원의 조건과 입원적합성심사 등의 규정에 대하여 구체적으로 제시하였다. 특히, 그동안 논란이 있었던 사항으로, 강제로 입원시키려면 치료의 필요성과 자신이나 타인을 해할 가능성이 심한 경우로 반드시 두 가지가 있어야 한다. 이러한 법을 적용하면 많은 정신질환자들이 시설에서 퇴원하게 되고 지역사회에서 생활하는 사람들이 늘어날 것이다. 이와 비례해서 이들을 돌봐줄 수 있는 정신건강사회복지사들이 많이 요구되는 시점이다.

그 동안 우리는 대학원 과정에서 「정신건강사회복지론」을 연구하였고, 가르침을 받은 제자들은 각자의 독특한 영역의 현장에서 실천하였으며 지금까지 꾸준히 토론하고 연구한 것을 모아 후학들을 위한 교재로 출간하기를 결정하였다. 서로 간의 현장실천과 연구한 경험을 고려하여 정신건강사회복지론에서 집필할 영역을 조율하였다.

그래서 본 교재는 총 4부로 구성하였다. 제1부는 정신건강사회복지의 기초적 이해, 제2부는 정신건강인력체계와 실천현장, 제3부는 정신건강사회복지 실천방법, 제4부는 정신건강 실천 이슈를 담고 있으며 구체적인 내용은 다음과 같다.

제1부는 정신건강사회복지의 기초적 이해로 제1장의 정신건강사회복지 개요에서는 정신건강사회복지의 개념과 정신건강사회복지의 발달과정을 살펴보았고, 제2장에서는 정신건강과 정신장애를 비교하여 이해하고자 하였다.

제2부는 정신건강인력체계와 실천현장으로 제3장의 정신건강인력체계에서는 정신건강전문요원을 알아보았고, 이 중에서 정신건강사회복지사의 역할, 정신건강전문요원의 법적

근거, 자격기준, 수련제도 등을 살펴보았으며, 제4장의 정신건강사회복지 실천현장으로 정신건강사회복지사들이 활동 가능한 정신의료기관, 정신건강복지센터, 정신재활시설, 중독관련기관, 정신요양시설 등을 다루었다.

제3부는 정신건강사회복지 실천방법으로 제5장에서 심리사회적 사정에는 정신병리, 심리사회적 사정을 다루고, 제6장 개인과의 실천에서 개인상담과 치료, 위기개입, 사례관리, 퇴원(퇴소)계획 및 사후관리, 옹호 및 자조활동지원을 살펴보았으며, 제7장 집단과의 실천에서 집단상담과 치료, 사회기술훈련, 심리극, 집단활동을 다루었다. 제8장의 가족과의 실천에서 정신건강 영역에서의 가족, 가족의 부담, 가족교육, 가족상담을 다루었고, 제9장의 지역사회정신건강실천에서 지역사회정신건강의 개요를 살펴본 후, 지역사회정신건강실천에 대하여 기술하였다.

제4부에서 정신건강실천 이슈에 대하여 살펴보았다. 제10장에서 생애주기별 정신건강 문제를 살펴보았고, 제11장 중독과 사회복지에서는 알코올중독, 인터넷중독, 도박중독을 다루었으며, 제12장 자살과 사회복지에서는 청소년자살과 노인자살을 다루었다. 제13장 재난과 정신건강에서는 재난의 의미를 살펴본 후, 재난을 정신병리와 관련하여 살펴보았으며 재난과 정신건강개입에서 재난의 단계에 따라 개입을 다루었다. 제14장 탈원화와 지역사회통합에서는 우선 탈

원화의 개념을 알아보았고, 정신장애인을 위한 지역사회통합은 어떻게 이루어는 지와 정신장애인의 권리보장에 대하여 알아보았다. 그리고 마지막 부분에는 정신건강사회복지를 다루는 실천현장에서 대상자들을 사정하고 개입에 대한 노력을 평가할 때 적절하게 사용할 수 있는 정신건강 관련 척도를 추가해 보았다.

끝으로, 「정신건강복지법」에서 정신보건이 정신건강으로 바뀌면서 용어의 혼란을 가져온 건 사실이다. 그럼에도 불구하고 '정신건강'이란 용어가 사람들의 생활과 최대한 관련되도록 조정하는 데 많은 노력을 기울였을 제자들의 노력에 사랑의 박수를 보낸다. 아울러 본서를 작업할 수 있도록 기회를 마련해 준 동문사 사장님과 편집위원들께 감사한 마음을 전합니다.

2017년 8월
우암산 기슭에서
대표저자 나동석

CONTENTS
차 례

정신건강사회복지론

CONTENTS
차 례

정신건강사회복지론

CONTENTS
차 례

정신건강사회복지론

부 록

1

Mental Health Social Welfare

정신건강사회복지의 기초적 이해

1장

정신건강사회복지 개요

<학습목표>

1. 정신건강사회복지의 개념에 대해 학습한다.
2. 정신건강사회복지의 발전 과정을 살펴본다.

<키워드>

정신건강사회복지, 정신건강사회복지의 발달

1. 정신건강사회복지의 개념

정신건강사회복지는 아동복지 혹은 노인복지와 같이 사회복지의 한 분야로써 정신건강의 영역에서 이루어지는 사회복지활동이라고 말할 수 있다. 김규수(1999)는 외국의 여러 학자들의 논의를 종합하여 첫째, 정신건강사회복지의 대상은 정신적 및 정서적 장애를 가진 클라이언트와 그 가족이고, 둘째, 주체는 정신과의사, 사회복지사, 심리학자, 정신과간호사, 작업치료사 등이 치료팀으로 구성되며, 셋째, 활동

장소는 병·의원을 포함하는 정신의료기관, 정신재활시설, 정신요양시설, 정신건강복지센터 등이며, 넷째, 그 목적은 정신적 및 정서적 장애로 고통 받는 사람들의 건강을 회복시키고 정신건강을 촉진하는 활동 등 2차 예방뿐만 아니라 국민의 정신건강증진을 위한 1차 예방활동으로 확대된 서비스를 내포하고 있으며, 다섯째, 사회복지접근방법을 개별사회복지실천으로 국한시키지 않고 사회복지실천론의 다양한 방법론을 적용하는 것을 의미하는 것이라고 정의하였다.

김경호(2005)는 정신건강영역에서 정신건강사회복지의 목적은 정신질환자의 정신건강 회복과 사회적응, 사회기능의 향상에 있다고 하였다. 따라서 정신건강사회복지의 특징은 첫째, 부적응, 일탈과 비정상으로 인해 정신적·정서적·사회적 생활의 측면에서 전문적인 도움이 필요하여 정신건강시설을 찾아온 정신질환자를 대상으로 한다. 둘째, 정신건강의학과 병의원, 대학병원의 정신건강의학과, 정신요양원, 정신건강복지센터, 정신재활시설 등 정신건강시설에서 이루어진다. 셋째, 정신질환자의 정신적·정서적·사회적 문제에 개입한다. 넷째, 정신의료팀이 협력해서 다양한 사회복지실천방법론을 활용하여 정신질환자의 욕구를 충족시키는 활동이라고 하였다.

이와 같이 과거의 정신건강사회복지는 주로 정신질환자를 대상으로 서비스와 더불어 사회복지실천을 제공하는 활동이 주요한 기능이라고 의미하고 있었다. 그러나 정신건강이나 정신질환자에 대한 정의에 따라 그리고 정신건강사회복지사가 역할하는 상황에 따라 달라질 수 있다. 2016년에 제정된 「정신건강증진 및 정신질환자 복지서비스 지원에 관한 법률」에서는 정신질환자의 정의가 지금까지 정의한 범위보다 축소되어 있으므로 정신건강사회복지의 대상이 정신질환의 영역의 범위를 넘어서 매우 포괄적인 분야에서 적용되고 있는 경향을 잘 표현하고 있다고 볼 수 있다. 그래서 가정폭력, 자살, 가출청소년, 아동학대, 성폭력, 군대 혹은 학교부적응과 같은 영역에서 개인, 집단 및 가족을 위한 상담과 사회복지실천을 제공하여 왔다(나동석 외, 2015). 미국사회복지사협회에서 내려진 정신건강실천지침을 보면, ① 팀 접근을 시도하며 사회복지사가 지도자 역할을 한다. ② 치료과정에서 사례관리를 반드시 제공한다. ③ 아동과 청소년의 정신건강서비스는 가족중심이어야 한다. ④ 생물심리사회적(biopsychosocial) 원인론을 중시한다. ⑤ 서비스는 지역사회를 기반으로 제공한다고 되어 있다(이윤로 외, 2008: 21).

여기에서도 알 수 있듯이 정신건강사회복지는 사회복지영역에서 중요한 위상을 차지하고 있기 때문에 대표성도 갖고 있을 것이라고 판단된다. 따라서 이러한 지침에서 가장 중요하다고 지적할 수 있는 핵심용어를 고르면 팀워크접근, 리더십 발휘, 사례관리제공, 가족중심의 아동과 청소년정신건강, 생물심리사회적 관점 및 지역사회기반서비스로 판단된다. 따라서 정신건강사회사업은 이러한 핵심용어를 중심으로 전개되어야 할 것이다.

이상에서 살펴본 바와 같이 정신건강의 예방, 치료 및 재활 서비스가 순환적으로 이루어져야 하고, 이러한 과정에서 필요한 포괄적인 정신건강과 복지서비스에 포함되어져야 하며, 그 내용에 대해서 다음과 같이 제시하고자 한다.

첫째, 정신건강의 예방 차원에서 일반 국민에게 정신건강증진을 위한 정신건강서비스를 제공하도록 관련기관에서 다양한 프로그램을 실시한다. 예를 들어, 자살예방을 위해서 다양한 분야에서 의견을 모으기 위한 세미나를 개최하고 캠페인을 벌일 수도 있으며 생명을 소중히 다루기 위한 축제를 기획할 수도 있다.

둘째, 모든 정신질환자의 치료팀은 정신건강을 전문적으로 다루는 의사, 임상심리사, 사회복지사, 간호사 등의 학제적 팀으로 구성하고 팀원들로 하여금 생물심리사회적인 원인론에 입각하여 진단적 평가를 받아야 하고 치료계획은 진단에 따라 의료적·심리적·사회적 욕구를 고려하여 세워져야 한다. 특히, 치료과정에서는 24시간 위기개입서비스가 반드시 포함되어야 한다. 24시간으로 폭넓게 설정한 이유는 응급하게 발생한 정신질환자에게 의료시설이나 서비스 기관에 즉각적인 도움을 제공하기 위한 것이다. 또한 증상이 심각하여 24시간 동안 감독이 필요한 정신질환자의 경우에는 병·의원 혹은 주거치료센터에 입원할 필요가 있지만 가능한 한 외래 혹은 주간치료센터에서 개별 또는 집단상담서비스가 제공되어야 하며 장기입원보다는 단기간의 집중치료를 요하는 입원을 선호하여야 한다.

셋째, 지역사회재활에 있어서 정신재활시설에서는 회원들의 심리사회적 재활서비스를 통하여 정신질환자가 지역사회에서 성공적으로 적응하면서 살아갈 수 있도록 필요한 기술을 가르친다. 일상적인 원활한 생활을 위해서 다양한 사회적 지지체계를 구축할 필요가 있다. 이러한 사회적 지지체계의 구축은 정신건강사회복지사가 회원에게 사례관리를 시행하는 동안에 이루어지게 된다. 즉, 환자는 일상생활에서 자신의 감정을 조절하도록 훈련하고 어려운 일에 부딪쳤을 때 대처할 수 있도록 전략을 발달시키며 환경에 잘 적응하도록 판단력을 강화시켜야 할 것이다. 그리고 정신재활시설에서 자조집단을 활성화하고 이를 통하여 대인관계의 폭을 넓혀 나가야 할 것이며 취업을 위한 훈련 과정에 참여하여 스스로 할 수 있다는 의식을 고취시켜야 한다.

넷째, 가족을 위한 서비스도 준비해야 할 것이다. 가족교육은 환자를 포함하여 가족을 대상으로 정신질환에 대한 정보와 지식을 제공해야 하고 환자의 증상을 다루기 위한 구체적인 기술을 교육하고, 환자를 돌보는 과정에 대해 지지하고 공감해야 한다. 특히, 가족교육은 하나의 치료기법으로도 활용할 수 있기 때문에 경우에 따라서는 가족치료의 형태를 이루는 경우도 있을 것이다.

2. 정신건강사회복지의 발달과정

우리나라의 정신건강사회복지는 여러 단계로 나뉘어 발전해 왔고 그 단계마다 특성을 지니고 있다고 볼 수 있다. 첫 번째의 초창기에는 한국전쟁 이후 미군병원에서 정신건강사회사업가인 모건(Ralph W. Morgan)이 정신과의사와 함께 전쟁신경증을 가진 군인환자를 돕는 과정이 있었고, 이러한 과정은 한국의 정신과의사들에게 사회복지사와의 팀워크에 대한 필요성을 인식시켜주었다(Morgan, 1961; 김기태 외, 2001). 즉, 한국에서의 정신건강사회복지에 대한 출발은 미국의 영향으로 인식되어 시작하였다고 해도 과언이 아니다. 그 후에는 1958년에 서울시립아동상담소가 개설되면서 정신건강팀의 일원으로 참여하였다. 당시에 정신과의사, 정신의료사회사업가, 임상심리사 등이 팀을 이루어 아동의 정신건강에 대한 접근을 시도하였다. 이는 미국에서 정신건강에 대한 전문적 접근으로 각각의 역할을 강조한 세 팀으로 시작하였다는 점에서 의의를 가질 수 있는 것이다.

두 번째로 인식될 수 있는 흐름은 1962년에 국립정신병원에서 정신의료사회사업가를 채용하기 시작하면서, 1963년에 성모병원, 1965년에 세브란스병원, 1968년에 중앙대 필동병원 정신과, 1969년 대구동산기독병원 정신과에서 사회복지사들이 일하기 시작하였다. 이러한 확대시기를 보면 종교적 배경을 지닌 병원에서 시작했다는 점을 알 수 있다.

세 번째의 제도기는 1973년에 의료법의 시행령이 "종합병원에는 환자의 갱생, 재활과 사회복귀를 위한 상담과 지도를 위하여 사회복지사 자격증 소지자 1인 이상을 두도록 규정"한다고 개정되면서, 병원에 사회복지사가 환자들의 재활과 갱생을 위해서 일할 수 있도록 하는 법적인 근거가 마련되었다. 이에 따라 대학병원 및 정신과전문병원을 중심으로 정신건강사회복지사를 고용하기 시작하였고, 아울러 일반 환자와 정신과환자를 돌볼 수 있도록 하였다. 따라서 1974년에 안양신경정신병원, 고대병원, 서울기독병원, 1976년에 서울 백제병원에서 사회복지사들이 일하게 되었다. 결정적인 시기는 1977년 7월 1일에 건강보험이 시작되면서이다. 이때 의료보험수가에 정신의학적 사회사업의 항목으로 개인력 검사, 사회조사, 사회사업지도, 가정방문 등이 등장하면서 사회복지사들이 환자들에게 제공한 서비스에 비용을 청구하는 것이 가능해졌다. 이로써 대부분의 병원에 소속되었던 사회복지사들은 일반의료환자보다는 의료보험수가를 청구할 수 있는 정신과환자를 돌보기 시작하면서 정신건강사회복지사들이 대폭적으로 증가하였다.

네 번째는 지역사회 정신건강이 강조되면서 지역사회로의 확대가 시작되었다. 1986년에 지역사회를 중심으로 하는 클럽하우스모델의 태화샘솟는집이 등장하였고, 1980년대 후반부터는 강화지역 정신건강센터 시범사업도 시도되었다. 이 즈음하여, 정신보건사회복지학회(현, 정신건강사회복지학회)가 태동하기 시작하였다. 당시에 정신과 영역에서 일하고 있던 정신건강사회복지사들이 정신건강사회복지의 발전과 권익옹호를 위하여 1987년부터 "정신의료사회사업연구회"를 조직하여 모이다가 1992년에 교수와 정신건강사회복지사들이 한국정신보건사회복지학회(현, 정신건강사회복지학회)를 창립하였다.

다섯 번째는 법적인 제정에 따라 발전되기 시작한 시기로써 1995년에 제정된 「정신보건법」에 따라 변화가 나타났다. 정신건강사회복지사가 정신보건전문요원으로 법적인 인정을 받게 되었고 급수에 따른 수련 후 국가자격증을 발급받게 되면서 정신건강사회복지사는 일반사회복지사(generalist)보다는 전문사회복지사(specialist)로 전환되기 시작하였다. 그리고 정신건강의 날을 개최하기 시작하면서 정신건강의 예방에의 관심이 강조하기 시작하였고, 1997년부터는 사회복귀시설(현, 정신재활시설) 2개소, 1998년에는 정신건강증진센터(현, 정신건강복지센터) 4개소가 시범적으로 운영하기 시작하였다. 2000년부터 알코올상담센터(현, 중독관리통합지원센터)의 시범사업을 4개소에서 시작하면서 정신건강사회복지사들이 중독문제에 관심을 두기 시작하게 하였고, 2001년에는 정신질환실태에 대한 역학조사를 처음으로 실시하여 정신보건정책의 기초자료로 활용하였다. 2002년에는 아동청소년정신보건사업이 16개소에서 시작하면서 점차 정신건강의 대상이 확대되기 시작했다. 그리고 1999년에는 「장애인복지법」이 개정되면서 정신장애가 법정장애인의 범주에 포함되었고, 다양한 장애인복지서비스를 받을 수 있게 되었다.

2005년부터 자살 등 위기상담전화사업을 시작하였고, 2006년부터는 생명사랑 자살예방사업도 시작되었다. 그리고 2007년부터는 국가알코올종합대책으로 "파랑새플랜 2010"을 추진하였고, 2008년에는 정신질환자의 인식개선을 위해서 「정신보건법」을 개정하여 노력하였으며 권익증진을 강화하기에 이르렀다. 2015년에는 국립서울병원이 국립정신건강센터로 전환되었고, 이후에는 정신질환과 신체질환 등의 복합질환을 위한 진료 체계를 구축하고, 사회문제해결을 위한 정신건강연구를 시행하며 공공정신건강 서비스와 의료를 확대하였다. 아울러 국가정신건강관리의 체계를 구축하고 응급진료서비스를 강화하며 정신건강에 대한 교육을 실시하고 있다.

2015년에 정신건강기관시설은 2,052개소였다. 이 중에서 정신건강증진센터(현, 정신건강복지센터)는 204개소(기초형 209개소, 광역형 15개소), 정신의료기관 1,402개소(국공립 18개소, 민간 1,384개소), 정신요양시설 59개소, 사회복귀시설(현, 정신재활시설) 333개소, 중독관리통합지원센터를 50개소에 운영하고 있으며, 사회복지전담공무원의 정신건강증진사업을 15개 시·도에서 지원하고 있다.

2016년 2월에는 '국민정신건강종합대책'을 수립하였다. 내용으로는 정신질환자가 자신의 질병상태에 대하여 신속하고 편리하게 치료를 받을 수 있도록 진료 문턱을 낮추는 것이고 정신건강복지센터에서 마음건강 주치의에게 진단과 상담서비스를 받도록 하는 것이다. 그리고 5월에는 「정신건강증진 및 정신질환자 복지서비스 지원에 관한 법률」(약칭 「정신건강복지법」)이 제정되었다.

생각해보기

1. 정신건강사회복지의 개념은 사회복지의 가치에 따라 논의할 수 있는지 생각해보기.

2. 정신건강사회복지는 한국의 어떤 사회문화적 배경에 따라 변화되어 왔는지 생각해보기.

2장

정신건강과 정신장애의 이해

<학습목표>

1. 정신건강과 정신장애의 개념에 대해 학습한다.
2. 정신건강에 대한 관점을 이해한다.
3. 장애진단분류와 법정 정신장애에 대해 학습한다.
4. 국제질병분류체계와 정신질환의 진단 및 통계편람에 대해 학습한다.

<키워드>

정신건강, 정신장애, 장애진단분류, 국제질병분류체계(ICD-10), 정신질환의 진단 및 통계편람 제5판(DSM-5)

1. 정신건강

1) 정신건강의 개념

'정신건강(mental health)'이라는 용어는 '정신위생(mental hygiene)'이라는 용어와 혼용하여 사용되고 있다. 그러나 엄밀히 말하면 정신위생은 정신건강을 위한 실천적 수단을 보다 강조한 용어인 반면, 정신건강은 하나의 목표가 나름대로 달성된 이상적인 상태를 지칭하는 용어라 할 수 있다. 즉 인간이 바라고 원하는 방향이 정신건강이라면, 이와 같은 정신건강을 유지하기 위해 최적의 적응과 원만한 인간관계를 유지해 나가는 적극적이고 실천적인 자세가 정신위생이다. 따라서 '병에 걸리지 않았다', 또는 '병에서 회복되었다'고 하는 것이 소극적 의미의 정신건강이라면, 적극적 의미의 정신건강이란 '개인이 최선의 기능을 발휘하는 하나의 이상적 상태'라고 할 수 있다. 이런 의미에서 볼 때 정신건강이란 정신적으로 건강하지 못한 상태의 예방 및 치료라는 소극적인 측면과 정신적으로 건강한 상태의 유지 및 증진이라는 적극적인 측면을 모두 갖고 있음을 알 수 있다(조대경 외, 1994).

유엔의 세계보건기구(WHO) 헌장에 의하면 건강은 "단지 질병에 걸리거나 허약하지 않은 상태만이 아니라 신체적, 정신적, 그리고 사회적으로 양호한 상태"라고 하였다. 이러한 차원에서 정신건강은 '일상생활에서 언제나 독립적·자주적으로 처리해 나갈 수 있고 질병에 대해 저항력이 있으며 원만한 가정생활과 사회생활을 할 수 있는 상태이자 정신적 성숙 상태'라고 기록하고 있다.

미국 정신위생위원회(National Committee for Mental Hygiene)의 보고에서는 '정신건강이란 다만 정신적 질병에 걸려 있지 않은 상태만이 아니고 만족스러운 인간관계와 그것을 유지해 나갈 수 있는 능력'을 의미한다고 하였다. 이것은 '모든 종류의 개인적·사회적 적응을 포함하며 어떠한 환경에도 대처해 나갈 수 있는 건전하고(wholesome), 균형 있고(balanced), 통일된(integrated) 성격(personality)의 발달'을 의미한다고 할 수 있다.

이러한 측면에서 정신건강이란 '행복하고 만족하며 원하는 것을 성취하는 것 등의 안녕 상태(well-being)' 또는 '정신적으로 병적인 증세가 없을 뿐 아니라 자기 능력을 최대한 발휘하고 환경에 대한 적응력이 있으며, 자주적이고 건설적으로 자기의 생활을 처리해 나갈 수 있는 성숙한 인격체를 갖추고 있는 상태'를 말한다고 할 수 있겠다.

따라서 정신건강 활동은 두 영역으로 구분할 수 있다. 즉, 적극적으로 정신의 건강을 유지하고 그 상태를 보전하고 향상시키려는 예방적 활동 분야와 정신적 혹은 정서적으로 장애를 받고 있는 사람들로 하여금 정신적 건강을 회복할 수 있도록 도와주는 소극적 활동 분야이다.

첫째, 정신건강의 적극적 활동은 주로 정신적 적응을 증진시키며, 정신적 이상을 예방하는 각종 활동으로서 가정, 학교, 사회 구성원의 정신건강 문제에 대하여 올바른 이해와 자세를 갖도록 지도하고 계몽하며 여가를 효율적으로 사용하도록 도와주거나 창조적 자기표현을 할 수 있는 기회를 마련하며 정신건강의 증진을 위한 기회를 마련해 주는 것이다.

둘째, 정신건강의 소극적 활동은 정신질환의 증상을 파악하고 인식시켜주며 초기에 환자를 발견하여 치료할 수 있도록 각종 정보를 제공하여 정신질환을 감소시키려는 임상적 활동이 주를 이루는 것이다.

2) 정신건강의 조건

(1) 정신건강의 평가기준

정신건강의 평가기준은 마리 자호다(Marie Jahoda, 1958)가 제시한 내용으로 살펴보고자 한다.

① 자신에 대한 긍정적인 태도

나이가 들면서 필수적으로 변하여 현실적 수준에 들어맞게 되는 포부를 가져야 하며 주체성, 전체성, 소속감, 안정감과 인생의 의의를 느낄 수 있어야 한다.

② 성장, 발달, 자기실현

전인(total person)을 강조하고 인간은 적절하고 자유롭게 자신의 자아와 접촉하고 그의 느낌, 감정을 살펴서 지적·인지적 기능과 통합시키며 그의 내적 갈등과 스트레스에 의해 억제를 받지 않고 그의 환경과 자유롭고 개방적으로 상호작용을 할 수 있는지와 다른 사람들과 잘 어울리며 그 사람들과의 삶의 경험에서 성장할 수 있는지 등의 생각에 초점을 두고 있다.

③ 통합력

통합력은 개인의 내적·외적 갈등 및 욕동과 기분 및 정서의 조절 간에 균형을 이루는지, 겉으로 표현되는 것과 내적으로 억압되는 것 간에 균형을 이루는지를 말하며, 정서적 감응성 및 통제와 통합된 인생철학 개념들을 포함하고 있다.

스트레스를 견디어내는 능력은 강하고 융통성 있는 자아를 관련시켜서 개인이 그 스트레스를 처리하고 성장할 수 있게 한다.

④ 자율성

자율성을 자기결정, 의존과 독립의 조화, 자기행동결과의 수용 등을 포함한다. 자기의 결정, 행동, 사고, 감정 등을 포함하여 개인 스스로가 책임지는 것을 말하며, 그 결과 개인은 타인의 자율성과 선택의 자유도 존중할 수 있다.

⑤ 현실지각

공감능력, 사회적 민감성, 남의 감정과 태도를 존중하는 것 등이 현실감각에 포함된다. 또한 건강한 사람은 자기의 지각을 새로운 정보에 비추어서 변경할 수 있다.

⑥ 주변 환경의 지배

새로운 사람과 우정관계를 이루고 만족할 만한 집단생활을 하는 것 등으로 자기 주변 환경을 지배한다. 공격성, 고독, 좌절 등에 잘 대응하는 자질이 있으며 남을 사랑하고 남들로부터 사랑을 받으며 호혜적 관계를 가진다.

또한 조대경 외(1994)의 건전한 정신건강의 조건에는 첫째, 자기존중과 타인존중을 할 줄 아는 인간에 대한 자세, 둘째, 자신과 타인이 지닌 장점과 한계에 대한 이해와 수용에 대한 자세, 셋째, 모든 행동에는 원인과 그에 따른 결과가 있음을 이해할 줄 아는 자세, 넷째, 자아실현에 대한 동기를 이해하려고 끊임없이 노력하는 자세이다.

한편, 펜턴(Fenton)은 통일성과 일관성, 자신에 대한 승인, 사회적 승인, 사회적 승인의 유지를 정신건강의 조건으로 제시하였다.

(2) 정상과 이상

보통 정상과 이상의 기준에서 정신의학적으로 건강하다고 할 때는 보통상태(average)일 때, 병이 없을(normal) 때, 이상적(ideal)일 때, 과정(process)으로서의 건강상태를 설명한다.

정신상태는 언제나 변화하는 상태에 있기 때문에 건강함과 건강하지 못함은 절대적이 아니다. 예를 들면, 한때의 불안, 스트레스는 과도하지 않는 한 인격성숙을 위해 필요한 경우도 있다는 것이다. 이상에 대한 기준들은, 즉 정상·이상은 상호 비교되는 것이며 흑·백으로 정확히 구분할 수 없다.

따라서 여기서는 세 가지 관점으로 살펴보고자 한다.

① 통계적 관점

지능, 신장, 체중 등과 같이 인간의 어떤 특성을 수량화했을 때 대부분이 [그림 2-1]과 같은 형태의 정상분포곡선(normal distribution curve)을 나타낸다.

정상분포곡선이란 종 모양의 좌우 대칭형의 분포 형태를 말하며, 분포의 중앙인 평균 쪽에 많이 밀집해 있고 평균에서 양방향으로 멀어질수록 분포 상태가 희박해진다. 이러한 통계학적 관점에서 본다면 평균으로부터 이탈 정도가 정상과 이상을 구분하는 기준이 된다.

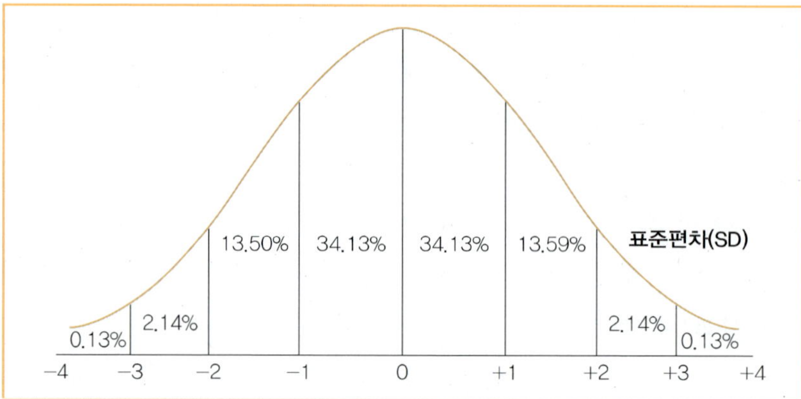

[그림 2-1] 정상분포곡선

② 임상적 관점

병원을 찾았을 때 어떻게 왔느냐 하는 의사의 질문과 함께 기초 체온과 혈압을 체크하곤 한다. 이는 평상시의 체온과 혈압을 유지하는 것이 정상이며, 그렇지 못할 때는 이상을 의미하기 때문에 평상시와 다른 점을 임상적 측면에서 발견하고자 하는 것이다. 실제 임상에서는 증상이 없는 경우를 기준으로 하는 것이 현실적이다.

③ 사회·문화적 관점

실의와 불만과 불행감에 차 있더라도 남에게 해가 되지 않고, 정상인 속에서 잘 어울릴 수도 있다. 그래서 미국 정신보건위원회의 보고에서는 정신건강이란 단지 정신적 질병에 걸려 있지 않은 상태만이 아니고, 만족스러운 인간관계와 그것을 유지해 나갈 수 있는 능력을 의미한다고 하였다. 이것은 모든 종류의 개인적·사회적 적응을 포함하며, 어떠한 환경에도 대처해 나갈 수 있는 건전하고 균형 있게 통일된 인격의 발달을 의미한다.

정신적으로 병적인 증세가 없을 뿐 아니라 자기 능력을 최대한 발휘하고, 환경에 대한 적응력이 있으며, 자주적이고 건설적으로 자기 생활을 처리해 나갈 수 있는 성숙한 인격체를 갖추고 있는 상태이다.

"로마에 가서는 로마법을 따르라"는 격언에서도 느낄 수 있듯이 어떤 사회·문화권에서는 지극히 정상적으로 받아들여질 만한 행동이 다른 사회·문화에서는 이상한 행동으로 받아들여지는 경우가 흔히 있다. 예를 들어, 과거 중국에서는 주먹을 쥐고 한 번도 펴지 않아서 손톱이 손등을 뚫고 나와야 세도가라고 했다고 한다. 만약 오늘날 이런 행색의 사람이 옆자리에 앉는다면, 대부분의 사람들이 놀라 자리를 피해 도망치거나 경찰서에 정신이상자로 신고했을 것이다. 또한 세계 대부분의 나라들이 같은 성끼리(남성 : 남성, 여성 : 여성)의 동성 결혼은 혼인의 실질적 성립 요건을 않는 것으로 무효로 하고 있으나, 네덜란드와 벨기에는 동성 결혼을 합법화하고 있다. 이 외에도 덴마크, 포르투갈, 헝가리, 프랑스 등이 동성애자에게 법적 지위, 재산권 등을 인정하고 있다(조선일보, 2001). 이렇듯 정상과 이상의 구분은 사회·문화적 관점에 관계없이 일률적으로 적용하는 것에는 한계가 뒤따른다.

3) 정신장애의 개념

정신장애(mental disorder)란 단순히 병리학적인 용어로만 규정할 수는 없으며 시대성과 사회성을 반영하는 사회역사적 개념이다. 예를 들면 과거에는 동성애와 알코올중독이 일탈적인 것으로 간주되었으나, 요즈음에는 동성애를 정상적인 생활방식의 하나로 주장하고 있으며, 알코올중독도 신체질환으로 취급하고 있다.

이와 같이, 정신장애를 이해하기 위해서는 유사한 용어를 구분하여 이해하는 것이 중요하다. 첫째는 정신병이라는 용어이다. 이것은 일반인들에게는 가장 널리 사용되는 용어로서 정신적으로 이상이 있다고 생각되는 거의 모든 것을 지칭하는 포괄적인 의미를 가지고 있다. 그러나 사실상 특수한 증상을 가리키는 것으로 기질적이거나 기능적인 증상을 일컫는 제한적인 의미를 지니고 있다.

둘째는 정신질환(mental illness)이라는 용어이다. 이는 질병의 개념을 강화한 용어이다. 정신병적이고 신경증적인 것 모두를 포함하며, 정신병적·신경증적 증상을 질병으로 진단하며 정신과적 병명을 부여하고 그에 대한 적절한 치료를 강조한다.

셋째는 광의의 개념으로 정신장애가 있다. 이는 정신병과 정신질환의 개념을 포괄하는 용어로서 사고, 감정 및 행동이 병리학적으로 특정되는 장애를 일컫는다. 정신질환과 달리, 정신장애는 질병 자체의 활발한 진행 외에도 질병으로 인한 기타 기능의 파손까지를 포함한다. 따라서 질병의 증상이 없어진 후에도 사회적 기능 등이 질병 이전의 상태로 회복되기 어려워 사회적응에 어려움을 겪는 경우를 말하는데, 만성 정신장애가 이에 속한다.

지적장애와 정신질환으로 인해 발생한 장애는 진행과정에서 차이를 보이는데, 지적장애의 경우, 어려서부터 지적능력에 결손이 나타나 성장발달과정에서 지적결손이 뒤따르고 나이에 맞는 사회적 역할을 수행하는데 어려움을 보인다. 반면 정신질환은 과거에는 건강하였으나 나중에 병세가 나타난 것을 말한다. 지적장애는 지적수준에 따라 네 단계로 구분된다. IQ가 50~70은 교육 가능하고, 35~49는 중등도로 훈련 가능하다. 20~34는 중도로 보호가 필요하며, 20 이하는 최중도로서 완전 보호가 필요하다(김기태 외, 2016).

2. 정신건강에 대한 관점

1) 정신건강에 대한 생물학적 관점

인간의 다양한 신체적인 형태나 기능 그리고 정신기능 등이 유전에 의해 상당히 영향을 받는 것으로 보인다. 물론 대부분의 형질은 유전과 환경에 의한 상호작용의 결과라고 볼 수 있지만 염색체의 유전 기전에 대해 상당히 많은 객관적인 사실들이 밝혀지고 있다. 정신기능 중에서도 유전이 지능에 미치는 영향은 상당히 크다고 할 수 있다. 베들리(Baddeley, 1990)의 연구에 의하면 지능은 50~70%가 유전에 의해서 결정된다고 한다. 그러나 생물학적 관점의 주 내용인 뇌의 생화학적 결함과 유전적 요인 두 가지가 직접적 원인 제공이 된다고 주장하기에는 아직 미흡한 단계이다.

2) 정신건강에 대한 심리학적 관점

정신건강을 목표로 하는 정신건강실천에 있어서 심리학적 시각은 개인에 관한 문제를 이해하고자 할 때 불안이라는 개념을 매우 중요하게 다룬다. 일상생활에서 불안한 감정을 경험하는 경우는 많다. 근본적으로 불안을 극복하고자 하는 인간의 노력은 종교, 예술, 자연과학 등의 문화를 창조하는 원동력이 되기도 하였다. 그러나 동시에 불안이라는 감정은 개인적·사회적으로 상당히 큰 장애가 되기도 한다. 전자를 정상적인 불안이라 하고 후자를 병적인 불안이라고 할 수 있다.

이 두 가지 불안에는 여러 가지 차이점이 있다. 우선 병적인 불안은 대다수의 사람들이 불안을 느끼지 않는 일상적인 상황에서 느껴지는 것으로 불안이 일어나는 상황이 인식되지 않은 채 평가되는 데 그 특징이 있다. 또한 이러한 불안에 대해서 직시하고 그것을 극복하려고 하지 않고 피하려 한다. 그 결과 병적인 불안은 쉽게 극복되지 않고 부정적인 의미가 계속 누적되는 특징을 지닌다. 반면에 정상적인 불안은 본인이 스스로 그것을 인식하며 인생의 각 발달시기에서 어느 정도 단기간에 극복하고 인격형성에 적극적인 의미를 제공한다.

인간의 정신기능에 미치는 불안의 생성에 대하여 심리학적 관점은 행동주의 이론과 정신역동이론, 대인관계이론에 주로 근거한다. 행동주의 이론은 정신건강에 대하여 특정하게 다루어 놓은 개념은 없지만 건강한 정신(정상적인 불안)이나 건강하지 못한 정신(병적인 불안)은 많은 조건화된 학습에 의해 생애 동안 영향을 받을 수 있다.

정신역동이론은 프로이트(Sigmund Freud)의 의식과 무의식의 수준 그리고 본능, 자아, 초자아에 대한 구조적 이론과 심리성적 발달단계를 설명한 발달이론을 통합하여 인간의 정신건강의 측정기준인 개인의 성격에 대하여 설명하고 있다.

대인관계이론은 호나이(Horney), 설리반(Sullivan), 프롬(Fromm)으로 대표되는 신프로이트 학파의 이론으로 불안이나 신경증적 행동의 원인과 지속 상태는 개인과 사회와의 상호작용과 대인관계의 상호작용의 결과로 보았다.

3) 정신건강에 대한 사회·환경적 관점

인간은 단순한 자연적 생물의 집합체가 아니라 사회와 제도 및 문화에 대한 사회적 결합의 성숙과정(maturation)을 통해 외계에 반응하면서 행위 능력을 증대한다. 그래서 사회제도, 경제, 법과 문화는 개인에게 그 유형에 따라 행동하게 하고 일정한 행동양식을 강제한다. 이것을 낙인이론에서는 정신질환이 사람들에 의해 창출된 사회적 개념, 또는 낙인붙은 사람들이 수행해야 하는 사회적 역할이라고 보았다. 즉, 사회가 사회적 반응과정을 통해 정신적으로 문제가 있는 개인을 창출한다고 보는 것이다(이윤로, 2000). 사회적 규범을 성정해 놓고 그에 맞지 않게 행동하는 사람들을 비행적으로 다룸으로써 사회는 그들을 정신적 문제가 있는 사람들이라고 낙인찍는다. 다시 말해 개인이 어떤 지역사회나 집단의 규범을 어기는 방식으로 행동하게 되면(예: 길거리에서 잠을 잠, 눈을 맞추지 않고 이야기함, 폭력적으로 화를 표시함) 정신적으로 아프다는 낙인이 붙게 되고 그 개인은 기대된 역할을 지속하게 된다.

개인이 제도적 집단에서 행동을 습득하고 자기 및 집단에 대한 태도를 발전시키며 집단 내에서의 자신의 역할을 수용하고 희망에 따른 행동상의 동기부여를 훈련받는 과정, 또 감정적 욕구의 만족을 습득하는 과정을 사회화라 명명한다. 이와 같은 경로를 거쳐 인간의 본원적 성질은 성숙과 사회화를 통해서 인격을 형성하기에 이른다. 개인의 정신건강과 인격은 개인의 태도와 습관의 총계로 이루어지는 생활양식 또는 행동 경향을 의미한다. 행동주체자로서의 개인은 사회생활상의 기본적인 욕구를 충족시키기 위해서는 자기의 능력조건에 따라 사회적 역할을 선택, 수행해야 한다. 사회관계에서의 이러한 주체적 측면과의 조화관계 상실은 사회관계의 부적응이고 정신건강상의 문제를 초래한다. 그것에 대응하는 재조정과 예방이 사회 환경적 관점에서 정신건강의 실천적 과정으로 보는 것이다.

4) 정신건강에 대한 생태체계적 관점

인간의 행동을 이해하려면 인간이라는 개인체계와 환경이라는 다양하고 복잡한 체계들 양자가 행동의 형성에 관여된다는 사실을 고려해야 한다. 행동에서 무엇이 병적인 것으로 인식되는가 하는 것은 일반적으로 사회에서 일치된 견해(common consensus)에 따라서 결정된다. 그러나 일치된 견해의 표준은 그 사회의 문화에 따라 다르다는 것을 인식하는 것이 중요하다. 인간의 정신건강에 지대한 영향을 미치는 최소한의 사회적 단위인 가족이라는 체계가 갖는 문화 또는 다양하며 그 가족과 정서적 끈이 연결되어 영향을 미치는 확대가족의 문화, 나아가 이들이 속한 지역사회의 문화와 표준, 민족성(national character), 전통, 신앙들이 고려되어야 한다.

인간이 자신의 정신건강을 유지하기 위해서는 일상생활에서 최선의 적응과 원만한 인간관계를 유지해 나갈 수 있는 적극적인 태도와 자세가 필요하다. 그러므로 인간 삶의 복지적 측면에서 정신건강의 목적은 단순히 유지·증진이라는 소극적인 면에서부터 정신건강의 치료와 예방이라는 적극적인 면에까지 개입의 영역을 넓게 잡고 있다는 것이고 유지와 증진 그리고 치료와 예방은 개인과 환경 모두를 포괄할 때 가능할 수 있기 때문이다.

날로 늘어 가는 정신병원, 정신신경증환자, 알코올중독자, 마약중독자, 성격이상자, 때로는 전혀 이해할 수 없는 행동을 하는 사람들 모두는 휴먼서비스 영역에서 우리의 클라이언트들이고 이들이 갖는 문제는 이제 한 개인의 문제만이 아니라 우리 사회 모두의 문제이므로 사회문제를 해결해 나가는 다양한 접근방법 또한 필요하다.

생태체계적 관점에서 볼 때 정신건강에 대한 접근방법은 개인의 생물학적 요소와 심리적 요소 그리고 사회적 요소 모두를 포괄하여야 한다([그림 2-2]). 이는 우리가 개인의 정신건강과 행동을 이해하는 방법은 개인을 중심으로 한 미시적인 차원에 그치지 않고 개인을 둘러싼 환경적인 요소, 즉 사회제도, 문화와의 관계에서 이해하는 거시적인 차원의 접근을 모색하게 된다. 전자는 인간행동을 심리학적인 차원에서 이해하는 입장이고, 후자는 사회학적 나아가 사회복지학적인 입장에서 이해하는 것으로, 이 두 가지 견해는 오래 전부터 각각 서로 다른 입장에서 많은 이론가들에 의해 연구되어 왔으나 근래에 인간과 함께 일하는 여러 분야인 정신의학, 사회복지학, 철학, 인류학, 사회학, 심리학, 간호학 등에서 통합적 접근이 모색되고 있다.

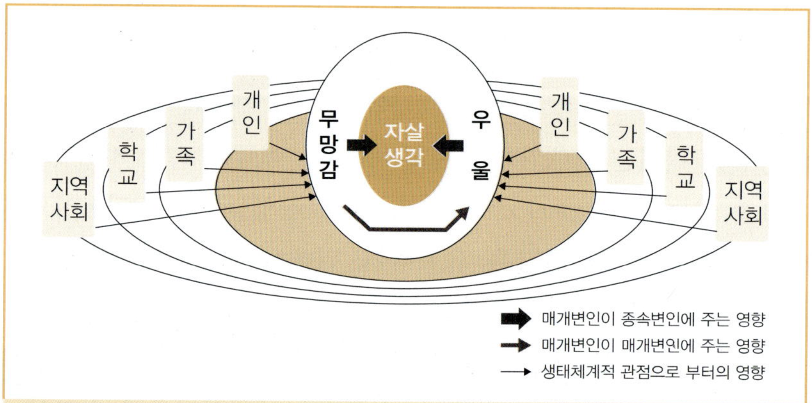

[그림 2-2] 청소년의 자살 생각에 대한 생태체계적 관점

출처: 서혜석(2006).

인간의 정신건강 문제와 부적응을 규명하고 치료하는 데 있어서도 개인체계의 실존적 차원과 생리·심리·사회·문화·경제적인 환경의 영향에 관심을 가져야 한다는 입장이 생태체계적 관점이라고 하겠다. 예를 들면, 청소년의 정신건강에 있어서 자살 생각에 대해서 자살 생각을 하게 되는 주요 요인을 생태체계적 관점에서 살펴 볼 수 있다([그림 2-2]).

개인적 특성, 가족, 학교, 지역사회 등의 영향을 받은 무망감이나 우울과 같은 요인이 결국 자살 사고에 이르게 된다는 것이다.

3. 장애진단분류와 법정 정신장애

정신장애(mental disorder)의 개념은 시대성과 사회성을 반영하기 때문에 정확한 개념으로 정의하기 어려우며, 유사용어인 정신병, 정신질환과의 구분도 모호하게 사용되고 있다. 정신병(psychosis)이란 용어는 일반적으로 가장 널리 사용되는데, 다른 정신질환인 신경증(neurosis)과 히스테리(hysteria)와는 다르게 현실평가(reality-testing)의 능력을 상실한 정신질환으로서 병적정신상태로 기질적(organic)이거나 기능적(functional)인 증상을 의미한다. 정신질환(mental illness)은 사람의 사고·감정·행동에 영향을 미치는 정신병적이고 신경증적인 두 가지 모두를 포함하는 개념으로 질병의 개념을 강화시킨 용어이다.

이 두 가지 개념보다 광의의 개념으로 정신장애는 정신병과 정신질환의 개념을 포괄하며 질병으로 인한 기능의 손상까지를 포함하는 개념으로 증상이 없어진 후에도 후유증으로 병전 이전의 기능을 회복하지 못하는 경우가 많다.

오늘날 정신의학 영역에서 일반적으로 사용되는 정신장애진단분류에는 세계보건기구에서 제정하여 국제적으로 통용되는 국제질병분류(International Classification of Diseases-10: ICD-10)에 포함된 '정신장애 진단분류방식'과 미국정신의학회에서 제정한 '정신장애 진단 및 통계편람 제5판(Diagnostic and Statistical Manual of Mental Disorder-5)'의 두 가지가 있다.

1) 국제질병분류체계(ICD-10)에 따른 분류

ICD-10(International Classification of Diseases-10)은 우리나라에서 공식적으로 사용되고 있는 분류기준으로 세계보건기구에서 제정하여 현재 국제적으로 통용되고 있는 국제질병분류 제10개정판(ICD-10, 1992)이다.

1853년에 최초로 인간의 사망 원인을 보고하는 국제협의 모임을 계기로 1893년에 국제질병 분류모델의 채택이 건의되었고 1900년도에 ICD-1이 출간되었다. 그 후 개정을 거듭하다가 1938년에 처음으로 정신장애를 언급하였고, ICD-6에서부터 정신장애를 별도의 항으로 다루기 시작하였다.

미국에서는 1869년 미국정신과학회 연례회의에서 처음 분류를 소개한 이후, 1952년 정신장애진단통계편람 제1판(DSM-I)에서 정신장애분류에 대한 기술이 체계적으로 시도되었고 그 이후 ICD의 개정판들과 서로 보완하면서 ICD-10은 1992년 발표되고, 1992년 ICD-10이 발표되었다.

1992년 발간된 ICD-10에서는 정신질환을 기질적 정신병, 기타 정신병, 신경증적 장애와 인격장애 및 기타 비정신병적 장애, 지적장애로 구분하고 있으며, 정신장애의 분류는 〈표 2-1〉과 같다.

〈표 2-1〉 국제질병분류(ICD-10)에 따른 정신장애분류

코드	분류
F00~F09	증상을 포함한 기질성 정신장애
F10~F19	정신활성 물질 사용으로 인한 정신 및 행동장애
F20~F29	조현병, 분열형 및 망상장애, 단기정신증적장애, 조현정동장애 등
F30~F39	기분(정동)장애
F40~F49	신경증성, 스트레스 관련성 및 신체형 장애
F50~F59	생리적 장해 및 신체적 요인과 연관된 행동증후군
F60~F69	성인 인격 및 행동장애
F70~F79	지적장애
F80~F89	심리적 발달장애
F90~F98	아동기 및 청소년기에 흔히 발병하는 행동 및 정서장애
F99	비특정 정신장애

2) 정신장애진단분류 및 통계편람(DSM-5)에 따른 분류

미국정신의학회(American Psychiatric Association)에서 1952년 정신질환 진단 및 통계편람(DSM-I)이 출간된 이후 60년 이상 거듭 개정을 거치면서 정신질환의 신뢰할 만한 진단이 가능하도록 고안된 정신장애 분류법이다. 최근 개정된 DSM-5는 세계보건기구의 국제질병분류(ICD)와 조화를 이루도록 하였고, DSM 진단기준은 ICD 진단명과 번호에 따라 질환을 정의하고 있다. 또한 주요 개정된 내용을 살펴보면 진단과 관련된 발달상의 쟁점을 제시하여 생애주기적 접근을 잘 반영하도록 장별 구성을 변경하였다. 최근 유전학 및 뇌영상 연구로부터 과학적 발견을 통합 적용하였으며, 자폐장애, 아스퍼거장애 및 발달장애를 자폐스펙트럼장애로 통합, 양극성 및 우울장애의 능률화된 분류, 물질사용장애의 구조조정으로 남용과 의존의 범주를 삭제하고 물질사용장애로 대체되었다.

이외에도 주요 및 경도 신경인지장애를 위한 특이도 향상, 성격장애 개념화 이행, 온라인부문 개선으로 온라인(www.psychiatry.org/dsm5) 부수적인 교차편집 및 진단적 심각도 평가방법을 이용할 수 있게 되었다. DSM-5에 따른 정신장애 진단분류는 〈표 2-2〉에서 보는 바와 같이 범주화되어 있다.

〈표 2-2〉 DSM-5에 따른 정신장애 진단분류표

1	신경발달장애	2	조현병 스펙트럼 및 기타 정신병적 장애
3	양극성 및 관련 장애	4	우울장애
5	불안장애	6	강박 및 관련 장애
7	외상 및 스트레스 관련 장애	8	해리장애
9	신체증상 및 관련 장애	10	급식 및 섭식장애
11	배설장애	12	수면-각성장애
13	성기능부전	14	성별 불쾌감
15	파괴적, 충동조절 및 품행장애	16	물질 관련 및 중독 장애
17	신경인지장애	18	성격장애
19	변태성욕장애	20	기타 정신질환

(1) 신경발달장애

신경발달장애는 초기발달단계인 학령전기에 발현되기 시작하여, 개인적·사회적·학업적·직업적 기능에 손상을 야기하는 발달 결함이 특징적으로 나타나며, 발달 결함의 범위는 학습, 집행기능 등의 제한적인 손상부터 사회기술이나 지능처럼 전반적인 손상을 이르기까지 다양하다(정신질환의 진단 및 통계편람, 2015).

주요 신경발달장애에 대해 설명하면 다음과 같다.

지적장애(지적발달장애)는 추론, 문제해결, 계획, 추상적 사고, 판단, 학업, 경험으로부터의 학습과 같은 전반적 정신기능에 결함이 나타나는 것이 특징으로 이 결함은 부적응을 초래한다. 의사소통장애에는 언어장애, 말소리장애, 사회적 의소사통장애, 아동기 발병 유창성장애(말더듬)가 포함되며, 처음의 진단은 언어, 발음, 사회적 의사소통의 발달과 사용의 경함이 특징이 된다. 자페스펙트럼장애는 다양한 상황에서 사회적 의사소통과 사회적 상호작용의 결함이 지속적으로 나타나는데, 사회적 의사소통 결함, 제한되고 반복된 행동, 흥미, 활동이 있어야 한다. 주의력결핍과잉행동장애(attention deficit/hyperactivity disorder: ADHD)는 충동성, 부주의, 과잉행동을 특징으로 하며 대부분 적대적 반항장애나 품행장애와 같은 질환들과 자주 중복되어 나타나며, 성인기까지 지속되어 사회적·학업적·직업적 기능의 손상을 야기한다. 이 외에도 특정학습장애, 운동장애, 상동증적 운동장애, 틱장애, 기타 신경발달장애 등이 있다.

(2) 조현병 스펙트럼 및 기타 정신병적 장애

① 정신병적 장애를 정의하는 핵심적 특징

- 망상 : 망상(delusion)은 내용이 같은 문화권의 또래들에게 믿기 어렵고 이해가 불가능한 괴이한 것으로 모순된 증거에도 쉽게 바뀌지 않는 고정된 믿음이다. 망상의 내용에 따라 피해망상(다른 사람이나 집단에 의해 해를 입거나 괴롭힘을 당할 것이라는 믿음), 관계망상(어떤 행동이나 말, 주변의 단서 등이 자신과 관련된 것이라고 생각하는 믿음), 과대망상(자신의 특출한 능력이나 명성을 갖고 있다고

믿음), 색정망상(다른 사람이 자신을 사랑하고 있다고 잘못 믿을 때), 허무망상(대참사가 일어날 것이라는 믿음), 신체망상(건강과 장기기능에 대한 집착) 등이 있다.

- 환각 : 환각(hallucination)은 외부의 자극 없이 일어나는 지각경험으로 조현병에서는 환청이 가장 흔하다. 환청은 남들에게는 들리지 않으나 자신에게는 들리는 음성을 말한다. 그러나 잠이 들거나 잠에서 깨어날 때 일어나는 환각은 정상범위 내에 있는 것으로 고려된다.
- 와해된 사고 : 와해된 사고는 전형적으로 각 개인의 언어에서 유추되며, 언어가 심하게 와해되어 거의 불가능하게 되면서 지리멸렬 혹은 말비빔(word salad) 등의 증상이 나타난다.
- 극도로 와해된 또는 비정상적 운동 행동(긴장증 포함) : 일상생활활동 수행에 어려움을 일으키는 행동으로 어린애처럼 우둔함에서 예측 불가한 초조함에 이르기까지 매우 다양하다. 거부증, 함구증, 혼미, 긴장성 흥분 등이 속한다.
- 음성증상 : 조현병에서 흔히 나타나지만 다른 정신병적 장애에서는 흔치 않다. 감퇴된 정서표현과 무의욕증이 대표적이며 무쾌감증, 무사회증도 나타날 수 있다.

② 망상장애

1개월 이상 지속된 망상이 존재하며, 환각증상은 뚜렷하지 않으며, 기능의 손상이 없고 행동이 기이하거나 이상하지 않다. ㉠ 망상장애의 아형으로 주로 어떤 사람이 자신을 사랑하고 있다고 생각하는 색정형, ㉡ 어떤 굉장한 재능이나 통찰력을 갖고 있다는 확신이나 중요한 것을 발견하였다는 확신을 가지고 있는 과대형, ㉢ 배우자에 대한 부정에 대한 강한 확신을 가지고 있는 질투형, ㉣ 자신이 음모, 속임수, 염탐, 추적, 독극물이나 약물 주입, 악의적 비방, 희롱 등을 당하고 있고 믿는 피해형, ㉤ 자신이 악취를 풍기고 있다거나, 피부 위나 속에 벌레가 껴 있다든가, 내장에 기생충이 있다는 믿음을 가지고 있는 신체형, ㉥ 한 가지 이상 중복되어 나타나는 혼합형 등이 있다.

③ 조현병

조현병(schizophrenia disorder)의 특징적 증상은 다양한 인지적·행동적·정서적 기능부전을 포함하며, 직업적·사회적 기능손상이 이루어진다. 특징적인 증상은 망상, 환각, 와해된 언어, 극도로 와해된 또는 긴장성 행동, 음성증상 등이 특징이며 1개월 이상 나타날 경우 진단을 고려해 볼 수 있다. 조현병의 평생유병률은 인종과 종족, 문화에 따라 차이가 있으나 대략 0.3~0.7%에 이른다. 대부분 10대 말에서 30대 중반 사이에 출현되며, 발병이 빠를수록 예후는 좋지 않다. 조현병 환자들의 약 20% 정도는 양호하게 보이며, 일부의 경우 완전한 회복이 보고되고 있다. 그러나 대부분의 환자들은 활성증상의 악화와 관해를 반복하면서 만성적으로 질병상태를 유지하는 반면, 일부는 점진적 황폐화의 경과를 밟는다.

④ 조현정동장애

조현정동장애(schizoaffective disorder)는 조현병 증상과 기분장애증상이 함께 공존하는 특징을 보이는 장애이다. 조현증의 특징적 증상이 주요 기분삽화 없이 2주 이상의 망상이나 환각이 있어야 하며, 주요 우울 또는 조증삽화가 병의 활성기 및 잔류기 부분의 전체 지속기간의 대부분 동안 존재한다. 조현정동장애의 평생 유병률은 0.3%로 남성보다 여성에게 더 높게 나타나며 주로 성인기 초기에 발병하며, 예후는 조현병보다 양호하나 기분장애의 예후보다는 좋지 않다.

(3) 양극성 및 관련 장애

DSM-5에서는 양극성 및 관련 장애(bipolar and related disorder)는 조현병, 정신병적 장애, 우울장애 간의 증상, 가족력, 유전적 측면을 고려하여 우울장애로부터 분리되었다. 양극성 및 관련 장애는 제I형, 제II형 양극성장애, 순환성장애, 물질/약물치료로 유발된 양극성 및 관련 장애 등으로 분류되어 있다. 양극성 및 관련 장애는 조증삽화, 경조증삽화, 주요우울삽화의 증상이 나타나며 주요 특징은 〈표 2-3〉과 같다.

〈표 2-3〉 양극성 및 관련 장애의 주요 특징

조증삽화

A. 비정상적으로 들뜨거나, 의기양양하거나, 과민한 기분, 그리고 목표 지향적 활동과 에너지의 증가가 적어도 일주일간(만약 입원이 필요한 정도라면 기간과 상관없이) 거의 매일, 하루 중 대부분 지속되는 분명한 기간이 있다.

B. 기분장애 및 증가된 에너지와 활동을 보이는 기간 중 다음 증상 가운데 3가지(또는 그 이상)를 보이며(기분이 단지 과민하기만 하다면 4가지) 평소 모습에 비해 변화가 뚜렷하고 심각한 정도로 나타난다.
   1. 자존감의 증가 또는 과대감
   2. 수면에 대한 욕구 감소(예: 단 3시간의 수면으로도 충분하다고 느낌)
   3. 평소보다 말이 많아지거나 끊기 어려울 정도로 계속 말을 함
   4. 사고의 비약 또는 사고가 질주하듯 빠른 속도로 꼬리를 무는 듯한 주관적인 경험
   5. 주관적으로 보고하거나 객관적으로 관찰되는 주의산만(예: 중요하지 않거나 관계없는 외적자극에 너무 쉽게 주의가 분산됨)
   6. 목표 지향적 활동의 증가(직장이나 학교에서의 사회적 활동 또는 성적 활동) 또는 정신운동 초조(예: 목적이나 목표 없이 부산하게 움직임)
   7. 고통스러운 결과를 초래할 가능성이 높은 활동에의 지나친 몰두(예: 과도한 쇼핑 등 과소비, 무분별한 성행위, 어리석은 사업 투자 등)

C. 기분장애가 사회적·직업적 기능의 현저한 손상을 초래할 정도로 충분히 심각하거나 자해나 타해를 예방하기 위해 입원이 필요, 또는 정신병적 양상이 동반된다.

경조증삽화

A. 비정상적으로 들뜨거나, 의기양양하거나, 과민한 기분, 그리고 활동과 에너지의 증가가 적어도 4일 연속으로 거의 매일, 하루 중 대부분 지속되는 분명한 기간이 있다.

B. 기분장애 및 증가된 에너지와 활동을 보이는 기간 중 다음 증상 가운데 3가지(또는 그 이상)를 보이며(기분이 단지 과민하기만 하다면 4가지) 평소 모습에 비해 변화가 뚜렷하고 심각한 정도로 나타난다.
   1. 자존감의 증가 또는 과대감
   2. 수면에 대한 욕구 감소(예: 단 3시간의 수면으로도 충분하다고 느낌)
   3. 평소보다 말이 많아지거나 끊기 어려울 정도로 계속 말을 함
   4. 사고의 비약 또는 사고가 질주하듯 빠른 속도로 꼬리를 무는 듯한 주관적인 경험
   5. 주관적으로 보고하거나 객관적으로 관찰할 수 있는 주의산만(예: 중요하지 않거나 관계없는 외적 자극에 너무 쉽게 주의가 분산됨)
   6. 목표 지향적 활동의 증가(직장이나 학교에서의 사회적 활동 또는 성적 활동) 또는 정신운동 초조(예: 목적이나 목표 없이 부산하게 움직임)
   7. 고통스러운 결과를 초래할 가능성이 높은 활동에의 지나친 몰두(예: 과도한 쇼핑 등 과소비, 무분별한 성행위, 어리석은 사업 투자 등)

C. 삽화는 증상이 없을 때의 개인의 특성과는 명백히 다른 기능의 변화를 동반한다.

D. 기분의 장애와 기능의 변화가 객관적으로 관찰될 수 있다.

주요우울삽화

A. 다음의 증상 가운데 5가지(또는 그 이상)의 증상이 2주 연속으로 지속되며 이전의 기능 상태와 비교할 때 변화를 보이는 경우, 증상 가운데 적어도 하나는 (1) 우울 기분이거나 (2) 흥미나 즐거움의 상실이어야 한다.
   주의점: 명백한 다른 의학적 상태로 인한 증상은 포함되지 않아야 한다.

주요우울삽화
1. 하루 중 대부분, 그리고 거의 매일 지속되는 우울 기분이 주관적인 보고(예: 슬픔, 공허감 또는 절망감)나 객관적인 관찰(예: 울 것 같은 표정)에서 드러남(주의점: 아동·청소년의 경우는 과민한 기분으로 나타나기도 함) 2. 거의 매일, 하루 중 대부분, 거의 또는 모든 일상 활동에 대해 흥미나 즐거움이 뚜fut하게 저하됨 3. 체중 조절을 하고 있지 않은 상태에서 의미 있는 체중의 감소(예: 1개월 동안 5% 이상의 체중 변화)나 체중의 증가, 거의 매일 나타나는 식욕의 감소나 증가가 있음(주의점: 아동에서는 체중 증가가 기대치에 미달되는 경우) 4. 거의 매일 나타나는 불면이나 과다수면 5. 거의 매일 나타나는 정신운동 초조나 지연(객관적으로 관찰 가능함, 단지 주관적인 좌불안석 또는 처지는 느낌뿐만이 아님) 6. 거의 매일 나타나는 피로나 활력의 상실 7. 거의 매일 무가치감 또는 과도하거나 부적절한 죄책감(망상적일 수도 있는)을 느낌(단순히 병이 있다는 데 대한 자책이나 죄책감이 아님) 8. 거의 매일 나타나는 사고력이나 집중력의 감소 또는 우유부단함(주관적으로 호소하거나 객관적으로 관찰 가능함) 9. 반복적인 죽음에 대한 생각(단지 죽음에 대한 두려움이 아닌), 구체적인 계획 없이 반복되는 자살 사고, 또는 자살 시도나 자살 수행에 대한 구체적인 계획 B. 증상이 사회적, 직업적, 또는 다른 중요한 기능 영역에서 임상적으로 현저한 고통이나 손상을 초래한다. C. 삽화가 물질의 생리적 효과나 다른 의학적 상태로 인한 것이 아니다.

출처: 권준수 외(2015). 정신질환의 진단 및 통계편람.

① 제I형 양극성장애

제I형 양극성장애는 적어도 1회의 조증삽화, 즉 비정상적으로 들뜨거나, 의기양양하거나, 과민한 기분, 그리고 활동과 에너지의 증가가 적어도 일주일간, 거의 매일, 하루 중 대부분 지속되는 분명한 기분이 있으며, 자신감의 증가, 수면감소, 말이 많아지거나 끊기 어려울 정도로 계속 말을 하거나, 사고의 비약 또는 사고의 흐름이 빠르고 주의산만하거나 목표지향적 활동이 증가되거나 과소비 무분별한 성행위, 어리석은 사업투자 등 3~4가지의 증상이 있을 때 진단이 고려된다. 조증삽화 동안 병에 대한 인식이나 치료의 필요성을 인식하지 못하기 때문에 치료에 격렬하게 저항하기도 한다.

② 제II형 양극성장애

제II형 양극성장애는 1회 이상의 주요우울삽화와 1회 이상의 경조증삽화가 있는 것이 특징이며 경조증삽화는 최소 2주 이상 지속되어야 하고, 주요우울삽화는 최소 4일 동안 지속되어야 한다. 제II형 양극성장애는 자살 시도나 물질사용장애를 초래할 수 있는 충동성이 특징이다. 일년유병률은 0.3% 정도이며 대부분 청소년기 후반부터 성인기까지 시작될 수 있으나 대부분 20대 중반에 발병하는 것이 보통이다. 제II형 양극성장애의 5~15%는 이전 1년 동안 다수(4번 이상)의 기분삽화를 보이며, 이런 양상을 보인다면 "급속 순환성 동반"이라고 명시할 수 있다. 경조증삽화에서는 정신병적 양상이 나타나지 않으며 제I형 양극성장애에 비해 주요우울삽화에서 정신병적 양상이 드물게 나타난다. 우울삽화에서 5~15%의 제II형 양극성장애에서 조증삽화가 발생할 수 있는데, 이 경우 차후의 경과와 상관없이 제I형 양극성장애로 바뀌게 된다.

③ 순환성장애

순환성장애는 기분의 변동성을 특징으로 하는 만성적인 기분장애로 2년 이상의 기간 동안 경조증 기간과 우울증 기간이 절반 이상 차지하되 주요우울삽화, 조증삽화, 경조증삽화가 나타나지 않으며, 증상이 없는 기간이 2개월 미만이어야 한다. 순환성장애는 주로 청소년기나 성인기 초기에 시작되고 만성적인 경과를 밟는다.

(4) 우울장애

우울장애(depressive disorder)는 파괴적 기분조절부전장애, 주요우울장애, 지속성 우울장애, 월경전불쾌감장애 등이 있다. 가장 대표적인 질환인 주요우울장애는 하루 중 대부분 거의 매일 지속되는 우울한 기분이나 일상 활동에 대해 흥미나 즐거움이 뚜렷하게 저하되거나 체중의 감소, 불면 또는 과다수면, 피로 활력의 상실, 무가치함, 죽음에 대한 생각 등이 주요 증상으로 나타난다. 또한 이러한 증상이 중요한 기능영역에서 현저한 고통이나 손상을 초래한다. 주요우울삽화는 적어도 2주 동안 우울한 기분이나 흥미의 상실이 나타나며, 자살사고가 흔한 증상으로 나타난다. 일년유병률은 약 7%이며, 여성이 남성보다 1.5배에서 3배 정도 높게 나타난다.

(5) 불안장애

불안장애(anxiety disorder)는 극도의 공포, 불안 및 관련된 행동장애의 특징을 지닌 질환들이 포함된다. 하위범주에는 분리불안장애, 선택적 함구증, 특정공포증, 사회불안장애, 공황장애, 공황발작 명시자, 광장공포증, 범불안장애, 물질/약물치료로 유발된 불안장애, 명시되지 않는 불안장애가 있다. DSM-III에서는 정동장애, 불안장애, 신체형장애, 해리성장애로 세분화하였으나, DSM-IV에서는 이를 보완하여 공황발작, 광장공포증, 공황장애, 특정공포증, 사회공포증, 강박장애, 외상후 스트레스장애, 급성 스트레스장애, 범불안장애, 일반적 의학적 상태로 인한 불안장애, 물질로 유발된 불안장애로 세분화하였으며, DSM-5에서는 강박장애를 별도로 분리하였다.

① 사회불안장애(사회공포증)

사회불안장애는 사회적 상황에 대해 극심한 공포와 불안을 느끼는 것으로 다른 사람에게 불안하고, 약한, 미친, 어리석은, 좋아할 만한 사람이 아닐까봐 염려한다. 얼굴이 붉어지거나 떨거나, 땀을 흘리거나, 말을 더듬거리거나 등의 불안 증상을 보일까봐 두려워하기도 한다.

성격적으로 행동을 억제하고 부정적 평가를 두려워하는 편이며 유병률은 약 7% 정도이다.

② 공황장애

공황장애는 반복적으로 예기치 못한 공황발작이 일어나는 경우로 극심한 공포와 고통이 갑작스럽게 발생하여 수분 이내에 최고조에 이르며, 그 시간 동안 숨이 가쁘고 질식할 것 같은 느낌이나, 발한, 흉통, 메스꺼움, 죽을 것 같은 공포 등이 특징으로 나타난다. 발병연령은 20대 초에 발생되며 공황장애환자의 10~65%까지 주요우울장애와 동반이환된다. 이 중 1/3 정도는 우울증이 공황장애보다 선행하고 나머지 2/3에서 우울증은 공항장애와 함께 발생하거나 공황장애 발병 뒤에 나타난다. 우울증이 동반되는 경우가 많기 때문에 자살 시도와 자살 생각이 높게 나타난다.

③ 범불안장애

범불안장애는 수많은 사건이나 활동에 대한 과도한 불안과 걱정이 특징적으로 나타나는데, 불안과 걱정의 정도, 기간, 빈도는 예상되는 사건이 미치는 실제 영향에 비해 과도하게 나타난다. 걱정과 걱정스러운 생각을 조절하기 힘들어서 실제 해야 할 일에 주의집중을 하기 어려울 수 있으며, 근육의 긴장과 동반하여 떨림, 근육연축, 근육통, 속쓰림 등이 나타날 수 있다. 평균 발병연령은 30세이며, 발병이 청소년기에 나타나는 경우는 드물고 남성보다 여성에게 더 많다.

(6) 강박장애

강박장애(obsessive-compulsive disorder)는 자신의 의지와는 관련 없이 반복적이고 지속적인 생각 또는 충동이 경험되며, 대부분 불안이나 괴로움을 유발하게 되며, 이러한 강박사고나 강박행동에 많은 시간을 소모하게 되어 사회적·직업적 기능수행에 영향을 미치게 된다. 강박사고는 자신은 생각하고 싶지 않으나 반복적으로 일어나는 생각으로 '가스불을 켜놓고 나오진 않았는지', '문을 잠그고 출근을 하였는지', '자신이 오염되었다는 생각'으로 반복적으로 의심하곤 한다. 강박행동은 자신이 느끼고 있는 불안이나 고통을 감소시키기 위해 손을 자주 반복적으로 씻거나, 정리정돈을 꼼꼼하게 확인하는 등의 행동을 말한다. 일년유병률은 약 1.2% 정도이며 여성이 좀 더 높게 나타나고, 아동기에서는 남자아이가 좀 더 흔하다.

(7) 성격장애

성격장애(personality disorder)의 주요 특징은 문화권 내에서 현저하게 편향되어 있는 인지, 정동, 대인관계, 충동조절 등의 내적 경험과 행동의 지속적인 유형을 말하는데, 이러한 유형이 개인의 사회상황의 전반적으로 나타나며, 중요한 기능영역에서 현저한 고통이나 손상을 초래하게 된다. 성격장애는 보통 청소년기나 성인기 초기에 나타나게 되나 18세 미만에서는 진단되지 않는다. 성격장애의 유형을 A·B·C군으로 분류하는

데, A군 성격장애는 괴이하고 별난 성향을 보이는 것이 특징이며 편집성, 조현성, 조현형으로 나뉜다. B군 성격장애는 변덕스럽고 지나치게 감정적인 것이 특징으로 나타나며, 반사회성, 경계성, 연기성, 자기애성 성격장애로 나타난다. C군 성격장애는 불안, 근심이 많고 감정이 위축되어 있다는 것이 특징이며 회피성, 강박성, 의존성 성격장애로 구분되는데, 유형별 특징을 보면 〈표 2-4〉와 같다.

〈표 2-4〉 성격장애의 종류와 특징

A군 성격장애: 괴상하고 엉뚱함		
편집성(paranoid)	조현성(schizoid)	조현형(schizotypal)
타인의 동기를 악의에 찬 것으로 의심하고 불신함 - 다른 사람들이 자신을 헤친다고 생각한다. - 타인의 성실성에 대한 부당한 의심에 집착한다. - 타인을 신뢰하지 않는다. - 숨겨진 의미를 읽는다. - 원한을 간직한다. - 반격하거나 화를 내면서 반응한다. - 배우자의 정절을 반복적으로 의심한다.	사회적으로 제한되어 있음 - 친밀한 관계를 바라지 않는다. - 혼자서 하는 활동을 선택한다. - 성에 대한 관심이 없다. - 활동하는 데에 거의 즐거움을 갖지 못한다. - 친구가 적다. - 칭찬이나 비난에 무관심하다. - 냉담, 고립, 단조로운 정통을 보인다.	지각적 장해와 대인관계 결핍 - 관계사고 - 괴이한 믿음 - 유별난 지각 - 괴이한 사고와 언어 - 의심이나 편집적인 사고 - 괴이하고 엉뚱해 보이는 행동 - 부적절한 행동

B군 성격장애: 감정적이고, 극적이며 변덕스러움			
반사회성(antisocial)	경계성(borderling)	연기성(histrionic)	자기애성(narcissistic)
폭력적이고 타인을 뻔뻔스럽게 무시함 - 사회규범을 잘 지키지 못한다. - 자신의 이익과 목적을 위해서 거짓말을 한다. - 과흥분성 또는 공격성 - 충동성 - 타인을 무시하고 무례함 - 무책임성 - 자책의 결여	불안정한 관계, 빈약한 자기상, 심한 충동성 - 유기되지 않기 위해서 필사적으로 노력을 한다. - 불안정하고 무질서한 관계 - 충동적인 낭비, 성관계, 물질남용 - 자살 - 공허함 - 부적절하고 조절하기 어려운 심한 분노 - 자해의 과거력	지나친 정서성, 관심을 끄는 행동, 관심의 초점이 되지 못하면 불편해진다. - 자극적인 행동 - 관심을 끌기 위해 육체적인 매력 사용 - 자기 연극화 - 감정의 빠른 변화 - 높은 피암시성	지나친 찬사 요구 - 과장성 - 끝없는 성공과 권력에 대한 공상 - 감정이입의 결여 - 자신은 특별하고 남은 평범하다는 믿음 - 착취적인 대인관계: 타인을 이용함 - 타인을 질투하면서 타인이 자신을 질투한다고 생각한다. - 거만함

C군 성격장애: 불안, 근심		
회피성(avoidant)	강박성(obsessive-compulsive)	의존성(dependent)
위축, 부적절함 – 타인과의 의미 있는 관계 회피 – 타인이 자기를 좋아할 것이라는 확신이 없는 한 관계를 맺지 않으려 한다. – 창피나 조롱에 대한 두려움 때문에 행동을 제한한다. – 비난이나 거절에 집착한다. – 부적절함 – 스스로 무능하고 열등하다고 생각한다. – 창피를 당할까봐 모험을 하지 못한다.	질서, 완벽주의, 완고함 – 규칙과 절차에 집착한다. – 일의 완수를 방해할 정도의 완벽주의 – 지나치게 양심적이다. – 물건을 모은다. – 경직되어 있고 고집스럽다. – 타인에게 일을 맡기지 않는다.	보호받고 싶은 욕구, 매달리는 행동 – 일상적인 일도 결정하기 어려워한다. – 자신에 대한 책임을 맡아줄 누군가를 원한다. – 일을 시작하기 어렵다. – 지나칠 정도로 타인의 지지를 얻고자 한다. – 불편하거나 무력감을 느낀다. – 혼자 남게 되는 것에 대한 두려움에 사로 잡혀있다.

출처: 권진숙 외(2014) 정신보건사회복지론 수정

3) 법정 정신장애

(1) 「장애인복지법」에서의 정신장애

장애등급판정기준 행정규칙(보건복지부고시 제2017-65호, 2017.4.13. 일부개정)에 의하면, 우리나라에서 공식적인 정신질환 분류체계로 사용하고 있는 국제질병분류표 ICD-10(International Classification of Diseases, 10th Version)의 진단지침에 따라 ICD-10의 F20 정신분열병, F25 분열형 정동장애, F31 양극성 정동장애 및 F33 반복성 우울장애로 진단된 경우에 한하여 정신장애로 판정한다(정신분열병은 조현병으로 병명이 개정되었으나 2017년 4월 13일 일부개정된 장애등급판정기준 행정규칙에는 이 내용이 반영되지 않았다).

(2) 정신장애인 등록

정신질환자에 대해 「정신건강복지법」 제3조는 "망상, 환각, 사고(思考)나 기분의 장애 등으로 인하여 독립적으로 일상생활을 영위하는데 중대한 제약이 있는 사람을 말한다"고 정의하고 있으며, 정신장애의 정의, 등급, 절차에 대해서는 「장애인복지법 시행령」과 「장애인복지법 시행규칙」에서 규정하고 있다.

(3) 정신장애 판정절차

정신장애의 장애등급 판정은 ① 현재 치료 중인 상태를 확인, ② 정신질환의 진단명 및 최초 진단 시기에 대한 확인, ③ 정신질환 상태(impairment)의 확인, ④ 정신질환으로 인한 정신적 능력장애(disability) 상태의 확인, ⑤ 정신장애 등급의 종합적인 판정의 순서를 따른다.

① 현재 치료 중인 상태를 확인

현재 약물복용 등 치료 중인 상태에서 정신장애 판정을 하여야 한다.

② 정신질환의 진단명 및 최초 진단 시기에 대한 확인

우리나라에서 공식적인 정신질환 분류체계로 사용하고 있는 국제질병분류표 ICD-10(International Classification of Diseases, 10th Version)의 진단지침에 따라 ICD-10의 F20 정신분열병, F25 분열형 정동장애, F31 양극성 정동장애, F33 반복성 우울장애로 진단된 경우에 한하여 정신장애 판정을 한다.

③ 정신질환 상태의 확인

정신질환 상태(impairment)에 대한 확인은 진단된 정신질환의 상태가 정신장애 등급판정기준에 따라 어느 등급에 적절한지를 임상적 진단평가과정을 통하여 판단한 뒤 등급을 정한다.

④ 정신질환으로 인한 정신적 능력장애 상태의 확인

정신질환으로 인한 능력장애에 대한 확인은 정신장애자에 대한 임상적 진단평가와 보호자 및 주위 사람으로부터의 정보, 정신보건의료서비스를 제공하고 있는 치료자의 의견, 학업이나 직업활동상황 등 일상 환경에서의 적응상태 등을 감안하여 등급판정을 내린다.

'능력장애(disability) 상태'는 정신질환에 의한 일상생활 혹은 사회생활의 지장의 정도 및 주위의 도움(간호, 지도) 정도에 대해 판단하는 것으로서 장애의 정도를 판단하기 위한 지표로서 이용된다. 〈표 2-5〉는 능력장애 측정기준을 제시하였다.

〈표 2-5〉 능력장애 측정 기준

1. 적절한 음식섭취	영양의 균형을 생각하고, 스스로 준비해서 먹는 음식섭취의 판단 등에 관한 능력장애의 유무를 판단한다.
2. 대소변 관리, 세면, 목욕, 청소 등의 청결 유지	세면, 세족, 배설 후의 위생, 목욕 등 신체위생의 유지, 청소 등의 청결의 유지에 관한 판단 등에 관한 능력장애의 유무를 판단한다. 이들에 대해 의지의 발동성이라는 관점으로부터 자발적으로 적절하게 행하는 것이 가능한지 여부, 도움이 필요한지 여부를 판단한다.
3. 적절한 대화기술 및 협조적인 대인관계	타인의 말을 알아듣고, 자신의 의사를 상대에게 전하는 의사소통의 능력, 타인과 적절하게 사귀는 능력에 주목한다.
4. 규칙적인 통원·약물복용	자발적·규칙적으로 통원 및 복약을 하고, 병상이나 부작용 등에 관하여 주치의에게 잘 이야기하는 것이 가능한가, 도움이 필요한가 여부를 판단한다.
5. 소지품 및 금전관리나 적절한 구매행위	금전을 독립적으로 적절하게 관리하고, 자발적으로 적절하게 물건을 사는 것이 가능한가, 도움이 필요한가 여부를 판단한다(금전의 인지, 물건사기의 의욕, 물건 사기에 동반되는 대인관계 처리능력에 주목한다).
6. 대중교통이나 일반공공 시설의 이용	각종의 신청 등 사회적 수속을 행하거나, 은행이나 보건소 등의 공공시설을 적절하게 이용하는 것이 가능한지 여부를 판단한다.

⑤ 정신장애 등급의 종합적인 판정

정신질환의 상태와 능력장애의 상태에 대한 판정을 종합하여 최종 장애등급판정을 내린다. 다만, 정신질환의 상태와 능력장애의 상태에 따른 등급에 차이가 있을 경우 능력장애의 상태를 우선적으로 고려한다. 정신질환의 상태 및 능력장애의 상태가 시간에 따라 기복이 있거나, 투약 등 치료를 통하여 상태의 변화가 있는 경우에는 최근 3개월간의 증상이 가장 심하였을 경우와 가장 호전되었을 경우의 평균적 상태를 기준으로 등급을 판정한다. 정신장애 등급기준은 〈표 2-6〉과 같다.

〈표 2-6〉 정신장애 등급기준[1]

장애등급	장애정도
1급	• 정신분열병으로서 망상, 환청, 사고장애, 기괴한 행동 등의 양성증상 또는 사회적 위축과 같은 음성증상이 심하고 현저한 인격 변화가 있으며, 기능 및 능력장애로 인하여 능력장애 판정기준의 6항목 중 3항목 이상에서 전적인 도움이 필요하며, GAF척도 점수가 40 이하인 사람(정신병을 진단받은 지 1년 이상 경과한 사람에 한한다. 이하 같다) • 양극성 정동장애(조울병)로 기분, 의욕, 행동 및 사고장애 증상이 심한 증상기가 지속되거나 자주 반복되며, 기능 및 능력장애로 인하여 능력장애 판정기준의 6항목 중 3항목 이상에서 전적인 도움이 필요하며, GAF척도 점수가 40 이하인 사람 • 반복성 우울장애로 정신병적 증상이 동반되고 기분, 의욕, 행동 등에 대한 우울증상이 심한 증상 기가 지속되거나 자주 반복되며, 기능 및 능력장애로 인하여 능력장애 판정기준의 6항목 중 3항목 이상에서 전적인 도움이 필요하며, GAF척도 점수가 40 이하인 사람 • 분열형 정동장애로 제1호 내지 제3호에 준하는 증상이 있는 사람
2급	• 정신분열병으로 망상, 환청, 사고장애, 기괴한 행동 등의 양성증상 및 사회적 위축 등의 음성증상이 있고 중등도의 인격 변화가 있으며, 기능 및 능력장애로 인하여 능력장애 판정기준의 6항목 중 3항목 이상에서 많은 도움이 필요하며, GAF척도 점수가 41점 이상 50점 이하인 사람 • 양극성 정동장애(조울병)로 기분, 의욕, 행동 및 사고장애 증상이 있는 증상기가 지속되거나 자주 반복되며, 기능 및 능력장애로 인하여 능력장애 판정기준의 6항목 중 3항목 이상에서 많은 도움이 필요하며, GAF척도 점수가 41점 이상 50점 이하인 사람 • 만성적인 반복성 우울장애로 망상 등 정신병적 증상이 동반되고 기분, 의욕, 행동 등에 대한 우울증상이 있는 증상기가 지속되거나 자주 반복되며, 기능 및 능력장애로 인하여 장애등급별 능력장애 판정기준의 6항목 중 3항목 이상에서 많은 도움이 필요하며, GAF척도 점수가 41점 이상 50점 이하인 사람 • 만성적인 분열형 정동장애로 제1호 내지 제3호에 준하는 증상이 있는 사람
3급	• 정신분열병으로 망상, 환청, 사고장애, 기괴한 행동 등의 양성증상이 있으나 인격변화나 퇴행은 심하지 아니한 경우로서, 기능 및 능력장애로 인하여 능력장애 판정기준의 6항목 중 3항목 이상에서 간헐적인 도움이 필요하며, GAF척도 점수가 51점 이상 60점 이하인 사람 • 양극성 정동장애(조울병)로 기분, 의욕, 행동 및 사고장애 증상이 현저하지는 아니하지만 증상기가 지속되거나 자주 반복되는 경우로서, 기능 및 능력장애로 인하여 능력장애 판정기준의 6항목 중 3항목 이상에서 간헐적인 도움이 필요하며, GAF척도 점수가 51점 이상 60점 이하인 사람 • 반복성 우울장애로 기분, 의욕, 행동 등에 대한 우울증상이 있는 증상기가 지속되거나 자주 반복되는 경우로서, 기능 및 능력장애로 인하여 능력장애 판정기준의 6항목 중 3항목 이상에서 간헐적인 도움이 필요하며, GAF척도 점수가 51점 이상 60점 이하인 사람 • 분열형 정동장애로 제1호 내지 제3호에 준하는 증상이 있는 사람

1) <표 2-6>의 정신장애 등급기준은 장애등급판정기준 행정규칙(보건복지부고시 제2017-65호, 2017.4.13. 일부개정)을 인용하였다. 정신분열병은 조현병, 분열형 정동장애는 조현 정동장애로 병명이 개정되었으나, 행정규칙에는 병명 개정 내용이 반영되지 않은 상태이다.

생각해보기

1. 정신건강이 왜 중요한지에 대해 구체적으로 생각해보기.

2. 자신의 정신건강은 무엇 때문에 유지하기가 힘든지 생각해보기.

3. 정신이 건강할 때와 그렇지 않을 때의 차이점이 무엇이 다른지 생각해보기.

4. WHO의 자문위원회는 지난 수십 년간 발표된 심리학 및 역학 연구결과를 종합적으로 검토해 "국제 질병분류서 F66.0조와 기타 4개 조항에 포함된 '동성애 관련 심리학적 질환'의 질병명을 ICD에서 삭제하라"고 권고하였다. 동성애에 대한 질병분류 삭제에 대한 찬성과 반대를 생각해보기.

5. 정신과 상담 시 진단분류체계에 의해 질병명에 F코드로 등록이 되어 가벼운 상담을 받아도 정신질환자로 낙인찍히게 되어 불이익을 받게 되는 경우가 있다. 이 문제를 해결하기 위한 방안을 정책적 제도적 차원에서 생각해보기.

2
Mental Health Social Welfare

정신건강인력체계와 실천현장

3장

정신건강 인력체계

<학습목표>

1. 외국의 정신건강사회복지사의 역할에 대해 알아본다.
2. 국내 정신건강전문요원의 법적 근거와 역할에 대해 학습한다.
3. 정신건강전문요원 자격기준에 대해 알아본다.
4. 정신건강사회복지사 수련제도에 대해 이해한다.

<키워드>

정신건강전문요원, 정신건강사회복지사, 법적 근거, 수련제도

1. 외국의 정신건강사회복지사의 역할

1) 미국의 정신건강사회복지사 제도

탈시설화의 영향으로 지역사회정신보건사업이 성공적으로 미국에 정착하였다고 볼 수 있으나 정신질환자 관리의 이분화와 지역사회정신보건센터의 인력이나 재정적 접근이 일부에 편중됨으로써 만성 정신질

환자의 사후관리나 재활서비스가 다소 미약해지는 한계점이 있었다. 이 같은 한계를 극복하기 위하여 사회복지적인 개입과 만성 정신질환자 대처방안의 모색을 위한 지역사회 지지체계 모델(social support system)이 도입되었다(채은희 외, 2011).

지역사회정신보건사업의 확대로 사회적 재활과 직업재활에 중점을 두게 되었는데, 이에 따라 정신건강사회복지사는 환자나 장애인 개인의 역할보다도 조직의 조정과 사회자원체계들에 더 많은 관심을 갖고 역할을 수행하게 되었다(이영호 외, 2010).

정신보건서비스를 제공하기 위하여 정신과 의사, 간호사, 사회복지사, 임상심리사들이 주가 되어 다양한 영역에서 활동하고 있으나 정신보건 시설이나 기관에서 일하기 위해 정신보건전문 자격증이 꼭 필요한 것은 아니다. 정부나 민간기관에서 제공하는 다양한 훈련과 자격 과정들이 마련되어 있으며 매년 필수적으로 수강해야 하는 훈련 과정들도 있다(채은희 외, 2011).

2) 영국의 정신건강사회복지사 제도

1948년 이전에는 대부분의 정신건강사회복지사가 정신병원과 지방정부에서 일하였다. 이후에 1959년에 정신보건법이 제정되었으며 1960년대부터 정신건강정책에서 지역사회 정신건강 보호가 상당히 강조되어왔다.

영국의 정신보건전문가들은 국민의료보험(NHS)에 소속되어 있으며 일반의, 지역사회정신건강 간호사, 임상심리사, 정신과의사, 사회복지사, 상담사, 작업치료사 등으로 구성된다. 1983년 제정된 정신보건법에 의해 사회복지사들이 정신장애인들의 강제입원 필요성을 평가하고 결정하는 일에 참여하게 되었는데 2007년 개정 이후 Approved mental health professional로 불리는 전문 훈련을 받은 사회복지사, 지역사회 정신건강간호사, 작업치료사, 임상심리사들이 이 일을 담당하고 있다(채은희 외, 2012).

영허즈번드 보고서(The Younghusband Report)의 제안에 따라 약 200명의 정신건강사회복지사를 채용하였으며 10만 명 이상의 인구를 가진 도시는 약 300명의 정신건강사회복지사가 필요하리라고 추정하였다.

영국의 정신보건서비스의 특이할 만한 점 가운데 하나는 자원봉사단체가 정신건강서비스를 제공하는 데 있어서 독립된 존재로서 중요하게 자리 잡고 있다는 것이다(채은희 외, 2011).

영국은 정신건강재단을 통해 정신보건전문가들을 위한 다양한 프로그램을 운영하고 있으며, 보수교육체계로 연간 18시간 이상 충족하지 못하거나 기본적 능력이 부족하다는 판단이 될 때에는 승인취소가 될 수 있다(한국건강증진재단, 2011).

3) 호주의 정신건강사회복지사 제도

다학제적 접근이 발달하여 정신과전문의 이외에도 정신건강간호사, 사회복지사, 임상심리사, 작업치료사 등 다양한 직역이 참여하는 팀 접근법이 널리 운영되고 있다. 정신건강전문가 자격증 제도는 따로 없으나 실질적으로 정신건강기관의 사회복지사는 실무경력을 갖춘 전문가로 인정받고 있다.

국가정신보건 개혁 이후 정신보건제도의 변화로 전문 사회복지사의 활동 장이 바뀌면서 새로운 역할수행을 위한 훈련이 부족하게 되어 지역사회사정과 치료서비스가 처음 도입되었을 당시 사회복지사의 입원관련 사정의 역할과 정신과전문의의 역할 갈등 문제가 나타나기도 하였다. 이를 해결하기 위하여 대학교, 대학원 등에서 지역정신건강 전공을 개설하여 훈련하고 있으며, 정신과전문의, 사회복지학 교수와 임상전문가들이 팀을 구성하여 각 영역별로 교육할 수 있도록 지원하고 있다(채은희 외, 2012 재인용).

2001년 설립된 국제정신건강훈련센터에서 국제정신건강 리더십 프로그램(IMHLP)을 운영하고 있는데, 이것은 호주 멜버른 대학과 하버드 의과대학이 협력적으로 운영하고 있는 프로그램으로서 젊은 정신과의사와 정신보건전문요원들에게 제공하는 1년의 수련과정이다. 이를 통해 변화하는 지역사회 정신건강 욕구에 효과적으로 대응할 수 있는 전문가를 양성하고 있다(한국건강증진재단, 2011).

4) 일본의 정신건강사회복지사 제도

1987년 정신장애인의 사회복귀를 위한 정신위생법 개정 이후, 정신보건서비스의 전문지식과 기술을 갖춘 인력의 필요성이 제기되면서 정신과 사회복지 자격화에 대한 논의가 시작되었다. 1994년에 후생과학연구에 의한 '정신과 사회복지사 자격화' 보고 연구서와 '정신과 사회복지사 및 임상심리기술자의 업무와 자격화에 관한 연구팀'에 의해 필요성이 검토되었고 이를 토대로 1997년 정신장애인의 사회복귀를 지원하는 정신건강복지사 자격제도가 창설되었다. 사회복귀시설의 경우 특정 직업기술을 갖춘 전문 기능직을 두어 정신질환자에게 전문적인 직업기술을 가르치고 있다(채은희 외, 2012).

2. 정신건강전문요원의 법적 근거와 역할

1) 정신건강전문요원의 법적 근거

1995년 「정신보건법」 제정 후 정신건강전문요원 직종의 법적 근거가 생기고 1997년부터 정신건강전문요원 수련제도가 시행되었다. 2015년을 기준으로 16,600여 명의 정신건강전문요원이 배출되었다.

「정신건강복지법」 제17조(정신건강전문요원의 자격 등)에서는 보건복지부장관으로 하여금 정신건강 분야에 관한 전문지식과 기술을 갖추고 보건복지부령으로 정하는 수련기관에서 수련을 받은 사람에게 정신건강전문요원의 자격을 줄 수 있다고 명시하고 있으며, 그 전문분야에 따라 정신건강사회복지사, 정신건강임상심리사 및 정신건강간호사로 구분하고 있다.

2) 정신건강전문요원의 역할

정신건강증진 및 정신질환자 복지서비스 지원에 관한 법률 시행령 제12조(정신건강전문요원의 업무범위 및 자격기준 등)에서는 정신건강전문요원의 업무범위(공통업무와 개별업무)를 다음과 같이 규정하고 있다.

(1) 정신건강전문요원의 공통업무 및 개별업무

1. 공통 업무
   가. 정신재활시설의 운영
   나. 정신질환자등의 재활훈련, 생활훈련 및 작업훈련의 실시 및 지도
   다. 정신질환자등과 그 가족의 권익보장을 위한 활동 지원
   라. 법 제44조제1항에 따른 진단 및 보호의 신청
   마. 정신질환자등에 대한 개인별 지원계획의 수립 및 지원
   바. 정신질환 예방 및 정신건강복지에 관한 조사·연구
   사. 정신질환자등의 사회적응 및 재활을 위한 활동
   아. 정신건강증진사업 등의 사업 수행 및 교육
   자. 그 밖에 제1호부터 제8호까지의 규정에 준하는 사항으로 보건복지부장관이 정하는 정신건강증진 활동

2. 개별 업무
   가. 정신건강임상심리사
      1) 정신질환자등에 대한 심리 평가 및 심리교육
      2) 정신질환자등과 그 가족에 대한 심리 상담 및 심리 안정을 위한 서비스 지원
   나. 정신건강간호사
      1) 정신질환자등의 간호 필요성에 대한 관찰, 자료수집, 간호 활동
      2) 정신질환자등과 그 가족에 대한 건강증진을 위한 활동의 기획과 수행
   다. 정신건강사회복지사
      1) 정신질환자등에 대한 사회서비스 지원 등에 대한 조사
      2) 정신질환자등과 그 가족에 대한 사회복지서비스 지원에 대한 상담·안내

출처: 정신건강복지법 시행령 제12조제2항 별표 2

이 업무는 2017년 「정신건강복지법」 개정에 포함된 내용이다. 이에 추가하여 보다 적극적인 정신건강증진 활동이 포함되어야 하며, 정신장애인들에 대한 옹호 및 홍보활동과 함께 다음 세대의 전문인력을 위한 교육과 훈련이 포함될 필요가 있다.

정신건강사회복지사는 조사, 진단, 치료, 재활, 예방 등의 분야에서 치료팀의 일원으로 다양한 역할을 수행하는데, 정신건강사회복지사가 속한 기관의 기능이나 목적, 한계에 따라 업무내용은 상이할 수 있다. 중요한 것은 치료팀의 치료방향과 일치하는 범위 내에서 협의에 의한 직무내용이 실행되어야 한다는 것이다.

① 의료기관에서의 정신건강사회복지사의 역할

가. 평가과정

- 입원 사정과 계획
- 심리사회적 평가(개인력, 가족력, 사회력 조사)
- 환자의 사회경제상태 조사
- 가족면담 및 교육
- 초기 입원 환자의 관찰 및 치료 과정에의 참여

나. 치료과정

- 개별사회사업 및 사회사업 지도, 환자의 문제 해결을 위한 개인상담
- 가족치료 및 교육
- 집단정신치료
- 환자의 경제적 문제 평가 및 사정, 해결 업무
- 환자와 치료팀 간의 중재자 역할
- 환자와 가족 관계의 조정 역할
- 정신재활치료프로그램 기획 및 집행
- 전반적 임상과정의 기록 및 보고서 작성
- 가정, 학교 등의 방문을 통한 사회사업서비스
- 사회기술훈련, 심리극, 인지재활, 마음챙김 등 치료프로그램 기획 및 집행

다. 퇴원 계획 및 재활

- 퇴원계획 및 재활계획 상담 및 지도
- 환자의 욕구 및 사회적응 평가
- 사회복귀와 재활을 위한 지역사회 기관 연결
- 낮병원 서비스
- 퇴원 후 사후관리(follow-up)

② 정신재활시설

- 개별적인 재활계획 상담
- 사회복귀 촉진을 위한 상담 및 원조
- 사회기술, 생활기술 및 대인관계기술훈련 지도
- 통원, 금전 사용 및 여가활용지도
- 직업훈련과 취업에 관한 지도
- 가족교육 및 상담
- 정신장애인 가족회 육성 및 운영
- 가정방문지도
- 사회복귀를 위한 사회적응프로그램 실시
- 단기, 위기 지향적 가족상담
- 지역사회 자원동원과 후원조직 육성
- 지역사회를 위한 정신건강 강좌 및 교육
- 의료기관 및 지역사회 기관과의 연결 업무
- 지역주민의 정신건강증진을 위한 계몽활동
- 정신건강에 관한 조사연구 활동
- 운영자로서의 역할
- 직업훈련과 취업에 관한 교육 및 정보제공
- 위기개입적 원조
- 정신장애인의 활동 조정
- 사례관리 등

③ 정신건강복지센터

- 지속적인 치료 서비스
- 상습적인 반복 입원의 예방
- 사회복귀 촉진
- 환자가족들의 심리적 안정 및 참여유도
- 응급상황 시 인도적 개입
- 사회적 편견 극복을 위한 교육·홍보
- 프로그램개발 및 연구
- 지역사회 관련 기관들과의 협력체계 구축
- 지역사회주민을 대상으로 한 정신건강교육
- 지역사회정신보건에 대한 조사 및 연구
- 재가정신장애인의 관리 및 가정방문지도
- 행정적 지원 및 감독
- 지역사회 정신건강사업에 대한 자문

④ 정신요양시설

- 심리사회적 상담지도
- 집단프로그램의 개발과 활용
- 대인관계기술훈련
- 일상생활교육과 훈련
- 가족상담과 가정방문지도
- 무연고자에 대한 후원자 개발과 연결
- 지역사회자원동원과 후원자 결성
- 보호작업장을 통한 직업능력강화
- 기초생활수급권자를 위한 행정업무

3. 정신건강전문요원 자격기준

「정신건강복지법 시행령」에는 정신건강전문요원의 자격기준을 규정하고 있으며, 외국에서 정신건강전문요원과 유사한 교육·수련을 받거나 정신건강전문요원과 유사한 자격을 취득한 자는 보건복지부장관이 정하는 바에 의하여 정신건강전문요원과 동등한 자격을 인정받을 수 있도록 하고 있다. 정신건강전문요원의 관리는 보건복지부 정신건강정책과와 국립정신건강센터에서 이루어지고 있다.

직역별 정신보건전문요원의 배출 현황은 〈표 3-1〉과 같다.

〈표 3-1〉 정신보건전문요원 배출 현황

연도	정신보건사회복지사		정신보건임상심리사		정신보건간호사		합계
	1급	2급	1급	2급	1급	2급	
누계	1,201	3,639	986	1,752	2,067	7,716	13,002
2015년	19	307	53	133	38	297	540
2014년	121	338	78	163	193	394	949
2013년	138	331	84	142	222	323	909
2012년	123	316	73	133	164	388	881
2011년	97	309	65	120	146	381	809
2010년	85	263	56	94	144	396	775
2009년	70	207	59	99	159	462	849
2008년	82	212	56	99	172	399	808
2007년	72	186	53	81	236	388	830
2006년	42	184	44	98	141	422	747
2005년	30	188	43	73	169	397	712
2004년	40	152	42	76	85	359	602
2003년	2	144	28	57	57	372	516
2002년	29	135	26	75	35	488	653
2001년	–	93	15	67	23	369	474
2000년	1	67	21	48	10	564	644
1999년	–	61	11	48	11	317	387

연도	정신보건사회복지사		정신보건임상심리사		정신보건간호사		합계
	1급	2급	1급	2급	1급	2급	
1998년	–	36	18	88	62	212	380
1997년	70	110	161	58	–	248	537

출처: 보건복지부 운영지원과 면허계, 등록누계는 말소자 제외한 수치

2013년 12월 말 기준 정신보건기관에서 근무하고 있는 정신보건전문요원 인력은 지역사회기관 1,804명, 정신의료기관 2,492명으로 총 4,296명이 근무하고 있는 것으로 조사되었다(김경희 외, 2015).

2015년 보건복지부 자료에 의하면 전국 정신보건전문요원 수련기관현황은 〈표 3-2〉, 직종별 자격기준 〈표 3-3〉과 같다.

〈표 3-2〉 전국 정신보건전문요원 수련기관현황

지역	정신보건사회복지사		정신보건임상심리사				정신보건간호사	
			1급		2급			
	기관수	정원	기관수	정원	기관수	정원	기관수	정원
서울	40	103	20	81	10	24	10	138
경기	34	80	16	48	7	10	4	53
인천	12	30	3	11	–	–	1	10
부산	20	45	7	16	2	4	1	17
대구	11	28	7	23	13	26	2	38
대전	7	15	2	5	5	13	1	25
울산	2	4	–	–	2	4	–	–
광주	4	17	2	4	5	13	2	35
전남, 전북	20	58	4	8	6	14	5	48
경남, 경북	15	38	2	8	5	13	2	30
충남, 충북	24	56	5	15	5	12	2	28
강원	5	11	4	9	2	5	3	30
제주	2	4	2	4	1	2	2	13
총계	197개	498명	70개	232명	58개	127명	35개	465명

출처: 보건복지부 2015년 정신보건전문요원 수련기관 현황조사

〈표 3-3〉 직종별 자격기준

종류＼등급	1급	2급
정신건강 임상심리사	1. 심리학에 대한 석사학위 이상을 소지한 사람(석사학위 취득 과정에서 보건복지부장관이 정하는 임상심리 관련과목을 이수한 경우로 정한다)으로서 법 제17조제1항에 따른 정신건강전문요원 수련기관(이하 이 표에서 "수련기관"이라 한다)에서 3년(2급 자격취득을 위한 기간은 포함하지 아니한다) 이상 수련을 마친 사람 2. 2급 정신건강임상심리사 자격을 취득한 후 정신건강증진시설, 보건소 또는 국가나 지방자치단체로부터 정신건강증진사업 등을 위탁받은 기관이나 단체에서 5년 이상 근무한 경력(단순행정업무 등 보건복지부장관이 정하는 업무는 제외한다)이 있는 사람 3. 「국가기술자격법 시행령」 제10조제1항에 따른 임상심리사 1급 자격을 소지한 사람으로서 보건복지부장관이 지정한 수련기관에서 3년(2급 자격취득을 위한 기간은 포함하지 아니한다) 이상 수련을 마친 사람	1. 심리학에 대한 학사학위 이상을 소지한 사람(학사학위 취득 과정에서 보건복지부장관이 정하는 임상심리관련 과목을 이수한 경우로 한정한다)으로서 수련기관에서 1년 이상 수련을 마친 사람 2. 「국가기술자격법 시행령」 제12조제1항에 따른 임상심리사 2급 자격을 소지한 사람으로서 수련기관에서 1년 이상 수련을 마친 사람
정신건강 간호사	1. 「의료법」에 따른 간호사 면허를 취득하고, 간호학에 대한 석사학위 이상을 소지한 사람으로서 보건복지부장관이 지정한 수련기관에서 3년(2급 자격 취득을 위한 기간은 포함하지 아니한다) 이상 수련을 마친 사람 2. 2급 정신건강간호사 자격을 취득한 후 정신건강증진시설, 보건소 또는 국가나 지방자치단체로부터 지역사회 정신건강증진사업 등을 위탁받은 기관이나 단체에서 5년 이상 근무한 경력(단순 행정업무 등 보건복지부장관이 정하는 업무는 제외한다)이 있는 사람 3. 2급 정신건강간호사 자격을 소지한 사람으로서 간호대학에서 5년 이상 정신간호분야의 조교수 이상의 직에 있거나 있었던 사람	1. 「의료법」에 따른 간호사 면허를 가진 자로서 수련기관에서 1년 이상 수련을 마친 사람 2. 「의료법」에 따른 정신전문간호사 자격이 있는 사람

종류 \ 등급	1급	2급
정신건강 사회복지사	1. 사회복지학 또는 사회사업학에 대한 석사학위 이상을 소지한 사람으로서 보건복지부장관이 지정한 수련기관에서 3년(2급 자격 취득을 위한 기간은 포함하지 아니한다) 이상 수련을 마친 사람 2. 2급 정신건강사회복지사 자격을 취득한 후 정신건강증진시설, 보건소 또는 국가나 지방자치단체로부터 정신건강증진사업 등을 위탁받은 기관이나 단체에서 5년 이상 근무한 경력(단순행정업무 등 보건복지부장관이 정하는 업무는 제외한다)이 있는 사람	「사회복지사업법 시행령」 제11조제2항에 따른 사회복지사 1급 자격을 소지한 사람으로서 수련기관에서 1년 이상 수련을 마친 사람

비고: 외국에서 정신건강전문요원과 유사한 교육·수련을 받거나 정신건강전문요원과 유사한 자격을 취득한 사람은 보건복지부장관이 정하는 바에 따라 정신건강전문요원과 동등한 자격을 인정받을 수 있다.
출처: 「정신건강증진 및 정신질환자 복지서비스 지원에 관한 법률」 시행령 제12조제1항 별표 1

4. 정신건강사회복지사 수련제도

정신건강사회복지사는 정신건강의학과 전문병원, 종합병원 정신건강의학과, 정신건강복지센터, 정신재활시설, 정신요양시설 등 다양한 기관에서 업무를 수행한다. 정신건강사회복지사가 되기 위해서는 수련과정을 거쳐야 하는데, 사회복지사 1급 자격이 있는 사람에 한하여 지원 가능하다.

정신건강사회복지사는 「정신건강복지법」 제17조(정신건강전문요원의 자격 등)에 명시하고 있는 정신건강문요원 세 가지 유형 중 하나로써 매년 300여 명 이상이 정신건강사회복지사 2급 수련과정을 밟고 있다. 특히 정신건강사회복지사 수련제도는 사회복지훈련 과정 중에서도 슈퍼비전 및 슈퍼바이저에 대한 명확한 지침을 가지고 있으며, 사회복지 현장실습에 비해 엄격한 기준으로 철저한 시행과 관리가 이루어지고 있다(권자영 외, 2014).

국내에 정신건강전문요원 수련제도가 도입된 1997년 한국정신건강사회복지사협회의 전신인 한국정신보건사회복지사회 창립총회가 열렸다. 그리고 1998년 수련 1기가 시작되면서 매년 자격취득자를 배출하고 있다. 협회에서 실시하고 있는 협회원들의 역량강화를 위한 보수교육은 중앙보수교육, 1급자 보수교육, 한국사회복지사협회 연동 보수교육, 지회 보수교육 등으로 구분된다. 수련사회복지사 및 1·2급 정신건강사회복지사는 한국정신건강사회복지사협회에서 승인한 교육에서 매년 20점의 평점을 이수하여야 1급 승급을 위한 자격을 갖출 수 있다.

〈표 3-3〉 정신건강사회복지사 2급 임상수련 내용

구 분	내용 및 기준	비 고
심리사회적 사정	(1) 개인력조사 (2) 가족력조사 (3) 심리사회적 기능평가: 13사례	
사회사업치료 Ⅰ	퇴원(퇴소)계획 및 사후관리: 3사례	각 사례는 5회기 이상 지속된 것이어야 한다.
사회사업치료 Ⅱ	(1) 집단활동요법: 2사례 (2) 가정방문지도 및 가족교육: 1사례 (3) 대표적 재활훈련프로그램(사회기술훈련, 인지행동치료, 동기강화 프로그램, 스트레스관리훈련 등)	수련사회복지사가 주 진행한 것으로, 각 사례는 5회기 이상 지속된 것이어야 한다.
사회사업치료 Ⅲ	(1) 위기개입 (2) 생활훈련 (3) 직업재활서비스 (4) 재가서비스 (5) 자조모임지도 (6) 지역사회자원 동원 및 조직: 총 5사례 선택(이 중 1가지는 최대 2사례까지 가능)	수련사회복지사가 직접 실시해야 하며, 각 사례는 3회기 이상 지속된 것이어야 한다. 수련사회복지사가 개입한 심리사회적 사정의 사례로 개입하는 것을 권장하나 동일한 클라이언트로 5사례를 진행하는 것은 불가하다. 각각 다른 클라이언트로 진행해야 한다.
사례수	총 25사례	
학술활동(공통)	수련기간 중 평점 20점 이상을 취득하여야 하며, 아래의 조건이 충족되어야 한다. (1) 한국정신보건사회복지사협회 중앙교육 1회 이상 및 지회교육 1회 이상 참석 (2) 본 협회에서 승인한 평점 인정 교육	*본 협회 중앙교육 1회 이상, 지회교육 1회 이상 필수 참석 *참석을 확인할 수 있는 서류 첨부 (예: 협회 홈페이지 내 마이페이지에서 출력 가능)

출처: 2017년도 정신보건사회복지사 수련지침서

수련사회복지사 채용공고는 매년 12월부터 다음해 2월까지 해당 기관 홈페이지나 한국정신건강사회복지사협회 홈페이지에서 확인할 수 있다. 수련사회복지사의 근무 조건(처우, 근무 기간, 수련에 소요되는 비용 등)은 기관마다 상이하므로 수련 전에 기관에 문의하는 것이 좋다.

생각해보기

1. 내가 만일 수련기관의 슈퍼바이저라면 어떠한 기준으로 수련사회복지사를 선발할지 생각해보기.

4장

정신건강사회복지 실천현장

<학습목표>

1. 정신건강사회복지 실천현장의 법적 근거와 설치기준에 대해 이해한다.
2. 정신건강실천현장의 형태와 기능에 대해 이해한다.

<키워드>

정신의료기관, 정신건강복지센터, 정신재활시설, 중독관리통합지원센터, 정신요양시설

우리나라에서 정신건강사회복지사가 전문적인 사회복지실천을 하고 있는 분야로는 정신의료기관, 정신건강복지센터, 자살예방센터, 정신재활시설, 중독관리통합지원센터, 정신요양시설 등이다. 1995년 「정신보건법」이 국회를 통과한 이후 최근까지 지역사회 중심의 정신건강서비스 관련 기관이 확충되면서 정신건강사회복지사의 전문적 활동분야가 다양해지고 있다.

1. 정신의료기관

정신의료기관은 「의료법」상 의료기관으로 분류되며, 「정신건강복지법」 제3조에서는 정신의료기관은 「의료법」에 의한 의료기관 중 주로 정신질환자를 치료할 목적으로 「의료법」 제19조 정신의료기관의 시설기준 등에 적합하게 설치된 정신병원 또는 의원, 병원급 이상의 의료기관에 설치된 정신건강의학과를 말한다. 정신의료기관을 설립 주체에 따라 분류하면, 국가와 지방자치단체가 설치·운영하는 국·공립 정신의료기관과 민간 정신의료기관으로 나눌 수 있다. 또한 민간정신의료기관은 그 규모와 형태, 서비스 내용에 따라 대학(종합)병원 정신건강의학과, 전문정신병원, 정신건강의학과 의원, 낮병원 등으로 구분할 수 있다.

일반적으로 정신의료기관은 급성정신질환자에 대한 적정한 형태와 내용의 진료를 제공하여, 이들이 일상생활을 유지하고 조기에 사회복귀를 할 수 있도록 하는 것을 공통의 목적으로 운영되고 있다. 정신의료기관의 종류에 따라서 형태와 기능의 차이를 살펴보면 다음과 같다.

1) 국·공립 정신의료기관

「정신건강복지법」 제21조에는 국가와 지방자치단체는 국립 또는 공립의 정신의료기관을 설치·운영하며, 지역적으로 균형 있게 분포하도록 하여야 한다고 규정하고 있다. 우리나라의 국·공립정신의료기관은 모두 18개 기관이다. 국립정신병원은 권역별로 5개 기관(국립정신건강센터[1]), 국립춘천병원, 국립공주병원, 국립나주병원, 국립부곡병원)이 설치되고 있다. 국립정신병원 이외 도립 또는 시립정신병원으로 분류되며 전국에 모두 12개의 기관이 운영되고 있다.

1) 2016년 국립서울병원에서 국립정신건강센터로 기관 명칭을 변경했다. 정신건강과 관련된 일반 진료과 외에 특수클리닉이 개설되어 있으며, 정신건강사업부와 정신건강연구소를 두고 관련된 사업과 연구를 수행하고 있다.

국립정신병원은 전국을 5개 권역으로 나누어 각 지역을 중심으로 정신질환의 치료적 개입을 통해 최적의 공공 정신의료서비스를 보장하고, 국립정신병원장은 보건복지부장관으로부터 위임을 받아서 관장하는 권역의 정신의료기관을 관리하고 정신건강전문요원의 수련관련 행정업무를 수행하고 있으며, 「정신건강복지법」 제43조 및 제44조에 따른 입원 등의 적합성 심사를 위하여 입원적합성심사위원회[2)]를 설치·운영한다.

2) 민간정신의료기관

(1) 대학(종합)병원 정신건강의학과

종합병원 내의 정신건강의학과는 보통 입원병동과 외래진료실을 갖추고 있으며, 다양한 급성기 정신질환의 진료와 치료를 주 업무로 운영된다. 정신건강의학과 전문의는 외래진료를 통하여 급성증상을 호소하는 환자의 입원 여부를 결정하게 되며, 증상의 심각성에 따라 외래치료나 입원치료를 하게 된다.

(2) 전문정신병원

전문정신병원은 조현병, 알코올중독, 조울증, 우울장애, 치매 등의 진단에 대한 치료적 개입을 하고 있으며, 비교적 만성적인 정신질환자에 대한 치료서비스를 제공하고 있다. 최근 정신병원들이 치매, 중독 등과 관련된 특수클리닉을 운영하거나 보호병동과 개방병동을 함께 운영하는 등 서비스를 다양화하고 전문화하는 양상이다.

(3) 정신건강의학과 의원

정신건강의학과 의원은 대부분 정신건강의학과 전문의가 개업을 하여 운영하고 있으며, 정신의료기관 중 가장 많은 수를 차지하고 있다. 외래치료만 하는 정신건강의학과 의원과 외래치료와 입원치료가 가능한 정

2) 2017년 정신질환자 입원적합성 심사가 서울과 충남에서 시범사업으로 운영되며, 2018년 5월 30일 시행된다.

신건강의학과 의원이 있다. 대부분은 정신질환에 대한 진단과 치료서비스를 제공하고 있으나, 알코올중독, 소아청소년 정신질환, 노인 정신질환 등 특정한 문제에 대하여 전문적이고 집중적으로 개입하는 정신의학과 의원도 많다.

(4) 낮병원

정신의료기관 입원형태 중 낮시간에만 입원을 하는 형태의 서비스를 제공하는 기관을 말하며, 낮병원은 독립적인 기관으로 운영되기보다는, 대학병원이나 종합병원, 정신건강의학과 의원의 부속기관으로 운영되고 있다. 정신질환의 재발을 예방하고 질병관리를 효율적으로 하도록 지원하며, 대인관계와 일상생활 훈련, 사회적응 등을 돕는 기능을 한다.

2. 정신건강복지센터

정신건강복지센터는 지역사회를 기반으로 하여 주민들의 정신건강문제에 대한 통합적이고 지속적인 서비스 제공을 목적으로 하는 공공 정신보건 전문기관이다.

1) 사업 목적

정신질환의 예방·치료, 정신질환자의 재활과 정신건강 친화적 환경조성으로 국민의 정신건강증진을 도모한다.

2) 법적 근거: 「정신건강복지법」 제15조(정신건강복지센터의 설치 및 운영)

시·도지사는 관할 구역에서의 정신건강증진사업 등의 제공 및 연계사업을 전문적으로 수행하게 하기 위하여 광역정신건강복지센터를 설치·운영할 수 있고, 시장·군수·구청장은 관할 구역에서의 정신건강증진사업 등의 제공 및 연계사업을 전문적으로 수행하기 위하여 기초정신건강복지센터를 설치·운영할 수 있다.

3) 설치기준

광역정신건강복지센터는 시·도별 1개소, 기초정신건강복지센터는 인구 20만 미만 시·군·구 1개소, 인구 20만 이상 시·군·구: 2개소 이상 설치 가능하며, 추가 설치기준은 인구 20만 명당 1개소이다.

4) 운영체계

지역사회중심의 통합적 정신보건서비스 제공을 위한 기반 구축을 기본방향으로 공적기관으로서 지역사회정신건강사업의 기획·조정 및 수행, 지역주민의 욕구에 적합한 예방·치료·재활서비스가 제공될 수 있도록 정신건강증진시설 간 연계 및 정신보건서비스 제공체계를 마련한다.

(1) 직영형

- 시·도지사는 관할 구역에서의 「정신건강복지법」 제12조제2항에 따른 소관 정신건강증진사업 등의 제공 및 연계 사업을 전문적으로 수행하게 하기 위하여 광역정신건강복지센터를 설치·운영할 수 있다.
- 시장·군수·구청장은 관할 구역에서의 정신건강복지법 제12조제3항에 따른 소관 정신건강증진사업 등의 제공 및 연계사업을 전문적으로 수행하게 하기 위하여 「지역보건법」에 따른 보건소에 기초정신건강복지센터를 설치·운영할 수 있다.

(2) 위탁형

보건복지부장관은 대통령령으로 정하는 바에 따라, 시·도지사 및 시장·군수·구청장은 조례나 규칙으로 정하는 바에 따라 소관 정신건강증진사업 등을 정신건강에 관한 전문성이 있는 기관·단체에 위탁하여 수행할 수 있다.

5) 정신건강복지센터 인력기준 및 자격요건

<table>
<tr><th>구분</th><th>광역정신건강복지센터</th><th>기초정신건강복지센터</th></tr>
<tr><td>센터장</td><td>임면: 수탁 기관장(시·도지사와 협의)
직영형인 경우 시·도지사
<table>
<tr><th>유형</th><th>자격조건</th><th>근무형태</th><th>비 고</th></tr>
<tr><td>가형</td><td>정신건강의학과 전문의(정신과 전문의 자격 취득 후 지역사회 정신보건 사업 경력 1년 이상(공중보건의사 제외))</td><td>상근을 원칙으로 하되, 수탁 기관의 여건에 따라 비상근 근무가능. 비상근으로 근무할 경우 주 2일(16시간) 이상 근무</td><td>센터장이 비상근일 경우 부센터장을 둘 수 있음</td></tr>
<tr><td>나형</td><td>1급 정신건강전문요원(지역사회정신보건사업 경력 10년 이상)</td><td>상근</td><td>임상자문의 주 2일(16시간) 이상 근무</td></tr>
</table></td><td>• 자격
정신건강의학과 전문의(정신건강의학과 전문의 자격 취득 후 지역사회 정신보건사업 경력 1년 이상(공중보건의사 제외) 또는 1급 정신건강전문요원(지역사회 정신보건 사업 경력 8년 이상), 보건소장(직영형)
• 임면
수탁 기관장(시·군·구청과 협의), 직영형인 경우 시·군·구청장
• 근무형태
상근(주 6일)을 원칙으로 하되, 수탁기관의 여건에 따라 비상근 근무 가능</td></tr>
<tr><td>부센터장</td><td colspan="2">• 자격
1급 정신건강전문요원(지역사회 정신보건사업 경력 8년(정신건강복지센터 팀장 경력 4년 포함)) 이상 상근(주 5일)
• 근무형태
상근(주 5일)
• 임면
센터장이 비상근일 경우 부센터장을 둘 수 있음
(단, 부센터장 기본급·수장 지급기준은 팀 규모, 예산 수행업무 등을 고려하여 상임팀장, 팀장 기준으로 조정하여 지급 가능)</td></tr>
<tr><td>상임팀장</td><td colspan="2">• 자격
1급 정신건강전문요원
• 근무형태
상근(주 5일)</td></tr>
</table>

구분	광역정신건강복지센터	기초정신건강복지센터
상임팀장	• 임면 팀원의 규모가 10인 이상인 경우 1인의 상임팀장 임면 가능 (기초정신건강복지센터의 경우 센터장이 비상근이면서 상임팀장의 자격요건을 충족시키는 경우 인력규모에 상관없이 상임팀장을 임면할 수 있음)	
팀장	• 자격 정신건강전문요원(정신건강복지센터 경력 2년 이상) • 근무형태 상근(주 5일) • 추가임면 상근 사업수행인력 매 4인마다 팀장 1인 임면 가능	
팀원 1	• 자격 정신건강전문요원	
팀원 2	• 자격 간호사, 임상심리사, 사회복지사 및 기타관련분야의 자격증 소지자	
사업수행 지원인력	• 업무 행정 및 회계를 포함한 사업수행인력 지원 업무 *정신건강의학과 전공의 포함	
임상 자문의	• 자격 정신건강의학과 전문의(센터장이 정신건강의학과 전문의인 경우 두지 않을 수 있음) • 근무형태 수시자문	

※ 정신건강복지센터 인력의 근무형태는 상근(주 5일)을 원칙으로 함
※ 정신건강복지센터 인력은 정신건강복지센터장이 임면함
※ 기초 정신건강복지센터의 경우 기본사업수행인력 중 비상근인력은 2인 이내만 활용할 수 있음
※ 정신건강복지센터장은 사업수행인력의 출산휴가 또는 유아휴직기간 동안 대체인력을 활용하여 업무의 공백이 없도록 해야 함
※ '지역사회정신건강사업 경력'이라 함은 정신건강복지센터, 자살예방센터, 중독관리통합지원센터 근무경력, 정신의료기관 근무경력, 사회복지시설 근무 경력, 중앙 및 지방 정신보건사업지원단 근무 경력을 포함(정신요양시설 근무 제외)
※ 자살예방센터는 정신건강복지센터 인력기준을 준용

출처: 보건복지부(2017), 2017 정신건강사업안내(정신건강복지법 용어로 일부 수정).

6) 광역정신건강복지센터 주요사업

(1) 자살예방사업

해당 지역의 자살률 감소와 생명존중문화조성을 위한 연구·기획, 프로그램 개발, 마케팅, 교육, 네트워킹 등의 업무를 추진한다.

(2) 중증정신질환관리사업

해당 지역의 중증정신질환자 재원기간 감소와 사회통합 촉진을 위하여 연구·기획, 프로그램 개발, 마케팅, 교육, 네트워킹 등의 업무를 추진한다.

(3) 아동청소년정신건강증진사업

해당 지역의 정서행동문제 경험 아동청소년의 서비스 이용률 향상을 위하여 연구·기획, 프로그램 개발, 마케팅, 교육, 네트워킹 등의 업무를 추진한다.

(4) 정신건강증진사업

해당 지역의 성인기 우울감 경험률 감소 및 다빈도 정신질환 치료율 향상을 위하여 연구·기획, 프로그램 개발, 마케팅, 교육, 네트워킹 등의 업무를 추진한다.

(5) 중독관리사업

해당 지역의 중독문제 감소 및 중독자 회복 촉진을 위하여 연구·기획, 교육, 네트워킹 등의 업무를 추진한다.

(6) 1577-0199 정신건강위기상담전화 운영

전국 어디에서나 전화를 걸면, 정신건강전문요원 등이 자살위기 상담 등 정신건강 상담과 지지, 정신건강정보 제공, 정신의료기관 안내 등을 제공한다.

7) 기초정신건강복지센터 주요사업

(1) 중증정신질환관리

방문보건팀, 지역주민센터, 지역사회 복지관, 의료급여사례관리사 등과의 신규 발견 및 등록 체계 활성화, 개별적 서비스 계획의 수립과 전문적인 사례관리 서비스 제공, 지역사회 자원현황에 따라 사회재활 및 직업재활 프로그램 운영, 중증정신질환 조기개입체계 구축, 위기개입 서비스 제공 및 위기대응체계를 구축한다.

(2) 자살예방 및 정신건강증진

고위험군 조기발견 및 치료연계 사업, 인식개선사업, 정신건강위기상담전화를 운영(야간 및 일·휴무일은 지정된 관할 국·공립정신의료기관 및 광역정신건강복지센터로 착신을 전환하여 운영)한다.

(3) 아동·청소년 정신건강증진

지역사회 내 아동·청소년 정신건강서비스 제공체계를 구축함으로써 아동·청소년기 정신건강문제의 예방, 조기발견 및 상담·치료를 통하여 건강한 사회구성원으로서 성장 발달을 지원하기 위한 지역사회 현황파악 및 연계체계 구축, 교육 및 홍보, 정신건강문제 조기발견 및 사후관리서비스를 제공한다.

3. 정신재활시설

「정신건강복지법」 제26조 국가 또는 지방자치단체는 정신재활시설을 설치·운영할 수 있고, 필요할 경우 정신재활시설을 사회복지법인 또는 비영리법인에 위탁하여 운영할 수 있다. 국가나 지방자치단체 외의 자가 정신재활시설을 설치·운영하려면 해당 정신재활시설 소재지 관할 특별자치시장·특별자치도지사·시장·군수·구청장에게 신고하여야 한다.

정신건강복지법 제27조 및 「동법 시행령」 제16조에 따른 정신재활시설의 종류는 생활시설, 재활훈련시설, 그 밖에 대통령령으로 정하는 시설(중독자재활시설, 생산품판매시설, 종합훈련시설, 그 밖에 정신질환자 등의 정신건강복지를 위해 보건복지부령으로 정하는 시설)이 있으며, 사업 내용은 다음과 같다.

종류		사업
1. 생활시설		가정에서 생활하기 어려운 정신질환자등에게 주거, 생활지도, 교육, 직업재활훈련 등의 서비스를 제공하며, 가정으로의 복귀, 재활, 자립 및 사회적응을 지원하는 시설
2. 재활훈련시설	가. 주간 재활 시설	정신질환자등에게 작업·기술지도, 직업훈련, 사회적응훈련, 취업지원 등의 서비스를 제공하는 시설
	나. 공동 생활 가정	완전한 독립생활은 어려우나 어느 정도 자립능력을 갖춘 정신질환자등이 공동으로 생활하며 독립생활을 위한 자립역량을 함양하는 시설
	다. 지역 사회 전환 시설	지역 내 정신질환자등에게 일시 보호 서비스 또는 단기 보호 서비스를 제공하고, 퇴원했거나 퇴원계획이 있는 정신질환자등의 안정적인 사회복귀를 위한 기능을 수행하며, 이를 위한 주거 제공, 생활훈련, 사회적응훈련 등의 서비스를 제공하는 시설
	라. 직업 재활 시설	정신질환자등이 특별히 준비된 작업환경에서 직업적응, 직무기능향상 등 직업재활훈련을 받거나 직업생활을 할 수 있도록 지원하며, 일정한 기간이 지난 후 직업능력을 갖추면 고용시장에 참여할 수 있도록 지원하는 시설
	마. 아동·청소년 정신 건강 지원 시설	정신질환 아동·청소년을 대상으로 한 상담, 교육 및 정보제공 등을 지원하는 시설
3. 중독자재활시설		알코올 중독, 약물 중독 또는 게임 중독 등으로 인한 정신질환자등을 치유하거나 재활을 돕는 시설
4. 생산품판매시설		정신질환자등이 생산한 생산품을 판매하거나 유통을 대행하고, 정신질환자등이 생산한 생산품이나 서비스에 관한 상담, 홍보, 마케팅, 판로개척, 정보제공 등을 지원하는 시설
5. 종합시설		제1호부터 제4호까지의 정신재활시설 중 2개 이상의 정신재활시설이 결합되어 정신질환자등에게 생활지원, 주거지원, 재활훈련 등의 기능을 복합적·종합적으로 제공하는 시설

출처: 정신건강복지법 시행규칙 제19조 관련 별표 10.

4. 중독관련기관

중독관리통합지원센터의 사업목적에는 인구 20만 명 이상 지역에 설치 · 운영함으로써, 지역사회 중심의 통합적인 중독관리 체계 구축을 통해 중독자 조기발견 · 상담 · 치료 · 재활 및 사회복귀를 지원하여 안전한 사회 환경조성 및 국민의 정신건강 증진을 도모하며, 중독문제가 있는 노숙인 등 사회적 취약계층의 자활을 위한 상담, 치료, 재활지원 서비스를 제공하는 데 있다. 그 서비스 내용을 보면 〈표 4-1〉과 같다.

〈표 4-1〉 중독관리통합지원센터 주요사업내용

영 역	서비스 내용
중독 조기 발견 및 개입서비스	•신규 발견 및 이용체계 구축 •고위험군 조기발견 및 단기 개입서비스
중독질환 관리사업	•사례관리 서비스 •위기관리 서비스 •재활 프로그램 •직업재활 서비스
중독질환 가족지원사업	•신규 가족발견 및 이용체계 구축 •사례관리 서비스 •가족교육 및 프로그램 •위기관리 서비스 •가족모임 지원 서비스
중독 폐해 예방 및 교육사업	•아동 · 청소년 예방교육사업 •직장인 중독폐해 예방지원사업 •지역주민 예방교육사업 •인식개선 및 홍보사업
지역사회 사회안전망 조성사업	•보건복지 네트워크 구축 •지역 법무 연계 · 협력체계 구축 •자원봉사 관리 · 운영체계 구축 •경찰 및 응급지원 네트워크 구축 •지역 인프라 구축
지역진단 및 기획	•지역사회 진단 및 연구 •지역 특성을 고려한 특화 서비스 기획 •자원조정 및 중재

출처: 보건복지부(2017). 2017 정신건강사업안내.

5. 정신요양시설

정신요양시설의 법적 근거는 「정신건강복지법」 제22조, 「동법 시행령」 제14조에서 가족의 보호가 어려운 만성 정신질환자를 정신요양시설에 입소시켜 요양보호함으로써 이들의 삶의 질 향상 및 사회복귀를 도모하는 것을 목적으로 하며, 전국에 설치·운영 중인 요양원의 수는 모두 59개로 파악된다. 서비스의 내용을 보면, '정신요양시설의 설치기준과 운영 등에 관한 규칙' 내용을 토대로 정신요양시설의 서비스 내용을 구성해 보면 〈표 4-2〉와 같다.

〈표 4-2〉 정신요양시설의 서비스 내용

사업구분	내 용
요양생활에 관한 사항	가. 정신요양시설의 장은 입소자의 건강유지와 효과적인 요양을 위하여 일정표에 따라 적절한 운동, 오락, 교양시간 등을 가질 수 있도록 하여야 한다. 나. 정신요양시설의 장은 입소자가 주 1회 이상(5월에서 8월까지의 기간 중 3월간은 주 2회 이상) 목욕을 할 수 있도록 하여야 하며, 칫솔, 세면도구 등은 위해방지를 위하여 일정한 장소에 보관하여야 한다. 다. 정신요양시설의 장은 입소자 또는 그 보호자가 입소자의 외출과 외박을 신청하는 경우에는 정신과전문의의 동의를 받도록 하여야 한다. 이 경우 정신요양시설의 장은 이에 관한 사항을 외출·외박기록부에 기록하여야 한다. 라. 정신요양시설의 장은 입소비용, 입소자 준수사항 등을 명시한 관리규정을 정하고, 이를 입소자에게 알려주어야 한다.
급식위생에 관한 사항	가. 식단은 영양사가 작성하여야 하며, 영양사가 없는 시설은 보건소의 지도를 받아 이를 작성하여야 한다. 나. 정신요양시설의 장은 전염성 질환, 화농성 창상 등 조리에 부적합한 사람이 입소·이용자의 식사를 조리하게 해서는 아니 된다. 다. 수돗물 외에 먹는 물을 사용하는 경우에는 「먹는 물 수질기준 및 검사 등에 관한 규칙」에서 정하는 바에 따라 수질검사를 받아야 한다.
건강진단에 관한 사항	가. 정신요양시설의 장은 입소자에 대하여 매년 1회 이상 질병의 보유 여부를 확인·판단할 수 있도록 건강진단을 실시하여야 한다. 나. 정신요양시설의 장은 진단 결과 전염병환자는 보건소에 신고하여야 하고, 보건소장의 지시에 따라 해당 환자에 대하여 필요한 조치를 하여야 하며, 지체 없이 그 사실을 보호의무자에게 알려야 한다.
진료 및 투약에 관한 사항	가. 정신요양시설의 장은 입소자에 대한 진료 및 처방은 정신과전문의가, 투약은 정신과전문의 또는 간호사가 실시하도록 하여야 한다.

사업구분	내 용
진료 및 투약에 관한 사항	나. 정신요양시설의 장은 입소자에 대한 진료 기록부 및 투약관리대장을 갖추어 두어야 하고, 진료 및 투약에 관한 사항을 기록·관리하여야 한다.
의료기관의 이용 등에 관한 사항	가. 정신요양시설의 장은 입소자가 합병증 등 다른 질병에 걸리거나 건강상태가 악화된 경우에는 일시적으로 격리된 거실에서 정신과전문의 등에게 필요한 진료 등을 받도록 하거나 의료기관으로 이송하여 입원 또는 통원 치료를 받도록 조치하여야 한다. 나. 정신요양시설의 장은 입소자가 의료기관에서 입원치료가 필요한 경우에는 그 사실을 해당 입소자의 보호의무자 및 시장·군수·구청장에게 알린 후 치료를 받을 수 있게 하여야 한다. 다만, 응급환자의 경우에는 치료를 시작한 후 3일 이내에 알릴 수 있다.

출처: 보건복지부(2017). 2017 정신건강사업안내.

6. 기타 분야

최근 몇 년간 지방가정법원, 법무지원센터, 갱생보호공단, 지방가정법원, 교도소, 군사회복지, 학교사회복지, 노숙인시설, 행정복지센터 사례관리팀 등 다양한 분야에서 정신건강사회복지사를 채용하는 기관들이 증가하여 정신건강인력들이 다양한 현장에서 근무하고 있다.

생각해보기

1. 정신건강복지 실천현장을 방문하여 정신건강사회복지사의 역할을 생각해보기.

3 정신건강사회복지 실천방법

5장

심리사회적 사정

<학습목표>

1. 정신의학적 문제를 가진 클라이언트의 정신병리를 이해한다.
2. 심리사회적 사정의 구성요소를 알고 이를 실제 사례에 적용한다.
3. 심리사회적 사정의 이론적 근거를 이해하고 사례 사정과 개입 시 이를 적용한다.
4. 사회복지 실천현장에서 활용되는 강점관점의 개념을 이해한다.

<키워드>

정신병리, 심리사회적 사정, MSE, 개입이론, 실천이론, 강점관점

일반적인 의학적 문제로 병원을 찾는 환자는 혈액검사, X-선 검사, CT, MRI 등의 검사를 통해 병의 원인을 찾고 치료한다. 정신건강에 문제를 호소하는 사람들에게 있어서는 정신의학적 면담이 문제의 원인을 파악하고 치료계획을 수립하는 데 중요한 역할을 한다. 또한 정신의학적 면담을 토대로 이루어지는 심리사회적사정은 대상자가 가진 문제를 객관화하고, 활용 가능한 자원을 파악하며 이를 토대로 구체적인 개입계획을 수립하는 매우 중요한 도구이다. 이 장에서는 심리사회적 사정을 위한 첫 단계로서의 정신의학적 면담과 이를 토대로

이루어지는 심리사회적 사정에 대해 알아보고자 한다.

1. 정신병리

클라이언트를 면담할 당시 클라이언트의 전반적인 상태를 기술하는데, 여기서는 정신상태검사(mental status examination: MSE)를 이용하여 해당 부분을 기술한다. MSE는 개인의 인지와 정서적 기능의 체계적 사정을 위한 임상적 도구이며 MSE에는 다양한 정보들이 포함되는데 알파벳 A-J, 즉 A(Appearance), B(Behavior), C(Consciousness), D(Delusion), E(Emotion), F(Forget=memory), G(General Intelligence), H(Hallucination), I(Illusion), J(Judgement)로 정리할 수 있다. 각 항목은 정신병리를 설명한다.

1) 외모, 표정과 태도

외모(appearance), 표정(facial expression), 태도(attitude)에 대한 관찰을 통해 사회복지사는 대상 클라이언트에 대한 정신의학적 정보를 얻을 수 있다. 클라이언트가 계절에 맞는 옷차림을 하고 있는지, 위생상태는 어떠한지, 실제 나이에 맞는 외모인지, 여성의 경우 화장법이 적절한지 등에 대한 정보는 클라이언트의 증상을 이해하는 데 도움이 된다. 또한 클라이언트의 표정이나 태도도 하나의 증상으로 나타날 수 있다. 힘없고 우울하고 무표정함은 우울증에서 볼 수 있다. 의심하는 듯 방어적 내지 거부적 태도, 괴상한 자세, 무의미한 웃음이나 찌푸린 얼굴 등은 조현병에서 흔히 볼 수 있다.

2) 행동

클라이언트의 정신병리는 일차적으로 그들의 변화된 행동(behavior)에 의해 타인의 눈에 띄게 된다. 클라이언트의 활동이 현저히 감소하거나 증가하기도 하고, 타인이 보기에는 무의미한 행동을 반복하는 경우도 있다.

행동의 증가(increased activity)는 정신운동이 증가되어 있는 상태로 목적 달성이 어려우며 조증(mania)에서 흔하다. 정신운동지연(psychomotor retardation)은 활동에 대한 욕구가 저하되어 동작이 느리고 말수도 적어지고 목소리도 낮다. 또한 사고의 흐름도 느려지는데, 이러한 행동 저하는 우울증과 조현병에서 흔하다. 남이 보기에는 이유가 없는 것 같은데 같은 행동을 반복하는 상동증(stereotype), 한 가지 자세를 계속 유지하는 강경증(catalepsy), 팔다리를 불편한 자세로 구부려 놓아도 그대로 움직이지 않고 있는 납굴증(flexibility), 의미 없는 단어나 문장을 반복해서 말하는 암송증(verbigeration), 클라이언트는 다른 행동이나 말을 하려고 하지만 새로운 말이나 동작으로 넘어가지 못하고 반복하게 되는 보속증(perserveration) 등을 볼 수 있다.

3) 의식

'의식이 명료하다' 혹은 '의식이 정상적이다'는 것은 외부의 자극을 받아들이는 감각기관, 중추신경까지 전달하는 과정, 그리고 이를 해석하는 과정에 이상이 없다는 뜻이다. 여러 심리적인 원인과 뇌기능장애가 있을 때 의식(consciousness)에 장애가 온다. 의식에 장애가 있으면 일반적으로 외부 자극에 집중할 수 없고, 목표를 성취하기 위한 활동이 어려워진다. 급성의 정신병적 상태에서는 주의력집중장애 등으로 클라이언트가 혼란스러워(confused) 보일 수 있고, 심한 우울 상태나 일부 조현병에서 혼미(stupor)를 보일 수 있다.

4) 망상

망상(delusion)이란 사실과는 다른 잘못된 신념(false belief)이다. 또한 클라이언트의 교육 정도나 환경과 맞지 않고, 현실과 동떨어진 생각이며 비합리적이어서 이성적 논리적인 방법으로 교정이 어려운 허망한 생각을 뜻한다.

(1) 관계망상

주위에서 일어나는 일들이 모두 자신과 관련이 있다고 생각하는 것이다. 이러한 관계망상(delusion of reference)은 클라이언트 자신에 대한 내적 자기비판이 외계로 투사되어 일어나는 것으로 볼 수 있으며 조현병에서 흔하다.

(2) 피해망상

피해망상(delusion of persecution)은 막연히 누군가 자신을 괴롭힌다는 믿음을 가진 경우도 있고, 타인이 자신을 해칠 것이라고 믿기도 한다. 누군가 나를 미행한다, CCTV를 달아놓았다, 밥에 독을 탔다, 휴대전화를 감청한다는 등의 내용을 호소한다.

(3) 과대망상

과대망상(grandiose delusion)은 자신이 실제보다 위대하고 전능하며 부자라고 믿는 망상이다. 천리안이다, 텔레파시가 있다는 등 마술적 사고를 보이거나 자신을 수조 원대 자산가라고 하는 클라이언트를 종종 만나게 되는데, 이러한 증상은 기분장애의 조증 상태, 조현병에서 흔하게 나타난다.

(4) 자책망상

자책망상(delusion of self accusation)은 죄의식과 자기 징벌을 내용으로 하는 망상으로 초자아가 심하게 비판적일 때 나타난다. 이와 관련하어 죄업망상(delusions of guilt)은 자신이 큰 죄를 지었다는 망상이며, 빈곤망상(delusions of impoverishment)은 자신은 가진 것이 없다 또는 망했다는 망상이다. 또는 질병망상(delusions of illness)은 자신이 중병에 걸렸다는 망상이다. 이러한 우울한 내용의 망상들은 죄의식, 자존심 손상, 자기 징벌, 적개심 등이 투사된 결과이다.

(5) 조종망상

조종망상(ideation of control)은 자신이 타인에 의해 또는 미지의 존재에 의해 조종당한다는 망상이다.

(6) 연애망상

연애망상(delusion of loving)은 누군가 자신을 몹시 사랑하고 있다고 믿는 색정광(erotomania), 유명 인사가 자신을 사랑한다고 믿는 색정 편집증(erotic paranoia) 등이 있다. 또한 배우자를 의심하는 부정 망상(delusion of infidelity), 질투 망상(delusion of jealousy)과 같은 피해적인 내용의 망상이 있다.

(7) 빙의망상

빙의망상(delusion of possession)은 귀신, 악령, 동물이 자신의 몸속에 들어와 지배한다는 내용의 망상이다.

5) 정동

정동(affect)은 클라이언트가 직접 표현하고 타인에 의해 관찰되는 감정 경험으로 흔히 기분, 감정 등의 용어와 혼용된다.

클라이언트의 감정은 클라이언트의 직접적인 보고가 아니더라도 말투나 행동, 면담 태도 등으로 관찰이 가능하다. 면담 중에 클라이언트의 감정이 보고하는 내용과 일치하는지, 과장되거나 지나치게 억제되지는 않았는지, 잦은 기분변화를 보이지는 않는지를 관찰할 필요가 있다.

6) 기억력

기억(memory)은 흔히 기록(registration), 저장(retention), 회상(recall)의 단계를 거친다. 기억과잉(hypermnemsia), 건망증(amnesia)이 있을 수 있고, 방어의 목적으로 무의식적으로 거짓 기억을 하는 기억착오(paramnesia)가 나타날 수 있다. 또한 기시감(deja vu)과 미시감(jamais vu)이 나타나기도 한다.

7) 지적능력

클라이언트와의 면담 중에 기억력, 계산능력, 일반적인 지식, 판단력 등에 대한 질문을 통해 지적능력(general intelligence)을 알아볼 수 있다. 면담 초반에 특정 단어를 이야기하고, 면담 후반에 이를 다시 물어봄으로써 기억력을 확인할 수 있고, 100에서 특성 숫자를 빼는 방식도 많이 활용되는데, 이는 약 5회 정도 반복 시행한다. 또한 역사적 사실에 대해 질문하거나 길에서 지갑을 주었을 때 어떻게 처리할 것인지를 질문함으로써 클라이언트의 지식수준이나 판단력을 평가할 수 있다.

어떤 이유에서건 개체의 발달 과정에서 지능의 발육이 제대로 이루어지지 않아서 평균 지능보다 낮은 상태로 머물러 있는 경우를 지적장애(mental retardation), 일단 정상 평균치의 지능까지 발육되었다가 어떤 이유 등으로 인하여 지능 상태가 평균치 이하로 저하된 상태를 치매(dementia)라고 한다.

8) 환각

환각(hallucination)은 실제로는 자극이 없는데도 불구하고 마치 자극이 있는 것처럼 인식하는 현상이다. 사회복지사는 면담을 통해 환각의 내용을 파악할 필요가 있으며 환청과 환시가 흔하다.

(1) 환청

환청(auditory hallucination)은 실제로는 없는 소리를 듣는 것으로, 조현병에서 흔하다. 클라이언트가 환청을 호소하는 경우 그 소리가 남성의 목소리인지 여성의 목소리인지, 한 사람인지 여러 사람인지, 아는 사람의 목소리인지 낯선 사람의 목소리인지, 어느 시간에 주로 들리는지, 환청의 내용은 무엇인지, 환청이 들릴 때 클라이언트의 감정반응은 어떠한지 등에 대한 정보가 필요하다.

(2) 환시

환시(visual hallucination)는 존재하지 않는 사물이 보이는 것이다. 눈앞에 별이나 점이 보인다고 호소하거나, 귀신이나 특정 물체가 보인다고 하는 경우도 있다.

(3) 환후

환후(olfactory hallucination)는 자신의 몸에서 이상한 냄새가 난다고 믿는 것이다. 환후를 호소하는 사람들은 자신의 몸에서 이상한 냄새가 나기 때문에 주위 사람들이 자신을 피한다고 믿기도 한다.

(4) 환미

환미(taste hallucination)는 매우 드문 환각의 하나이다. 이상한 맛을 느낀다든지, 음식에서 독약 맛이 난다든지 하는 경우가 많이 있는데, 순수한 환각이라기보다는 착각인 경우가 많고 감정 상태가 아주 불안한 경우가 많다.

(5) 환촉

환촉(tactile hallucination)은 어떤 물체가 피부에 접촉되고 있다고 느끼는 것 또는 성적 기관의 성적 접촉을 느끼는 것도 환촉에 포함된다. 눈에 보이지 않는 작은 벌레가 기어 다닌다고 호소하는 경우가 흔한데, 이 일로 자해하는 경우도 있으며 알코올중독이나 약물중독을 가지고 있는 사람들에게서도 볼 수 있다.

9) 착각

착각(illusion)과 환각의 차이를 알아둘 필요가 있다. 착각은 실제로 자극이 있고, 자극을 인지하지만 잘못 해석하는 경우를 말한다. 뇌의 손상이 있거나 심한 신체적 피로, 심리적 갈등이나 흥분 상태 등에서 생길 수 있다. 반면 환각은 실제로는 자극이 없으나 자극을 인지하여 발생한다.

예를 들어, 과제를 하느라 2일간 잠을 자지 못한 학생이 있다고 하자. 우연히 고개를 들어 벽을 보았는데 벽에 금이 간 흔적이 벌레가 기어가는 것으로 보인다면 이것은 착각일까, 환각일까? 이 상황에서는 착각이 맞는데, 그 이유는 벽에 금이 간 것은 실제 자극이기 때문이다.

10) 판단력과 병식

판단력(judgement)이란 자신이 처한 상황을 정확하게 평가하여 그에 적절한 행동이나 반응할 수 있는 능력을 말하며 판단력의 평가는 클라이언트의 최근 행위에 근거해야 한다.

병식(insight)이란 클라이언트나 가족이 정신병리를 알고 있는지의 여부를 의미하는 것이다. 병식수준은 다양하여 병을 완전히 부인하는 단계, 병을 어느 정도 인식하고 도움이 필요하다는 것을 알지만 동시에 부인한 것, 병을 인식하나 타인의 탓으로 돌리는 것, 지적인 병식, 진실한 감정적 병식에 이르기까지 매우 다양하다.

2. 심리사회적 사정

사회복지 분야에서 사정(assessment)은 무엇이 문제인지, 문제의 원인이 무엇인지 그리고 그 문제를 해결하거나 줄이기 위해 무엇이 변화되어야 하는지에 대한 과정이다(양옥경 외, 2005).

심리사회적 사정(psychological assessment)의 기원은 리치몬드(Mary Richmond, 1917)의 "Social Diagnosis"에서 찾아볼 수 있는데, 리치몬드는 환경적 상황이 개인에게 결정적인 영향을 미친다고 보았다. 이후 해밀턴(G. Hamilton, 1940)은 진단주의 접근법의 네 가지 원칙을 제시하면서 '심리사회적 사정'이라는 용어를 사용하기 시작했고, 이후 홀리스(F. Hollis, 1964)는 명확한 심리사회적 모델을 규정하려고 하였다.

심리사회적 사정은 클라이언트의 중요한 심리사회적·환경적 측면에 관련된 사회복지사의 구조화된 개입을 형식화하기 위한 도구이다. 이것은 사회복지적 개입을 위한 길잡이가 되고 다학제 간에 심리사회적 관심사를 전달하는 매체로(Lusk, 1983: 210) 정신의학적 문제를 지닌 클라이언트와 그 가족이 처한 심리사회적 상황을 이해하고 문제체계에 관련된 요인을 분석하며 그에 따른 치료계획을 공유하는 것이다. 이를 위해서는 정확하고 구체적인 자료수집과 수집된 자료의 분석, 그에 적합한 목표 설정이 이루어지는 것이 중요하며, 이 과정을 통해 클라이언트에 대한 종합적인 이해와 효과적인 개입의 기반을 마련할 수 있다(한국정신보건사회복지사협회, 2016).

심리사회적 사정에는 클라이언트의 개인력, 가족력 및 심리사회적 기능에 대한 다양한 정보가 포함된다. 사회복지사는 정보 수집을 위해 클라이언트와 관계된 다양한 사람들을 만나게 되는데, 정보 수집 과정은 생각처럼 쉽지 않다. 만나는 사람들 중에는 사회복지사의 질문에 호의적으로 반응하는 사람도 있지만 침묵으로 일관하거나 거짓 정보를 제공하여 혼선을 초래하기도 하고 주제에서 벗어난 대화만 하다 끝나는 경우도 있다. 이러한 정보제공자를 만나면 사회복지사는 무슨 말로 어떻게 면담을 이어갈지, 상대방의 말을 어떻게 중단해야 할지 등을 고민하게 된다.

필요한 정보를 얻는 일은 쉽지 않다. 정보를 제공하는 클라이언트나 가족의 입장에서도 아픈 가족사나 평탄하지 않은 개인사를 개방하는 것은 유쾌하지 않을 수 있음을 이해할 필요가 있다. 이 과정에서 중요한 것은 사회복지사 스스로 자신이 수집하는 정보의 가치에 정당성을 부여하고 그 정보가 궁극적으로는 클라이언트의 치료 계획을 위해 필요하다는 것을 설득하는 것이다. 그럼에도 불구하고 클라이언트나 기타 정보제공자가 관련 정보 제공을 거부한다면 치료적 관계가 형성될 때까지 기다리는 것이 좋다.

1) 심리사회적 사정의 구성요소

심리사회적 사정은 클라이언트의 인적사항, 의뢰과정 및 주호소, 현병력 및 현 문제, 과거력, 면접당시 클라이언트의 상태, 자살사고 및 시도에 대한 평가, 개인력, 전반적 기능, 가족력, 심리사회적 문제, 문제해결을 위한 강점 및 약점 파악, 활용 가능한 자원 체계 파악, 사정이론, 개입이론, 개입목표 및 계획, 사회복지사의 의견으로 구성된다.

(1) 인적사항

인적사항(identification)에는 클라이언트의 이름, 연령(혹은 생년월일), 성별, 주소, 연락처, 최종학력, 종교, 결혼상태, 병역사항(면제 시 사유 기재), 직업, 경제적 상황, 의료보장형태, 진단명, 복용약물, 장애등록 여부, 정보 제공자 등의 정보가 포함된다. 병원에서는 관련 정보의 대부분을 진료차트에서 확인할 수 있으며 차트에 없는 부분만 면담 시 확인하면 된다.

(2) 의뢰과정 및 주호소

의뢰과정(referral)에는 사회복지사에게 사례가 의뢰된 목적을 기술한다. 주호소(chief complaints)를 알아보기 위한 질문은 '병원에 무슨 일로 오게 되었는지', '치료를 통해 해결하고 싶은 것이 무엇인지'를 질문하는 것이 좋다. 주호소는 클라이언트와 보호자의 주호소를 따로 기술하는데, 정보제공자가 말한 그대로 적는다(예: "남자랑 여자랑 얘기하는 소리가 들려요", "사람들이 저를 욕하는 것 같아요", "우리 집에 CCTV가 있어요. 저를 감시하는 거예요").

(3) 현 병력 또는 현 문제

클라이언트가 병원 또는 기관을 방문한 시점에 나타난 클라이언트의 증상, 문제의 내용 등 현 병력(present illness) 또는 현 문제(present problem)를 기술하는 것이 중요하다. '왜 지금(why now) 이 시점에서 병원을 찾았는가?'를 중심으로 관련 정보를 수집한다. 사용하는 용어는 정확해야 하며 막연한 표현은 곤란하다.

증상의 진행과정을 조사하면서 동시에 알아보아야 할 것은 원인이 될 수 있었던 모든 일, 증상이 표면화될 수 있었던 계기, 즉 유발인자이다. 유전적 상황, 주위환경, 스트레스 상황 등에 대해 알아보아야 한다. 유발인자가 뚜렷하지 않을 경우에는 더 깊은 과거 생활사에 대한 정보가 필요하다.

물질(알코올, 마약 등) 혹은 행위중독(도박, 중독, SNS, 성 등)을 주호소로 하는 클라이언트의 경우 중독된 것이 무엇인지(게임 중독인 경우 오버워치, LOL 등 유형을 구체적으로 파악), 문제 행동 발생 빈도, 강도, 패턴에 대한 정보가 추가적으로 필요하다.

(4) 과거력

정신의학적 과거 병력(past psychiatric history)이나 치료 경험 등을 기술한다. 특히 재발 경험이 있는 클라이언트의 경우에는 재발 요인이 무엇인지, 약물복용은 규칙적으로 이루어졌는지, 외래치료는 정기적으로 이루어졌는지 등에 대한 정보가 중요하다. 초발 클라이언트인 경우에는 뚜렷한 정신과적 과거 병력이 없을 수 있다. 그렇다면 이 부분은 생략가능하다.

(5) 면담 당시 클라이언트의 상태

면담 당시 클라이언트의 전반적인 상태를 기술하는데, 여기서는 정신상태검사(mental status examination: MSE)를 이용하여 해당 부분을 기술한다. MSE는 개인의 인지와 정서적 기능의 체계적 사정을 위한 임상적 도구이다.

<정신상태검사(Mental Status Examination)>[1]

1. 외모, 전반적 태도 및 행동(appearance, general attitude and behavior)
   외견상 나타나는 모습, 태도, 행동에 대해 관찰한다. 피면담자가 병이 들어 보이는가, 실제 나이에 맞게 보이는지 아니면 더 어리게 보이는지 등을 관찰 기록한다. 일례로 우울증 피면담자는 흔히 나이보다 더 늙어 보이는 경우가 많다. 자세는 어떤가, 불안한가 등을 관찰한다. 예를 들어 우울증 피면담자들은 힘이 없고 축 처져 있게 된다. 검사하기 위한 요구에 잘 응하는지, 말투, 복장, 행동거지에서 달라진 점은 없는가를 찾아본다. 활동이 현저하게 감소하거나 증가되었는지, 자발적 행동은 어떠한지, 또는 자극에 대한 반응 등을 관찰한다. 틱(tic)이나 상동증적 동작(stereotype movement), 반향언어(echolalia), 납굴증(waxy flexibility), 거절증(negativism), 강박증(compulsion), 언어장애, 공격성 따위는 없는가, 식사나 수면 습관, 청결 여부 등을 기록한다. 면담자에 대한 피면담자의 태도가 협조적인가, 주의를 기울이는가, 솔직한가, 흥미 있어 하는가, 유혹적인가, 방어적인가, 적대적인가, 장난조인가, 회피적인가 등을 기술한다.

2. 사고의 진행(thought process)
   말수가 많은지, 말을 하지 않는지, 말이 적은지, 스스로 얘기하는지, 질문을 받을 때만 얘기하는지, 주저하며 말하는지, 천천히 말하는지, 빨리 말하는지, 요점 없이 줄거리 없이 얘기하는지, 화제를 바꿔버리는지, 얘기 도중 갑자기 옆길로 나간다든지, 이상한 용어를 사용하며 얘기를 한다든지, 우원증(circumstantiality), 사고분열, 지리멸렬(incoherence), 차단(thought blocking), 부조리한 진행, 연상의 이완(loosening of association) 등이 있는지를 관찰하여 기록한다.

3. 사고의 내용(contents of thought)
   피면담자 자신에 대한 생각, 또는 주위 사람들이나 주위의 여러 가지 일에 대한 생각에 대하여 질문을 해야 한다. 자신이 특별히 주목받고 있다고 생각하는가, 특별히 사람들이 자기를 피하고 있다고 생각하는가, 존경하고 있다고 생각하는가, 자신의 과거행동, 도덕성, 건강에 대해 어떻게 평가하는가, 자신의 소유물이나 개인적 능력에 대하여 실제보다 크거나 높게 평가하고 있는가, 또는 피면담자가 몰입해 있는 주된 생각(predominant thoughts, preoccupation)에 대하여 묻는다. 망상, 강박증, 공포증, 건강염려증 등의 특별한 생각을 갖고 있으면 그 내용에 대해 알아본다.

   * 2, 3번은 클라이언트에게 질문을 던짐과 동시에 관찰 탐색되어야 한다.
   (예 : "여기는 어떻게 오셨어요", "지금 힘들거나 어려운 점은 없으신가요" 등)

4. 지각(perception)
   환청, 환시 등의 환각에 대하여 알아내는 것이 필요하다. 피면담자가 무엇인가 잡음을 들은 적이 있는가, 사람의 목소리가 들리는가, 환각이 밤에 일어나는가 낮에 일어나는가, 그 내용은 어떠하며, 복잡성, 선명성은 어느 정도인가, 피면담자는 그것을 어떻게 받아들이는가, 어떤 상황에서 나타나는가 등을 묻는다. 정상인에서도 나타날 수 있는 잠이 들 때 나타나는 환각과 구별해야 한다. 기타 착각 등 다른 지각의 장애가 없는가를 조사한다.

5. 감정반응(emotional reaction)
피면담자의 감정반응은 이미 전반적 행동, 말투, 행위에서 나타나고 있다. 피면담자에게 기분은 어떠한가를 물어본다. 감정이 변하기 쉬운가, 감정변화의 요인은 무엇인가, 피면담자의 행동, 표정이 피면담자 자신이 술회하는 자신의 감정상태와 일치하는가를 관찰한다. 지나치게 과장되는지, 불충분하게 표현되는지, 지나치게 억제되어 있는지 등을 관찰한다. 감정이 고양되어 있는지, 우울한지, 불안한지, 또는 감정반응이 부적절한지, 불충분한지, 양가적(ambivalent)인지 기술한다. 피면담자가 진술하는 내용에 따른 감정의 반응을 기록한다.

6. 지적 능력(intellectual function)
기억력, 계산력, 지남력(orientation), 읽기, 쓰기, 독해력, 일반적인 지식, 상식, 추상력, 판단력 등과 같은 지적 능력에 대해 조사한다. 개인의 과거역사를 물어봄으로써 장기 기억 능력을 알아볼 수 있고, 몇 시간 전의 일을 물어보거나 조금 전에 대화했던 내용을 다시 물어봄으로써 단기기억능력을 알아볼 수 있다. 100에서 7씩을 빼 나가게 함으로써 집중력을 검사할 수 있다. 길에서 편지를 주웠을 때 어떻게 할 것인가 같은 내용을 물어보아 사회적 판단력을 알아볼 수 있다. 속담풀이를 하도록 하여 추상능력을 평가해 볼 수 있다.

7. 의식(consciousness)
의식의 장애가 있는 경우 대부분 기질성 뇌 장애(organic brain disorder)가 있다고 볼 수 있다. 의식혼탁은 주변 파악 능력이 전반적으로 감소되어 있는 상태이며, 외부의 자극에 집중할 수 없고 목표를 향한 일관성 있는 사고나 행동을 할 수 없는 상태이다. 의식상태의 변화 시 지남력(orientation) 장애가 흔히 동반되지만, 지남력 장애가 있다고 반드시 의식장애가 있는 것은 아니다. 의식의 정도를 표현하는 용어로는 혼탁(clouding), 몽롱(somnolence), 혼미(stupor), 혼수(coma), 기면(lethargy), 명료(alertness), 둔주(fugue) 등이 있다.

8. 병식(insight)
이는 자신이 얼마나 병들어 있다는 것을 아는가, 자신의 병의 종류를 인식하는가, 치료받는 이유를 아는가, 발병에 관한 정신역동학적 의미를 얼마만큼 이해하고 있는가 하는 것이다. 병식의 수준은 다양한데 ① 완전히 병을 부인하는 것, ② 병을 어느 정도 인식하고 도움이 필요하다는 것을 알지만 동시에 부인하는 것, ③ 병을 인식하나 외부요인으로 돌리는 것, ④ 자신 안의 뭔가 모르는 요인 때문에 병이 생겼다는 정도, ⑤ 지적인 병식, ⑥ 진실한 감정적 병식 등에 이르기까지 여러 수준에 걸쳐 있다.

1) 관련 내용은 2017년도 정신보건사회복지사 수련지침서에서 인용하였다. MSE는 기본틀의 각 항목에 체크하는 것이 아니라 구체적으로 클라이언트의 외모, 태도, 행동 등을 기술하고, 사고, 지각, 정서, 인지 능력, 의식, 병식 등 클라이언트에게 특징적으로 나타나는 것을 기술하는 것이다.

(6) 개인력

개인력에 대해서는 대개 출생 단계부터 정보 수집을 시작하나 어머니가 클라이언트를 임신하고 있었을 때 혹은 클라이언트를 임신하기 전 가정환경에 대한 정보 수집부터 시작하는 경우도 있다.

개인력 부분에서는 클라이언트 출생 후 현재에 이르기까지의 발달과정과 주요 생활사건에 대해 기술하되, 생활사건에 동반된 클라이언트의 감정도 중요하게 다룰 필요가 있다. 예를 들어, 학창시절 따돌림을 당한 사실도 중요하지만 당시 클라이언트는 이 같은 사실을 어떻게 받아들였으며 감정 상태는 어떠했는지도 중요하다.

개인력에 대한 정보를 통해 클라이언트가 환경에 적응하기 위해 어떠한 노력을 해왔는지를 알 수 있으며, 이 과정에서 클라이언트의 가족이나 클라이언트를 둘러싼 환경이 클라이언트에게 어떠한 영향력을 미쳤는지도 알 수 있다.

개인력은 클라이언트의 태생기로부터 발병까지의 발육과정에 대한 상세 정보를 얻어야 한다. 정보제공자로부터 얻은 정보를 종합하여 기록하되 발달단계로 나누어 기술한다.

① 유아기

어머니가 클라이언트를 임신하였을 때의 가정환경, 임신 중이나 분만 시의 이상, 출생지, 이상분만 여부, 클라이언트의 출생을 원했는지 여부, 신생아의 성별이 가족들에게 만족스러웠는가 등이 중요정보가 된다.

클라이언트의 발달과정상에 문제는 없었는지, 주 양육자는 누구였는지, 건강상태는 어떠했는지 등에 대한 정보가 필요하다.

② 아동기

가정에서 지내던 어린이가 유치원, 초등학교 같은 사회에 적응하는 시기이다. 새로 사귄 친구, 교사와의 관계, 입학 연령, 학교 성적, 출석 상황, 성격 특성 등을 알아본다.

③ 청소년기

신체와 정신의 변화, 학교 진학문제, 성적, 클라이언트의 교우관계, 어느 한쪽 부모에 대한 지나친 적개심이나 애착, 이성교제 등에 대한 정보는 클라이언트를 이해하는 데 도움이 된다.

④ 성인기

대학 진학 시 어떠한 기준에 의해 선택하였는지, 적응 과정에 문제는 없었는지, 대학을 가지 않았다면 그 이유는 무엇인지 등의 정보가 필요하다. 남성의 경우 군복무에 대한 정보가 추가로 필요하다. 결혼 전 이성교제 경험, 아르바이트를 포함한 직업력에 대한 정보를 통해 클라이언트의 사회관계 정도를 알 수 있다.

결혼 후에는 자녀에 대한 클라이언트의 태도, 특히 첫 아이를 낳았을 때의 감정, 자녀 훈육방법, 자녀 교육에 대한 태도, 가족계획, 배우자에 대한 태도, 이혼, 별거, 형식적 동거, 독신 생활의 이유 등도 알아본다.

⑤ 노년기

갱년기에 들어서면서 외로움, 초조, 우울 등을 느끼는 일이 많다. 자식들의 성장과 분가, 직장으로부터의 은퇴, 이에 따른 허탈 및 소외감, 자식들에 대한 의존감, 자식에 대한 기대, 경제적 능력의 감퇴 및 육체적 감퇴 등을 알아본다.

(7) 가족력

클라이언트와 가족환경은 서로 영향을 주고받는다. 따라서 심리사회적 사정 시에는 클라이언트뿐만 아니라 그 가족의 사회경제적 지위, 교육수준, 직업, 거주지, 성격, 클라이언트와의 관계, 가족이나 친인척 중 정신과 치료를 받은 구성원은 없는지 등에 대한 정보가 필요하다. 가족력의 범위는 클라이언트를 기준으로 직계 3대에 관한 성별, 연령, 사망했다면 사망 시 연령과 원인, 직업, 교육정도, 성격, 건강상태 등에 대한 정보가 필요하다. 부모, 형제, 자매뿐만 아니라 우리나라와 같은 전통적인 대가족제도에서는 조부모, 친가와 외가에 대한 정보도 중요하다.

특히 클라이언트는 가족구성원을 어떻게 생각하고 있는지, 가족구성원 개인들은 클라이언트와 클라이언트의 문제에 대해 어떠한 시각을 가지고 있는지에 대한 정보가 필요하며 클라이언트를 중심으로 부모체계, 형제체계, 부부체계, 부모-자녀체계 등 하위 체계 간 관계에 대해서도 기술하도록 한다.

① 가계도

정신질환을 가진 클라이언트의 가계도를 그릴 때는 클라이언트를 기준으로 3대 이상에 걸친 가족 구성원에 대한 정보와 그들 간의 관계를 부호화한다. 특히 가족구성원에 대한 인구사회학적 특성이나 중요한 생활 사건 등을 부호 아래에 기술한다. 가족에 관한 정보가 도식화되어 있기 때문에 복잡한 가족 유형의 형태를 한 눈에 볼 수 있다. 클라이언트와 동거하는 구성원은 [그림 5-1]과 같이 점선으로 표시하며 가계도에서 주로 사용하는 부호는 [그림 5-2]와 같다.

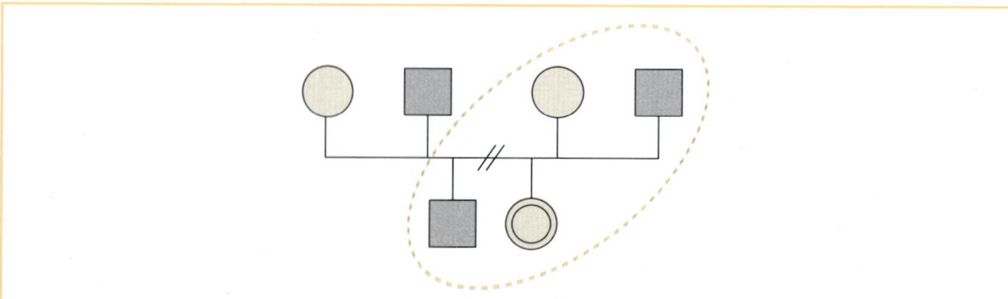

[그림 5-1] 동거구성원 표시

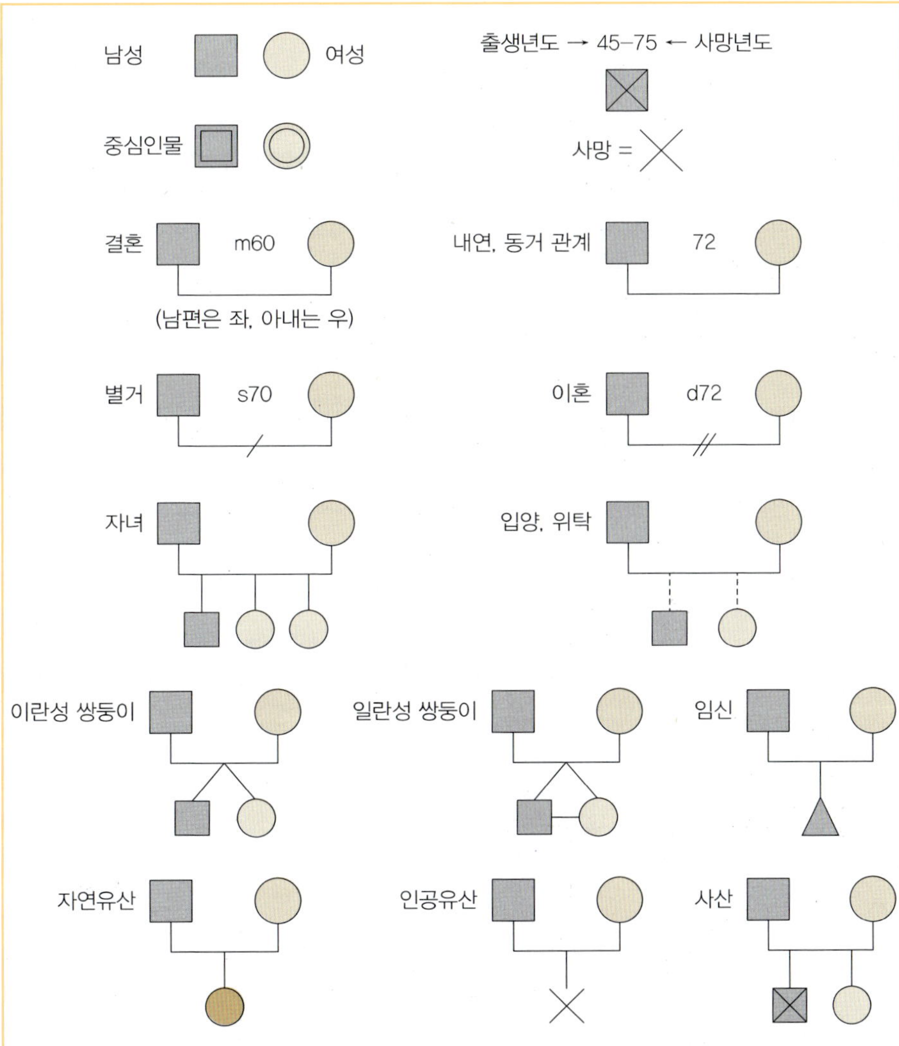

[그림 5-2] 가계도 표준 기호

2) 사정(Assessment)

(1) 심리사회적 문제(psychosocial problems)

① 영역별 문제

다음의 표를 토대로 기술하되 해당사항이 없는 경우는 "없음"으로 기재한다.

문 제	내 용
정신질환과 관련된 문제	현재 정신과적 증상과 관련된 문제 등
일차적인 지지집단과의 문제	가족의 죽음, 가족 내의 건강문제, 별거, 이혼, 불화에 따른 가족해체, 집을 떠남, 부모의 재혼, 성적 또는 신체적 학대, 부모의 과잉보호, 아동의 방치, 부적절한 규칙 등
사회적 환경과 관련되는 문제	친구의 죽음이나 상실, 부적절한 사회적 지지, 혼자 사는 것, 이민문제, 차별, 생활-주기 전환에 적응, 퇴직 등
교육적 문제	문맹, 학업문제, 교사나 교우와의 불화, 부적절한 학교환경 등
직업적 문제	실직상태, 직업상실의 위협, 과로한 업무 스케줄, 어려운 작업상태, 직장 불만, 직업변화, 상사나 동료와의 불화 등
주거의 문제	집이 없음, 부적절한 주거환경, 불안전한 이웃, 이웃이나 집주인과의 불화 등
경제적 문제	극심한 가난, 불충분한 수입, 불충분한 복지지원 등
신체적 건강과 관련된 문제	신체질환 및 건강과 관련된 문제, 부적절한 건강관리 서비스, 건강관리 기관과의 연계 문제 등
법적 체제와 범죄와의 관계	구금, 투옥, 소송, 범죄의 희생 등
기타	재난에의 노출, 전쟁, 기타 적대적인 상황, 가족 이외의 돌보는 사람과의 불화(상담자, 사회복지사, 의사), 사회서비스 기관을 이용하지 못하는 등의 기타 문제 등

출처: 2017년도 정신보건사회복지사 수련지침서

② 우선순위별 주요 문제

위의 영역별 문제를 토대로 문제의 중요성, 시급성, 개입 가능성 등을 고려하여 문제의 우선순위를 정한다.

(2) 문제해결을 위한 강점 및 약점

강점이란 개인이 자신의 일생을 살아오면서 경험했던 다양한 문제들을 어떻게 해결하고 감당해 왔는가에 대한 질문에서 시작되며 클라이언트와 함께 극복한 힘의 근원을 찾기 위해 노력하는 것이 중요하다.

강점(strength)은 클라이언트의 일상생활, 가족관계, 대인관계 능력과 기술, 학교 적응력 및 직업기술능력 등의 측면에서 확인된 문제를 해결하는 데 활용할 수 있는 자원 및 강점을 기술하며, 클라이언트가 의미 있게 생각하고 있는 지지체계와 그것이 실질적인 지지체계가 되고 있는지를 반드시 확인한다.

약점(weakness)은 현재 확인된 클라이언트의 문제를 해결하는 데 방해 혹은 장해가 되는 요소이다. 이것은 확인된 문제와는 다른 것이므로 문제로 확인한 내용을 다시 약점 혹은 결핍된 자원으로 기술하지 않는다.

① 생태도

생태도는 클라이언트 혹은 클라이언트와 그 가족의 사회적 관계망을 표시한 것이다. 이것은 클라이언트나 가족의 삶에 영향을 주는 공식적·비공식적 자원 등을 원을 이용해 나타내게 되는데, 작성 방법은 다음과 같다.

가. 중앙에 클라이언트를 그린다.
나. 클라이언트를 제외한 원의 크기가 클수록, 클라이언트와 가까울수록 중요한 자원임을 의미한다.
다. 선은 환경요소와의 관계를 의미하는 것으로 [그림 5-3]과 같이 선의 유형에 유의하여 사용한다.

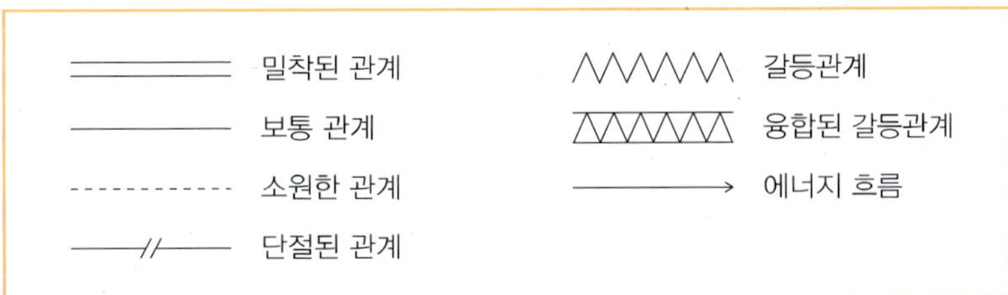

[그림 5-3] 환경요소와의 관계를 나타내는 선

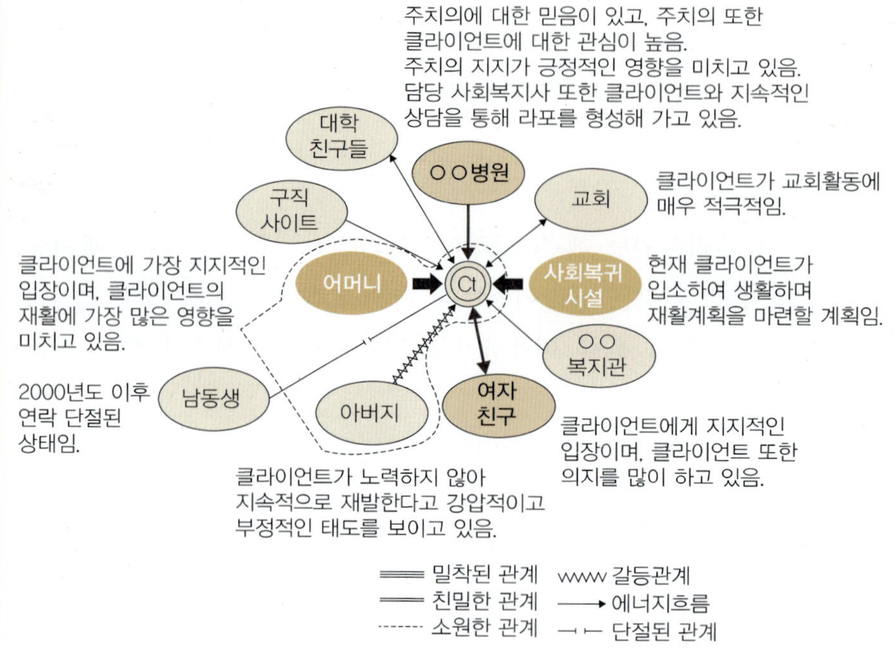

[그림 5-4] 생태도 예시

출처: 2017년도 정신보건사회복지사 수련지침서.

(8) 목표 및 개입계획

이전 단계를 통해 클라이언트와 가족, 그리고 클라이언트를 둘러싼 환경에 대한 정보를 수집했다. 이를 통해 사회복지사는 문제를 객관화하고, 클라이언트가 가진 자원을 토대로 목표와 개입계획을 수립하게 된다. 이 과정에서 사회복지사는 문제목록을 작성하고 개입을 위한 우선순위를 정하며 이 우선순위에 따라 세부계획을 작성한다. 이 과정에서 클라이언트와의 협의가 중요하며 협의가 어렵다면 클라이언트가 원하는 방향을 우선순위에 놓고 개입하는 것이 바람직하다.

목표 및 개입계획 시 사회복지사는 클라이언트가 가진 강점에 주목할 필요가 있다. 흔히 정신과적 문제를 가진 클라이언트라고 하면 전적으로 타인에게 의존해야 하고, 도와주어야 할 존재라고 생각하기 쉽다. 그러나 그들 또한 병리적 요소 외에 개인들이 가진 강점이 있다. 이를 찾아내고 권한부여(empowerment)하는 일이야 말로 사회복지사에게 있어 매우 중요한 작업이라 할 수 있다.

3) 사정 및 개입이론

전문가 집단과 비전문가 집단을 구분하는 기준점 중 하나가 바로 이론적 배경이다. 이론적 배경을 갖춘 사례는 폭넓은 지침을 제공함으로써 클라이언트를 이해하고 개입하는 데 좋은 길잡이가 된다. 다음에서는 정신보건현장에서 자주 논의되는 이론적 배경에 대해 알아보고자 한다.[2)]

(1) 정신역동이론

① 정신분석이론

프로이트의 정신분석이론에 따르면 개인의 정신병리는 심리적 원인에 의해 발생된 결과물(정신결정론)이라고 본다. 정신분석이론은 과거의 외상적 경험, 초기 아동기 경험, 무의식적 동기와 갈등, 성적 및 공격적 행동이라는 충동으로 인간에게 발생하는 현상을 이해하는 특징을 가지고 있다. 이 이론은 과거 심각한 외상(trauma)을 가지고 있고 그것이 증상의 원인이라고 생각될 때 주로 적용된다(예: 학대나 강간, 방임, 초기 아동기 부정적 경험 등).

사회복지 분야에서는 인간 무의식보다는 의식과 클라이언트와 환경 간의 상호작용에 더 비중을 둔다. 이 같은 이유로 정신분석이론은 사정과 개입에 있어 일정 부분 한계를 드러내 보이기도 하나 한편으로는 이 분야에서 가장 뿌리 깊은 이론이기도 하다.

② 심리사회 발달이론

에릭슨(Erikson)의 심리사회적 발달이론으로 발달 단계별 과업수행 내용에 근거한다. 이 이론은 인간의 발달이 전 생에 걸쳐 일어나고, 생애주기

2) 사정 및 개입이론에 대해서는 다음의 문헌을 참고하였다.
최명민(2013). 정신보건사회복지실천을 위한 이론의 활용. 한국정신보건사회복지사협회.

를 통한 발달적 변화, 사회적·역사적 요인을 배경으로 성격을 이해하고자 한다. 클라이언트의 개인력에서 발달과정상 과업 성취의 실패에서 문제가 발생했다고 보는 경우에 적용하며 자아의 수행능력, 자기방어기제, 자아의 자신감, 현실판단능력 등을 회복, 향상, 보존해 주는 것이 목표이다.

③ 대상관계이론

대상관계이론에 따르면 생애초기 가졌던 양육자와의 관계에서 잘못 형성된 자신에 대한 이미지가 타인과의 관계에서 나타나는 특징을 보인다. 양육자는 흔히 클라이언트의 어머니인 경우가 많지만 최근 가족 형태가 다양화되면서 조모나 친척 등이 대상이 될 수 있다. 주 양육자와의 잘못된 관계에서 형성된 부정적인 자기상, 자아 이미지를 갖고 성장하였고, 이러한 양상이 개인의 성격이 형성된 이후에도 타인과의 관계에서 반복되어 나타나는 사례에 적용한다.

④ 애착이론

애착이란 한 개인이 자신과 부모 및 대리 양육자 등 가장 가까운 사람에 대해 느끼는 강한 감정적 유대관계를 의미한다. 어릴 적 양육자와의 잘못된 애착이나 애착형성의 실패로 인해 현재 대인관계에서 타인을 불신하고 신뢰를 형성하지 못하는 사례에 적용할 수 있다.

⑤ 현실치료

현실치료에서는 클라이언트 자신의 삶에 대한 책임감, 통제력, 가능성을 중시한다. 현실치료 적용 시 클라이언트에게 자율성을 갖도록 하며 내담자의 노력하는 바가 성공할 수 있도록 내담자를 돕는 것이 목적이다. 특히 알코올 및 약물문제를 가진 클라이언트의 사례에 적용하여 삶에 대한 통찰력을 갖도록 도울 수 있다.

(2) 인지/행동주의 이론

① 인지이론

심리사회적 사정에서 인지이론은 문제의 사정과 개입의 초점을 부정적인 인지에서 찾으려 한다. 클라이언트의 역기능적인 정서와 행동을 유발하는 잘못된 생각, 잘못된 신념, 왜곡된 인지, 비합리적 자기대화(self-talk)를 파악하고 변화시키는 데 중점을 둔다. 인지이론은 사고의 왜곡이나 부정적 사고가 두드러진 클라이언트를 대상으로 하는데, 망상이 두드러진 클라이언트에게는 적절하지 않으며 상담이 가능한 수준의 클라이언트에게 적절하다.

② 인지행동이론

인지행동이론은 사정보다는 개입이론에 주로 사용된다. 잘못된 사고, 부정적 사고, 자기혐오적 사고를 가진 클라이언트에게 개입하며 우울증 및 물질 중독 사례가 대표적이다.

③ 행동주의

클라이언트의 현재 증상이나 행동이 과거 및 현재의 잘못된 학습과 관련이 있다고 볼 때 적용한다. 새로운 학습을 통해 현재의 문제 행동이 개선될 것이라는 확신이 있을 때 개입이론으로 사용한다.

④ 사회학습이론

행동주의의 한 유형으로 행동주의 요소에 사회환경적 요인의 중요성을 부각하는 특징이 있다. 비행청소년, 음주문제를 가진 클라이언트의 문제 행동을 이해하거나 개입을 위해 사용되며 긍정적 행동을 모방하는 학습 과정을 중요하게 본다.

(3) 가족치료이론

① 의사소통 가족치료

이 이론은 인본주의를 토대로 가족치료방법을 발전시킨 사티어(Virginia

Satir)에 의해 발달한 이론으로 가족 내 잘못된 의사소통에 중심을 둔다. 개입 시 가족조각기법, 안무, 은유, 재정의, 유머, 접촉, 의사소통, 나를 주어로 한 표현 등이 주로 사용되는데, 특히 부정적인 문제나 생활을 긍정적으로 전환시키는 재정의가 자주 사용된다(김유숙, 2013).

② 행동주의적 가족치료

행동주의적 가족치료는 가족이 직면한 문제에 행동치료의 이론과 기법을 적용한 것이다. 행동치료는 고전적 조건화와 조작적 조건화에 의해 치료하는 것으로 바람직한 행동과 바람직하지 못한 행동들은 모두 학습되었다고 가정한다(최규련, 2013). 행동주의적 가족치료는 가족 전체보다는 각자의 가족구성원에 관심을 둔다. 이 이론은 상담 동기가 확실한 부부관계 행동적 문제가 두드러진 자녀 문제를 해결하기 위한 부모교육에 적절한 것으로 알려져 있다.

③ 보웬의 가족치료

보웬(Bowen)은 가족이 체계라는 점에는 동의하지만 가족을 정서와 인간관계체계의 결합체라고 보았으며, 자신의 원가족에서 분리될 때 효율적으로 기능할 수 있다고 보았다. 보웬은 대부분의 가족 문제는 가족구성원이 자신의 원가족에서 심리적으로 분리하지 못하는 데 기인한다고 보았으며 자아분화, 삼각관계, 핵가족의 정서체계, 가족투사과정, 다세대 전수과정, 출생순위, 정서적 단절, 사회적 정서과정이 이 이론의 주요 개념이다. 상담에 통해 개인의 자아분화가 성취되면 가족체계가 변화하고 이것은 더 높은 수준의 자아분화를 초래한다고 본다.

④ 구조적 가족치료

이 이론에 따르면 가족의 구조를 변화시키면 각 구성원들의 행동도 변화시킬 수 있다고 본다. 가족을 하나의 체계로 보고 가족 내 하위체계 간의 경계가 불분명하고, 체계 간 상호관계가 부적절할 때 적용할 수 있으며 가족의 구조 변화가 초점이 된다.

⑤ 해결중심 가족치료

개입을 위한 이론으로 많이 사용된다. 문제의 원인을 규명하기보다는 클라이언트가 가진 강점, 성공경험, 예외 상황에 대한 탐색을 통해 클라이언트 스스로 창의적인 해결책을 발견하고 문제해결능력을 향상시키도록 적용한다.

(4) 사회복지 실천모델

① 생태체계 모델

생태체계 모델은 사례의 사정과 개입을 위한 이론적 근거로 가장 많이 사용되는 모델로 상황 속의 인간(person in situation), 환경 속의 인간(person in environment)을 중시한다. 이 모델은 클라이언트의 증상이 환경에서의 부적응, 취약성, 스트레스, 단기적 반응의 결과라고 판단될 때 적용하며 클라이언트의 대처방안, 문제해결능력, 스트레스 대처방안 등에 관심을 두어 개입하게 된다.

② 심리사회적 모델

생태체계 모델과 더불어 사례의 사정과 개입에 가장 많이 적용되는 모델이다. 생태체계 모델이 환경적 요인에 비중을 두고 있다면 심리사회적 모델은 환경보다 개인의 심리적 차원에 비중을 두는 것에 차이가 있다. 면담을 하다보면 개인력이나 가족에서 취약성이 두드러진 클라이언트들을 어렵지 않게 만날 수 있다. 이러한 취약성이 성장과정에서 환경적 요인들과 상호작용하여 악화된 사례에 적용한다. 개입이론으로 적용 시 클라이언트와 클라이언트를 둘러싼 다양한 환경에서 나타나는 사회적 역기능을 해결하게 된다.

③ 강점관점/임파워먼트 모델

이 모델은 초발 클라이언트나 기능이 좋은 클라이언트에게 적용하기 유리하다. 많은 임상가들이 클라이언트의 병리적 부분에 초점을 맞추고 이를 변화시키려 한다. 그러나 정신보건 영역에서 일하는 사회복지사라면 관점을 달리할 필요가 있다. 강점관점/임파워먼트 모델에서는 클라이언트가 가진 강점과 잠재력을 다각도로 발굴하고 권한을 부여하는 접근 방식이다. 전통적으로 사회복지사는 치료자이고, 클라이언트는 서비스의 수혜자로 보는 경향이 있으나 이 모델에 따르면, 클라이언트와 사회복지사는 상호협력하는 파트너십이 강조된다. 강점관점에 대해서는 나중에 자세하게 다룰 것이다.

④ 문제해결기술 모델

문제해결기술 모델은 개입이론으로 사용된다. 이 모델은 과거보다 현재를 중심으로 하며 단기적이고 시간 제한적이다. 이 모델은 치료보다 문제에 대처하는 개인의 능력을 향상시키는 것이 목적이다. 따라서 이 모델을 적용하기 위해서는 클라이언트의 협조가 필요하며 기능수준이 좋은 클라이언트에게 적용 가능하다.

⑤ 과업중심 모델

문제해결기술 모델과 함께 개입이론으로 많이 사용된다. 문제해결기술 모델이 현재를 중시하고 시간상으로 단기적인 특징이 있는 반면, 과업중심 모델은 기간이 다소 길고 개입 과정을 중요하게 여기는 특징이 있다. 과업중심 모델에 따르면 클라이언트와 함께 표적문제를 선정하고, 과제를 부여하며 사회복지사는 과제 수행을 지지하게 된다. 클라이언트의 문제를 해결하기 위해 특정 이론이 아닌 가족치료이론, 정신분석이론, 인지행동이론, 사회학습이론 등과 같은 다양한 이론들을 절충하며 만성정신질환을 가진 클라이언트에게 적절하다.

⑥ 위기개입 모델

위기라는 용어 자체는 시간제한의 의미를 내포하고 있다. 이 모델은 현재 클라이언트의 문제나 상황이 위기로 간주되는 경우에 적용한다. 위기에서 벗어나기 위해 다양한 문제해결기술을 활용하고 클라이언트의 대처능력을 향상시킬 수 있다.

4) 정신건강 영역에서의 강점관점

강점관점은 기존 병리학적 관점(문제중심관점)에 대한 비판으로 등장하였다. 기존 병리학적 관점은 클라이언트의 문제나 역기능 등에 초점을 맞춘 것으로 사회복지사가 실천의 주체이며 클라이언트는 문제를 가진, 자원이 결핍되고 부족한 대상으로 간주된다. 이에 대한 비판으로 등장한 강점관점은 희망이 없어 보이고 서비스를 거부하는 사람일지라도 역량을 강화시킬 수 있는 자원이 지원된다면 개인은 변화가 가능하며 진보할 수 있다고 본다(Saleebey, 1996; Rapp, 1998).

〈표 5-1〉 문제중심 사회복지실천과 강점관점 사회복지실천 구성요건의 비교

특 성	문제중심 사회복지실천	강점관점 사회복지실천
사상적 기반	• 실증주의, 과학주의	• 구성주의, 포스트모더니즘, 인문학
현실에 대한 이해	• 객관적인 현실	• 주관적 현실, 다중현실
인간에 대한 이해	• 병리와 역기능, 결핍, 부족 • 도덕적으로 문제 있음	• 개인 자신이 삶의 전문가 • 무한한 가능성과 강점 소지 • 어려움에 탄력적으로 대응, 회복
인간 삶의 문제에 대한 이해	• 단선적 인간관계: 개인 인성과 자질의 원인과 사회적 실패의 결과	• 개인과 환경의 순환적 관계, 유기적 상호작용
사회복지실천의 주체	• 사회복지사	• 클라이언트
지식과 정보의 출처	• 사회복지사의 지식, 실천 지혜	• 클라이언트의 경험과 대응 • 사회복지사의 지원
사회복지사의 역할	• 변화를 만들고 주도함	• 변화를 일으키는 클라이언트의 힘을 촉진, 지원, 협력

출처: 박선영(2011). 강점관점 사회복지실천 모델에 대한 시론적 연구: 성인 클라이언트를 중심으로. 사회과학논총, 30(1), 89-113.

강점관점은 다음과 같은 실천원리를 가지고 있다(민소영, 2012).

첫째, 모든 사람은 강점을 가지고 있다. 현 상황에서는 클라이언트가 많은 문제를 가지고 있는 것처럼 보일 수 있다. 그러나 모든 사람은 태어날 때부터 삶의 힘과 변화 능력을 갖고 있다고 믿는다. 이 원리에 따르면 사회복지사는 클라이언트의 건강하고 긍정적인 잠재력을 초점을 맞추어 클라이언트만이 가지는 독특한 개별성을 인정하고 동기를 강화시켜 클라이언트 안에 내재되어 있는 강점이 긍정적 변화를 만드는 데

일조할 수 있도록 도와야 한다.

둘째, 모든 지역사회 환경은 클라이언트의 변화를 위해 필요한 자원과 기회가 무한하게 잠재되어 있다고 본다. 클라이언트의 내적인 변화 가능성과 강점을 믿으며 동시에 클라이언트의 외적인 환경이 갖는 잠재적 자원과 가능성의 강점에도 초점을 둔다. 이 원리에 따르면 사회복지사는 클라이언트가 실제로 이용할 수 있는 자원을 적극적으로 발굴하고 활용될 수 있도록 노력해야 한다.

셋째, 클라이언트에게는 자신을 위해 최선의 선택을 할 수 있는 능력이 있음을 믿는다. 이를 위해 사회복지사는 클라이언트의 변화 목표나 서비스를 결정할 때 클라이언트의 자기결정권을 최대한 존중해야 하며, 반드시 클라이언트가 동의해야 한다.

넷째, 사례관리자와 클라이언트 사이의 협력관계를 강조한다. 따라서 사회복지사는 클라이언트와 문제해결의 동반자로서 함께 해결하려는 태도를 취해야 하며 지속적으로 클라이언트가 참여하도록 지지해야 한다.

다섯째, 클라이언트가 살아가는 공간으로 직접 찾아나가는 적극적인 아웃리치(out-reach)가 선호된다. 여기에서 사회복지사는 클라이언트가 자신이 실제 생활하는 곳에서 삶의 기술을 개발하고 습득할 수 있도록 도와야 한다.

여섯째, 클라이언트는 끊임없이 배우고 성장하며 변화할 수 있는 능력을 가지고 있는 존재임을 인정하는 것이다. 이때 사회복지사는 자신이 갖는 사정이나 진단이 클라이언트의 가능성을 협소화시킬 수 있음을 경계할 필요가 있다.

한편 일각에서는 강점관점이 지나치게 순진하고 긍정적 사고만을 부추기며, 근거 없는 낙관적 사고를 주문한다고 비판한다(Saleeby, 1996). 또한 문제나 병리에 초점을 둔 접근방법이 지배적인 사회복지 현장의 실정을 무시한다는 지적이 있으며 지역사회 내 자원이 빈약할 경우, 강점관리의 적용은 현실적으로 상당한 어려움을 초래할 수 있다고 비판한다.

정신보건 현장에는 병리적 관점이 깊게 뿌리 내리고 있다. 따라서 강점관점으로의 전환은 사회복지사들에게 하나의 큰 도전일 뿐만 아니라 실천과정 속에서 지속적이고 반복적인 노력을 통해서 실현시켜 나갈 필요가 있다.

생각해보기

1. 나는 어떠한 성장과정을 거쳤고, 주요 사건에 동반된 나의 느낌은 어떠했는지 생각해보기. 또한 부모나 주위 사람들과의 인터뷰를 통해 이들은 나의 성장과정을 어떻게 기억하고 있는지 정리하기(이는 많은 정신보건 수련기관에서 수련 사회복지사에게 부여하는 과제이기도 하다).

2. 정신건강 실천현장에서 개입 및 사정 이론은 어떤 의미를 가지는지 생각해보기. 한 사례에 다양한 이론을 접목하여 사정하고 개입방법을 세워서 생각해보기.

6장

개인과의 실천

<학습목표>

1. 정신치료의 개념, 목적, 과정에 대해 이해한다.
2. 정신건강영역에서의 위기와 위기개입 실천을 이해한다.
3. 사례관리, 퇴원계획 및 사후관리 실천에 대해 이해한다.

<키워드>

개인상담, 정신치료, 위기개입, 사례관리, 퇴원계획, 옹호

1. 개인상담과 치료

정신건강사회복지사에게 있어서 정신치료는 중요한 임상활동으로 정신건강사회복지사 수련과정에서도 다루어지고 있으나 사회복지사 명의로 청구할 수 있는 건강보험수가 항목에 정신치료가 포함되지 못하는 이유 등으로 보편적인 임상활동으로 자리 잡지 못하고 있다. 그러나 정신건강사회복지사가 개인상담을 실시할 경우 단순한 수준의

지지적상담부터 정신의학에서 정신요법이라 부르는 정신역동적 심리치료까지 개인의 교육과 훈련배경에 따라 다양하게 이루어질 수 있다.

심리사회적 개입을 통한 환경을 중시하는 사회복지사들에게 있어서 정신치료는 심리내적인 환경의 변화를 통해 개인의 적응을 도모하고자 하는 접근으로 정신건강사회복지사들의 가장 기본적인 서비스 중의 하나로 간주되어야 한다. 개인상담과 치료는 정신보건영역에서 가장 흔히 사용되는 개입방법이나 환경 속에서의 인간에 대한 접근이라는 사회복지적 관점에서 볼 때는 부분적인 개입이라는 점, 교육과 훈련기간이 오래 걸린다는 점, 법적인 자격을 갖추어야 한다는 점이 사회복지사에게는 실질적인 부담으로 작용하고 있다. 이 장에서는 정신장애인과 관련하여 임상장면에서 흔히 다루어지는 정신치료(정원철, 2010: 309-337)를 중심으로 소개하고자 한다.

1) 정신치료의 목적

정신역동이론을 주요한 이론적 배경으로 하는 정신치료는 정신장애를 불러일으키는 성격의 부분만을 다루기 때문에 정신치료를 통해 얻어질 수 있는 결과는 개인이 가진 질적 수준(선천적 소질과 어린 시절의 자아)과 손상의 정도(유아기 충격과 성인기의 좌절) 등에 따라 다양하다. 정신치료의 주요 전략은 다음과 같다.

첫째, 치료자는 클라이언트의 말 속에 증상을 일으키는 갈등과 관련된 소원-방어체계를 명백히 파악하려고 노력한다.

둘째, 다양한 전술을 통하여 클라이언트의 갈등요소에 내담자가 주목하도록 만든다.

셋째, 클라이언트가 갈등을 이야기하는 과정에서 갈등에 대한 방어가 내담자의 의식수준에 떠오르게 하고, 방어에 대한 동기가 내담자의 현재와 과거의 생활경험을 드러나게 한다.

넷째, 클라이언트가 사용하는 방어의 동기를 유아적인 것으로 인식시킴으로써 시대착오적 방어를 버리고 생산적인 방어를 사용하도록 원조한다.

2) 치료 대상과 치료자의 자질

(1) 치료 대상

- 합리적인 수준의 교육과 신뢰할 수 있는 성격을 지닌 사람
- 16세에서 50세 사이의 연령으로 평균 이상의 지능을 지닌 사람
- 다른 사람의 언어적 의사전달을 대부분 이해할 수 있는 사람
- 정신치료의 원리를 이해하고 변화에 대한 동기가 있는 사람

(2) 치료자의 자질

- 인간의 정상적·비정상적 사고나 행동에 대한 체계적인 지식이 있다.
- 이러한 사고나 행동을 이해하는 데 이용되는 논리적으로 일관성 있는 이론적 지식이 있다.
- 임상적인 작업을 통한 클라이언트의 관찰과 이론적인 개념을 치료적으로 통합하는 기술적인 경험이 있다.
- 클라이언트가 말하는 표면적인 내용 이면에 숨어 있는 생각이나 느낌을 이해하고 이를 공감적으로 파악하려는 숙련되고 연마된 직관력이 있다.
- 치료자는 자신의 내적 소망과 불안과 방어에 대한 자각능력이 있으며, 이것이 치료에 미치는 영향에 대한 자각이 있다.

3) 면담시간과 공간

- 면담시간은 다양하지만 평균 45~50분 정도가 적당하다.
- 지지적인 치료를 받는 클라이언트에게는 보다 짧은 시간이 필요하다.
- 면담이 끝난 후 치료자는 다음 클라이언트를 위해 잠시 휴식을 취해야 한다.
- 적절한 가구와 약간의 책이 배치되고, 몇 장의 그림이 갖추어진 널찍하고 온도가 적당하며 조용하고 환기가 잘되는 방이 이상적이다.

4) 정신치료

정신치료는 최초 면담에서 클라이언트는 이야기하고 치료자는 들으면서 시작되며, 초기면담에서 치료자는 클라이언트에게 질문을 하고 관심을 보이면서 좀 더 적극적이지만 점차적으로 조용한 관찰자가 된다. 치료자는 수집된 자료를 근거로 기초적인 임상적 진단과 역동적 진단을 내리는데, 이때 치료자는 클라이언트가 치료에 적합한가, 어떤 치료방법을 쓸 것인가를 결정한다. 그리고 면담방법과 정신치료과정에 클라이언트가 익숙해지도록 하고, 보다 장기적인 목표를 지니게 한다. 정신치료 개인상담은 일반적으로 초기 → 중간 → 종결 → 평가의 단계로 이루어지며, 단계마다 평가가 이루어진다.

(1) 초기단계

① 치료자는 클라이언트를 돕는 데 관심이 있음을 알리고, 약속과 시간, 비용 등 치료계획에 대한 윤곽을 설명한다. 이때 중요한 원칙은 치료자가 클라이언트에게 완치에 대한 보증을 해서는 안 된다는 것이다.

② 면담의 횟수는 개인에 따라 다르며 지지적 치료의 경우 일주일에 두 번 내지 세 번 정도의 면담을 실시한다.

③ 만약 치료자가 몇 주 혹은 몇 달 내로 병원이나 치료기관을 떠나도록 되어 있다면 치료가 시작되기 전에 이 사실을 클라이언트에게 알려야 한다. 갑자기 알린다면 뜻밖에 심한 충격을 줄 수 있으며, 다음 치료자와의 관계를 필요 이상으로 복잡하게 만들 수 있기 때문이다.

(2) 중간단계

치료가 초기단계에서 중간단계로 이어지는 분명한 경계점이 있는 것은 아니지만 일반적으로 클라이언트가 비교적 안정적이고, 치료자와의 치료동맹이 이루어졌다는 것이 확인되는 때이다. 고통을 이겨낼 수 있을 만큼 치료동맹의 강도가 강해졌을 때, 또한 현재의 고통보다 깊은 수준의 통찰과 해결을 위한 과도기라고 클라이언트가 인식하게 되었을 때를 중간단계라고 볼 수 있다. 중간단계의 또 다른 표시는 전이가 나타나기 시작한다는 점이다.

(3) 종결단계

종결에 대한 일반적인 기준을 세우는 일은 어렵다. 정신치료의 종결은 대개 다음의 경우에 이루어진다.

- 클라이언트 자신이 중단하기를 희망하든가, 외부환경 때문에 중단되어야 하는 경우
- 치료가 되었든지 안 되었던지 클라이언트가 치료의 중단을 희망하는 경우
- 클라이언트가 이사를 하거나 직업상 규칙적으로 약속을 지키기가 불가능한 경우
- 목표했던 문제가 해결된 경우

종결단계에서는 집중적인 해석이 요구되는 주제를 다루지 않도록 하며, 훈습(working through) 과정에도 돌입하지 않는다. 치료 종결 시에는 치료에 대한 의존문제와 추후면담에 대해 설명한다.

(4) 평가단계

모든 치료과정에서는 그 단계마다 평가과정이 포함된다. 평가란 처음부터 끝까지 치료의 전 과정에서 이루어지며 치료자는 항상 클라이언트의 진전, 장점과 단점, 치료의 전개방향 등을 평가해야 한다.

이처럼 평가는 치료자가 취해야 할 방향에 지침을 제공한다. 끊임없는 평가를 지침으로 해서 치료자는 어떻게 치료를 진행할 것인가? 기본전략을 변경해야 하는가? 치료목표를 수정해야 하는가? 목표와 전략을 수정하였다고 하면 구체적으로 어떤 전술과 개입이 필요한가? 하는 것들을 결정한다.

평가는 원래의 목표를 얼마나 달성할 수 있었는가? 그 치료목표는 처음부터 적절한 것이었는가? 치료 중에 가장 중요한 문제는 무엇으로 판

명되었는가? 또는 그것을 최초 진단 시나 치료초기에 얼마나 예측할 수 있었는가? 치료자체에 결정적으로 중대한 전환점이 된 것은 무엇이었는가? 이와 비슷한 사례를 접한다면 어떤 종류의 개입을 다시 반복할 것이고 어떤 개입을 수정할 것인가? 하는 것을 돌이켜 반성하는 과정이므로 평가는 필수적이다.

5) 정신과적 면담

(1) 정신과적 면담

정신과적 면담은 피면담자의 현 상태를 파악하고, 올바른 진단을 위해 필요한 정보를 수집하는 것뿐만 아니라 피면담자-치료자 간의 치료적 관계를 수립하는 치료의 시작이다. 그리고 모든 피면담자가 면담을 스스로 원하는 것이 아니고, 여러 가지 이유로 면담에 협조할 수 없거나 협조하지 않을 수도 있으며, 정확한 진단이나 효과적인 치료를 위해서는 듣기·관찰·해석 등 다양한 면담기법이 필요하다.

클라이언트와의 치료적 관계는 첫 면담에서부터 시작된다는 것을 명심해야 하며, 면담의 시작은 다음과 같은 사항을 염두에 두고 이루어져야 한다.

- 상담을 시작하게 된 상황이 무엇인가?
- 클라이언트가 스스로 생각하는 자신의 문제는 무엇인가?
- 누가 클라이언트의 상담을 의뢰하였는가?
- 현재 또는 과거에 상담을 받은 경험이 있는가?
- 클라이언트는 상담으로 무엇을 얻으려고 하는가?

(2) 진단에 따른 면담

① 망상이 있는 환자

대부분 망상을 호소하는 환자(delusional patient)는 제3자에 의하여 면담이 시작되기 때문에 환자 자신이 면담의 필요성을 충분하게 납득하는 것이 중요하고 망상이 있다는 것을 증명해 보인다거나 환자임을 증명하기

보다는 환자가 아니고 싶은 감정에 공감하면서 면담이 도움이 될 것이라고 설득하는 것이 중요하다. 스스로 자신의 증상이 다소 이상하고 정상이 아닐지라도 모르는 부분이라고 인정할 때 지지해 주는 것이 바람직하다.

② 우울증이 있는 환자

우울증 환자(depressed patient)는 절망감 등의 증상으로 인해 자발적으로 자신의 증상에 대해 잘 설명하지 못하는 경우가 대부분이므로, 우울증과 연관된 정보에 대해 자세히 질문해야 한다. 환자가 현재 얼마나 우울한지 등 환자의 감정 상태를 공감해 주어야 한다. 특히 자살 위험성이 있는 경우에는 자살에 대해 이야기하는 것을 피하지 말고 자세하고 명확하게 질문해야 한다.

③ 난폭한 환자

난폭한 환자(violent patient)를 면담할 때는 치료자와 환자 모두의 안전을 우선적으로 생각해야 한다. 면담 전에 언어적 의사소통이 가능한지 아니면 현실감각에 장애가 있어서 효과적인 면담이 불가능한지 여부를 결정하는 것이 중요하다. 면담자를 도와줄 수 있는 인원이 많을수록 환자를 압도할 수 있으며, 동일한 태도로서 난폭해질 수 있는 환자도 대처할 수 있는 능력이 있다는 것을 보여주는 것이 중요하다.

④ 히스테리성 환자

히스테리성 환자(histrionic patient)는 자신이 성적 매력이 없다고 여기면 자신이 중요하게 다루어지지 않을 것이라는 두려움으로 인해 유혹적이다. 이들에게는 조용하게 안심시켜주면서도 단호한 태도를 취해야 한다.

⑤ 의존적인 환자

의존적인 환자(dependent patient)는 계획된 약속시간 이외에도 여러 차례 긴박한 전화를 하고 각별한 주의를 기울여 줄 것을 요구하고, 자신의 염려를 심각하게 받아들이지 않는다고 느끼면 화를 내거나 충격을 받는다. 한계를 분명히 정할 필요가 있으며 그 안에서 이들의 말을 기꺼이 들어 주어야 한다.

⑥ 충동적인 환자

충동적인 환자(impulsive patient)는 다른 사람들로부터 자신이 원하는 것을 얻을 수 없을 것이라는 두려움이 있으며, 욕구충족을 지연하는 것이 힘들다. 처음 면담 시부터 받아들여지는 행동과 받아들여지지 않는 행동의 경계를 명확히 하고, 자신의 행동에 책임을 지게 하되, 존경과 관심을 가지고 대한다.

2. 위기개입

위기로 인해 개인과 가족이 위험에 처하기도 하며, 위기를 겪는 동안 고통스러운 삶의 문제에 대처하는 새롭고 더 적응적인 기술을 배울 수 있는 기회가 될 수도 있다. 정신건강영역에서의 위기란 즉각적인 정신건강서비스 혹은 개입이 요청되는 사건 혹은 상태를 말한다. 시설보호 중심의 개입에서 지역사회로의 탈시설화 이후 지역사회 내에서 발생하는 클라이언트나 가족의 위기를 일선에서 개입해야 하는 일이 많이 발생하게 되었다. 이때 위기개입은 많은 경우 클라이언트나 가족의 생명 혹은 돌이킬 수 없는 정도의 후유증과 직결되기 때문에 정신건강사회복지사를 포함한 정신건강전문가에게 위기개입관련 교육과 훈련은 필수적이다.

1) 위기의 이해

위기는 개인이 현재 자신의 대처능력과 자원으로는 감당하기 힘든 사건이나 상태를 지각하거나 경험하는 것으로 이러한 위기가 지속된다면 심각한 정서적·행동적·인지적 역기능을 일으키게 된다. 브라머(Brammer, 1985)는 위기의 유형을 크게 네 가지로 구분하였다.

(1) 정상적인 발달적 위기

발달적 위기는 인간이 성장하고 발달해 나가는 가운데 발생하는 사건으로, 이 사건으로 인하여 비정상적인 반응을 일으키는 극적인 변화나 전환이 일어날 수 있다.

- 예 : 결혼, 자녀 출생, 대학졸업, 취업, 은퇴 등

(2) 상황적 위기

상황적 위기는 사람이 예견하거나 통제할 수 없는 드물고도 극히 이례적인 사건이 발생할 때 나타난다. 예측할 수 없고, 누구에게나 일어날 수 있으며, 갑작스럽고, 충격적이며, 강렬하고, 대로는 파괴적이라는 점에서 다른 위기와 차이가 있다.

- 예 : 직업상실, 갑작스러운 질병, 죽음, 장애 등

(3) 실존적 위기

실존적 위기는 목적이나 책임감, 독립성, 자유, 책임이행과 같은 중요한 인간적 이슈에 동반되는 갈등과 불안을 포함한다.

- 예 : 직장 내에서의 가치저하, 가족 내에서의 역할문제, 삶의 의미를 찾지 못함

(4) 환경적 위기

개인이나 집단에 자연이나 인간이 일으킨 재해가 갑자기 덮쳤을 때 발생한다.

- 예 : 태풍, 지진, 화산폭발, 산불, 전염병, 기름유출, 전쟁, 쿠데타 등

2) 위기개입의 특징

위기개입은 위기의 경감과 위기상황에서 발생할 수 있는 긴장과 혼란 등 정서적 반응에 대한 안정화에 초점을 두고 대상자의 문제를 파악해 가는 신속한 평가가 필수적이다. 전문가에게 제공되는 기회는 많지 않으며, 상황은 긴박하게 진행되므로 모든 전문성을 동원하여 보다 정확한 문제 정의가 있어야 한다.

위기상황에 있는 대상자에게 신속하게 개입함으로써 정상적인 생활을 영위하도록 하거나, 사례관리 실천과정에서 발생될 수 있는 예상치 않은 위기상황을 신속히 해결하고 계획되었던 사례관리가 체계적으로 진행될 수 있도록 돕는 역할을 한다.

3) 위기개입의 단계

(1) 사례 발생

사례 발생은 본인, 가족과 친척, 경찰 및 소방구급대원, 지역사회 내 복지 및 공공서비스 기관, 행정기관(시·군·구청, 주민센터, 보건소) 등 매우 다양한 장면에서 발생되며, 개인뿐만 아니라 다양한 기관을 통해 의뢰되는데, 주로 전화를 통한 접수상담이 이루어진다. 특히 위기사례 발생에 있어서 첫 번째 치료자와의 접촉이 이루어지는 만큼 대상자와의 치료적 관계형성에 많은 관심을 가져야 한다.

(2) 평가

단시간 내에 많은 정보를 신속하게 수집해야 하기 때문에 고도의 전문성이 요구되며, 이를 통해 보다 정확한 판단을 내릴 수 있어야 한다. 상담을 통해 확보된 정보는 기록하고 보존하여 추후에 발생할 수 있는 만일의 사태에 대비하여야 한다.

① 1차 평가

전화를 통한 접수상담은 단순히 위기상황을 접수하는 것이 아니라 대상자에 대한 최초 상담의 과정으로써 중요한 과정이다.

- 본인과 가족 및 관련기관을 통해 최대한 신속하고 정확하게 정보를 수집한다.
- 정보 수집은 임상적 정보, 정신과적 병력, 사회경제적 상태, 사회지지체계 등을 포함한다.
- 신속한 평가를 위해 평가 척도를 활용하고, 수집된 정보는 기록하여 보존한다.

② 대면평가

대면평가는 대상자와의 치료적 관계형성을 위해 노력하는 것이 무엇보다 중요하다.

- 보다 정확한 평가를 위해 반드시 대면평가를 하도록 한다.
- 환경자극을 제거하고 안정시켜 평가할 수 있도록 한다.
- 대상자의 관점에서 위기상황을 이해하려고 한다.
- 신체적 어려움이 있는지 파악한다.
- 입원치료를 위한 자원과 기타 복지서비스 자원을 파악하고 준비한다.

(3) 개입

평가를 근거해서 개입하고, 전문성을 바탕으로 보다 면밀한 판단이 이루어져야 하며, 위기상황에서의 문제는 매우 복잡하기 때문에 사회·경제적 그리고 법적으로 필요한 지식을 갖추고 있어야 한다.

- 대상자, 가족과 주민들, 응급 출동한 전문가의 안전을 고려하여 개입한다.
- 언어적 설득이 불가능하고 위험성이 지속될 경우 경찰과 소방구급대원 등과 협동하여 억제와 제압을 통해 난폭한 행동을 중단시킨다.
- 논쟁하여 자극하지 않도록 주의하고, 비위협적이며 비언어적인 공감의 태도로 안정시킨다.

(4) 사후관리

위기는 비슷한 상황에서 언제든지 다시 발생할 가능성이 매우 크기 때문에 이에 대한 사전적 대응이 무엇보다 중요하다. 지속적으로 상황수준을 점검하고, 필요시에는 다양한 자원을 활용하여 지속적인 관리를 이어 나갈 수 있다.

- 평가 시 이루어진 개입계획이 적절히 이루어지고 있는지 점검한다.
- 급성인 경우 4~8주가 고비이므로 최소 8주간의 위기관리를 유지한다.
- 종결 후 수개월이 되는 시점에서 대상자 모니터링을 실시하여 재 개입 여부를 결정한다.
- 위기개입으로 입원을 할 경우 재원관리를 통해 대상자 증상의 호전에 대해 점검한다.
- 입원과정에 대한 부당함을 호소할 경우에는 적절한 「정신건강복지법」상의 구제절차를 지원한다.

4) 위기개입 현황

위기는 예측 없이 발생하므로 항상 위기에 대처할 수 있는 관리체계가 필요하고, 365일 24시간 위기 및 응급관리체계가 운영되어 위기상황에 대처할 수 있어야 한다. 우리나라는 현재 서울시자살예방센터가 대표적이며, 16개 시·도 광역정신건강복지센터에서 365일 24시간 1577-0199(전국동일번호) 정신건강위기상담전화를 설치·운영하고 있으며, 129(국번 없이) 보건복지콜센터와의 협조체계를 구축하여 자살 및 정신건강관련 사례관리가 필요한 사람은 이관시스템을 통하여 연계되어 개입하고 있다. 이외의 지역에서는 주간에는 기초정신건강복지센터(미설치기관은 보건소 정신건강전문요원 연결), 야간 및 일·휴무일은 지정된 관할 국·공립정신의료기관 및 광역정신건강복지센터로 착신을 전환하여 자살위기 상담 등 정신건강 상담과 지지, 정신건강정보제공, 정신의료기관 안내 등을 제공하고 있다. 그러나 전국적으로 즉각적인 119, 112 출동과 위기개입을 위한 3자 통화시스템을 구축, 응급상황 발생 시 출동할 수 있는 여건은 아직 어려운 상황으로 이에 대한 보완이 시급한 실정이다.

5) 위기개입의 실제

우리나라에서 서울특별시에서 운영하는 365일 24시간 위기관리체계가 대표적이며, 서울시자살예방센터를 중심으로 운영되는 위기관리체계는 [그림 6-1]과 [그림 6-2]와 같다.

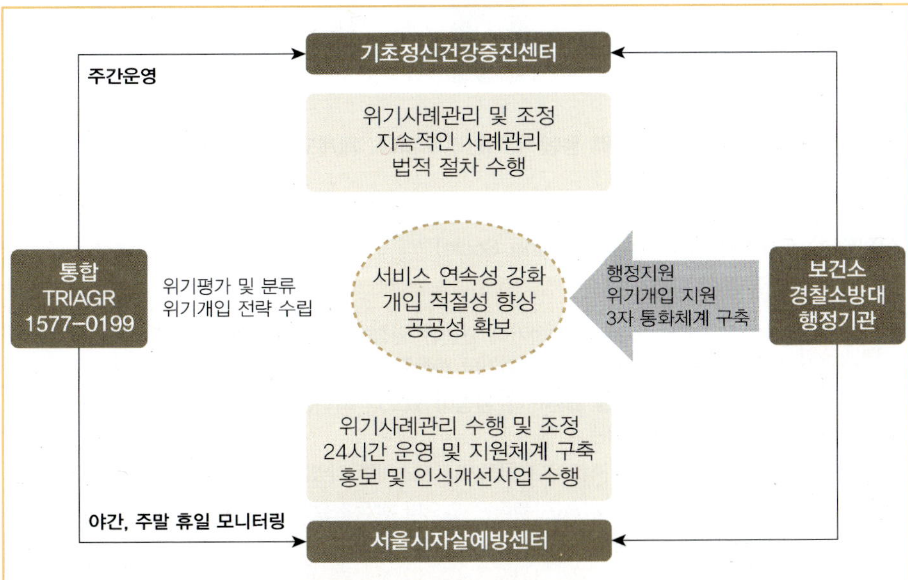

[그림 6-1] 서울시 자살고위험군 통합적 위기관리체계도

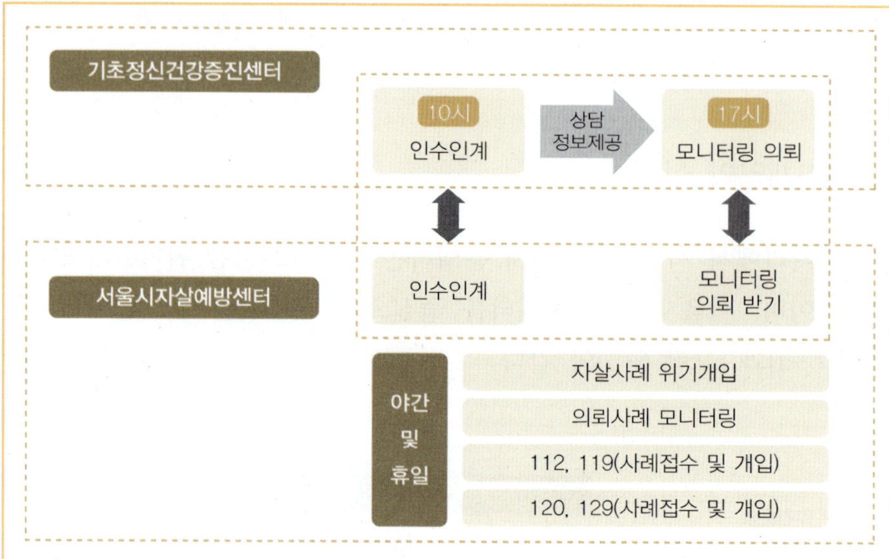

[그림 6-2] 서울시 광역-지역 통합 위기관리 서비스 체계도

〈표 6-1〉 CTRS[3](Crisis Triage Rating Scale)

RATING A: 위험성(Dangerousness)	
1	자살 및 타해 사고를 표현하거나 관련된 환청이 있음. 현 병력기간 중에 자살 시도가 있음. 예측 불가능하게 폭력적이거나 충동적임
2	자살 및 타해 사고를 표현이나 환청이 있으나 확신은 없음. 과거 폭력적, 충동성 행동 있었으나 최근에는 없음
3	자·타해 사고를 양가적으로 표현하거나 제스처를 하였음. 충동조절능력은 확실하지 않음
4	약간의 자·타해 사고 혹은 행동은 있으나 행동조절이 가능함
5	자·타해 사고나 행동의 과거력 및 위험이 없음
RATING B: 지지체계(Support system)	
1	가족, 친구, 다른 형태의 지지체계 전혀 없음. 기관에서 필요한 지지를 즉각적으로 제공할 수 없음
2	약간의 동원이 가능한 지지체계는 있으나 그 효과는 제한되어 있음
3	이용 가능한 잠재적인 지지체계는 있으나 제대로 기능하기에는 어려움이 있음
4	관심이 있는 가족, 친구, 다른 형태의 지지체계가 있으나 필요한 지지를 제공하는 능력과 의지는 다소 불명확함

3) CTRS(Crisis Triage Rating Scale)는 1984년 영국에서 개발되어 활용된 척도로 전화상담을 통해 입원과 지역사회대상자를 판단하는 데 활용되었다. 우리나라에서는 2011년 서울자살예방센터에서 최초로 번안하여 활용되었고, 그 이후에 전국 자살예방센터나 정신건강증진센터에서 활용하고 있다.

RATING B: 지지체계(Support system)		
5	관심 있는 가족, 친구, 다른 형태의 지지체계가 필요한 지지를 제공하는 능력과 의지가 있음	
RATING C: 협조능력(Ability to cooperate)		
1	협조가 불가능하거나 완강하게 거부적임	
2	약간의 관심을 보이거나 도움을 주려는 노력을 이해하는 정도	
3	개입을 수동적으로 받아들임	
4	도움을 원하나 양가적이거나 동기가 강하지 않음	
5	적극적으로 치료를 원하고 협조하려고 함	
Urgency of Response Scale(URS)		
A(3–9)	극도의 위기	입원치료 요함. 즉각적인 경찰 혹은 119 출동협조, 정신보건요원의 즉각적인 서비스 제공 요함
B(10)	고위험	2시간 이내 개입, 입원 가능성 있음(심한 자살사고, 위협적인 폭력, 반복적이진 않으나 심한 스트레스)
C(11)	중간 위기	12시간 이내 개입(고민, 심한 보통의 자살사고, 혼란스러운 행동)
D(12–13)	낮은 위기	48시간 이내 개입(보통 정도의 고민, 약간의 지지가 있으나 좋지 않은 상황으로 진행
E(14–15)	위기상황 아님	2주 이내 개입
G		개입종결(전화상담, 연계 종결)

3. 사례관리

1) 개념

사례관리란 생태체계적 관점을 기반으로 만성적이고, 복합적인 문제를 가진 개인·가족과 함께 일하면서 그들과 자원제공자들의 기능을 향상시켜 개인·가족이 그들의 환경 속에서 자신들에게 필요한 서비스와 자원을 스스로 획득하여 사회적 기능을 원활히 수행할 수 있도록 돕는 체계적이고 통합적인 접근 방법이다.

사례관리는 개인의 차원에서 클라이언트의 능력을 강화하고 환경적 차원에서 서비스 지원체계의 능력을 강화시켜 상호연계의 차원에서 서비스의 효과성을 높이는 데 목적이 있어 재가정신장애인과 같이 지역사회를 중심으로 하는 다양하고 장기적이며 지속적이고 통합적인 서비스가 요구되는 클라이언트들에게 매우 효과적인 서비스로 평가된다.

2) 사례관리의 특징

(1) 지속적인 보호

기본적으로 서비스를 지속적으로 전달한다는 개념이다. 즉 어떤 시점에서든지 포괄적이고 통합적으로 서비스가 제공되어야 하고, 시간의 흐름에 따라 변화되는 개인의 욕구에 맞추어 서비스를 제공한다.

(2) 접근성

현재의 시스템은 복잡한 다수의 프로그램들로 이루어져 있고, 개별적인 참여기준, 정책 및 과정 등이 서로 달라 서비스에 접근하는 것이 어렵다. 사례관리자는 기관 또는 서비스 제공자와 접촉하여 중개역할을 맡아 쉽게 접근할 수 있도록 해 준다.

(3) 책임성

서비스 전체가 분리되어 있어서 클라이언트의 요구에 대해 책임을 지기 어려우므로 전체 효과에 대해 책임을 질 사람을 지정함으로써 클라이언트에게 서비스 체계 전반에 대한 책임을 지는 역할을 부여한다.

(4) 효율성

서비스전달체계의 효율성을 높여주는 역할을 한다. 클라이언트가 자신의 욕구에 맞는 서비스를 받지 못하거나 부적절한 서비스로 긍정적인 효과가 감소하는 현상이 발생하여 한사람에게 통합적인 기능을 부여하여 효율성을 증가시켜야 한다.

3) 사례관리의 개입 원칙

(1) 서비스의 개별화

클라이언트마다 독특한 신체적·정신적·사회적 환경에 따라 서비스를 적절하게 조절하여 맞추는 것을 말하며, 모든 클라이언트에게 똑같은 치료법을 적용해서는 안 된다.

(2) 서비스 제공의 포괄성

특정 시점에서 클라이언트의 다양한 욕구를 충족시키기 위해 지역사회에서 기능하는 데 필요한 광범위한 서비스(안전, 건강, 일상생활유지, 가족관계, 사회적 관계, 경제, 교육, 직업, 주거 등)를 연결하고 조정·점검한다.

(3) 클라이언트의 자율성 보장

클라이언트 선택의 자유를 최대한 존중하는 면에서 서비스가 결정되고, 자신의 보호에 관한 의사결정에 가능한 한 많이 참여하도록 하고, 자율적으로 사회적 기능을 수행할 수 있는 권리가 주어져 있는 자기결정권을 극대화한다.

(4) 서비스의 지속성

서비스를 필요로 하는 한 계속 접촉해서 서비스를 장기적 또는 지속적으로 제공하여 클라이언트가 자신의 생활에서 잘 적응할 수 있도록 지속적으로 원조해야 한다. 지리적으로 접근이 가능하다는 전제하에 클라이언트가 정신의료기관에 있든 지역사회 내에 있든 계속적으로 사례관리자-클라이언트의 관계를 유지해야 한다.

(5) 서비스의 연계성

클라이언트에게 필요한 서비스가 여러 기관에 있을 때는 적절한 서비스를 받을 수 있도록 다른 기관에 클라이언트를 의뢰함으로써 서비스가 분산되지 않도록 한다.

4) 정신건강 영역의 사례관리 모델

(1) 중개자 모델

만성정신장애인이 지역사회에서 생존하는 데 필요한 다양한 자원의 연결 및 조정에 초점을 둔다. 사례관리 대상자에 비해 사례관리자가 매우 부족한 기관에서 채택하게 되나 많은 사례 수로 인해 위기개입 또는 서비스 연계 이상의 개별적인 욕구충족활동은 불가능하다.

(2) 임상사례관리 모델

만성정신장애인에게 필요한 심리교육과 치료를 포함한 임상치료적 서비스와 자원연계를 함께 제공한다. 사례관리자의 임상적 기술, 대안적인 치료기법을 보유하도록 요구한다.

(3) 강점모델

정신장애인의 강점과 잠재력에 초점을 두고 자원 활용 능력 강화에 보다 주목하였다. 정신장애인을 강점을 가진 소비자로 인식하고 문제를 다루지 않고 개인과 환경의 강점을 강화하는 데 초점을 두며, 강점모델의 궁극적인 목표는 정신장애인의 삶의 질 향상에 있다.

(4) 재활모델

만성정신장애인의 지역사회 생활유지와 개인적 치료, 재활에 초점을 두고 사회기술에 집중한다. 소비자가 선택한 환경에서 성공을 거둘 수 있도록 돕는 것에 강조점을 둔다. 사례관리자는 소비자가 지지체계를 확립할 수 있을 때까지 기술발달에 중점을 둔다.

(5) 적극적 지역사회 치료모델

적극적 지역사회 치료모델(assertive community treatment model: ACT

모델)은 중개자 모델과 임상사례관리 모델의 한계점을 만성정신장애인을 대상으로 낮은 사례량, 다학제적 팀 접근과 아웃리치 중심의 지역사회 현장중심 활동이 특징이다. 정신건강전문가들이 24시간, 일주일 내내 개별화되고 현장중심적인 접근을 통해 정신장애인들이 지역사회 에서 생활할 수 있도록 돕기 위해 고안되었다. 서비스 비용이 많이 들지만 재발방지와 입원기간 감소 등 재활에 효과적인 모형으로 인정받고 있다.

(6) 집중 사례관리 모델

집중 사례관리 모델(intensive case management model: ICM 모델)은 ACT 모델과 유사하나 전문가로 구성된 팀 접근을 하지 않는 등 비용절감을 시도하며 집중적인 서비스 모델을 보급하고자 개발되었다.

〈표 6-2〉 사례관리 주요 모델별 특성

모델명 / 내용	중개자 모델	임상 사례관리 모델	강점모델	재활모델	ACT 모델	ICM 모델
사례관리 수	1:50	1:30	1:20~30	1:20~30	1:10	1:10
아웃리치 정동	낮음	낮음	중간	중간	높음	높음
팀 활동	없음	없음	없음	없음	있음	없음
24시간 접근성	없음	없음	없음	없음	있음	있음
클라이언트 참여 정도	없음	낮음	높음	높음	낮음	낮음
기술훈련 강조	없음	낮음	중간	높음	중간	중간
접촉 빈도	낮음	중간	중간	중간	높음	높음
접촉 장소	사무실	사무실	지역사회	사무실 지역사회	지역사회	지역사회
치료의 통합	낮음	중간	낮음	낮음	높음	높음
직접 서비스 정도	낮음	중간	중간	중간	높음	높음
표적 대상	만성 정신장애	만성 정신장애	만성 정신장애	만성 정신장애	정신장애 잦은 입원치료	정신장애 잦은 입원치료

출처: 홍선미·하경희(2009). 지역사회네트워크 중심 통합사례관리에 대한 탐색적 연구.

5) 우리나라 정신건강 분야 사례관리

정신건강영역에서 정신건강복지센터와 정신재활시설, 보건복지부 사회서비스 지역사회투자사업 '정신건강토탈케어서비스'가 실시하고 있다. 세 가지 유형의 사례관리 서비스의 특징은 〈표 6-3〉과 같다.

〈표 6-3〉 정신보건 분야 사례관리 비교

구 분	재 원	운영주체	재정 지원방식	서비스 목표	서비스 내용
정신건강 복지센터	건강증진 기금	정신의료기관 위탁운영, 보건소 직영	기관별 정액 운영비	대상자의 삶의 질 향상	- 기관별, 지역별, 증상 정도에 따른 단계별 분류관리 자발적 혹은 비자발적 접근 근무일, 근무시간 내 접근성 지역별 365일 24시간 위기개입
정신재활 시설	사회복지 시설 운영비	개인, 의료법인, 사회복지법인	정신재활 시설 정원에 의한 운영비	대상자의 삶의 질 향상	집단활동 중심 기관별 정원에 의한 접근 근무일, 근무시간 내 접근성
정신건강 토탈케어 서비스	사회 서비스	개인, 사회복지법인	대상자별 정액	대상자의 삶의 질 향상	- 개인별 맞춤형 방문서비스 생활지원, 지역사회자원 활용 서비스 연계 및 통합적 서비스

출처: 보건복지부(2016). 2016 정신건강 안내.

4. 퇴원(퇴소)계획 및 사후관리

1) 개념

퇴원계획은 환자의 한 보호수준에서 다른 보호수준으로 자연스럽게 이동하기 위해 어떤 것이 필요한지를 결정하기 위한 과정으로 팀워크가 전제되며, 이 과정은 클라이언트, 가족 또는 연계 기관을 대상으로 퇴원 후 지역사회중심의 재활을 위해 필요한 자원과 접근방법들을 함께 계획함으로써 클라이언트의 성공적인 지역사회 안착을 도모하는 것이다. 또한 정신재활시설에서 퇴소하여 독립생활이나 가정으로 돌아가는 과정에서 클라이언트에게 필요한 서비스가 잘 연계되도록 지원하는 것이다.

2) 퇴원(퇴소)계획의 필요성

(1) 의료적인 측면

병의 급성단계에 대한 입원치료뿐만 아니라 퇴원(퇴소) 후의 적절한 배치와 보호가 요구되며, 보호의 연속선상에서 퇴원(퇴소)계획이 필요하다.

(2) 경제적인 측면

국가적 차원에서 의료서비스의 효율적 활용과 불필요한 의료비의 낭비를 줄이고자 하는 노력, 최소의 비용으로 최대의 효과를 거두고자 하는 병원의 경영 효율성 제고라는 현실적 욕구가 퇴원계획의 필요성을 증가시킨 것이다.

(3) 사회적인 측면

지속적 보호에 대한 클라이언트의 욕구를 잘 조정할 수 있는 중재역할로 퇴원계획의 필요성이 증대하고 있다. 적절한 치료와 지속적 보호를 받을 권리를 주장하는 환자나 가족의 요구가 강해지면서, 환자와 병원 간의 갈등을 최소화하고 환자의 권리와 욕구를 최대한 보장하는 방향으로 퇴원계획을 수립하고 중재할 필요성이 증가하게 된 것이다.

3) 퇴원계획의 목적과 원칙

(1) 정신의료기관 퇴원계획의 목적

보호의 연속성을 제공하려면 환자의 복합적 욕구를 사정하고 인지하는 것이 필요하며, 환자와 가족의 심리사회적 욕구와 능력을 고려하여야 한다. 정신건강사회복지사가 관여하는 퇴원계획 목적은 환자의 권익보호와 삶의 질 보장, 안전하고 효과적인 퇴원과정 지원, 퇴원 후 치료적인 환경 조성, 병원의 병상 가동률 증대에 기여한다.

(2) 정신의료기관 퇴원계획의 원칙

- 퇴원계획의 과정과 결과는 윤리적이고, 환자의 삶의 질을 보장해 주는 것이어야 한다.
- 치료 초기부터 퇴원계획을 위한 사전 준비를 시작하여야 한다. 치료진이 퇴원의 어려움이 예상되는 환자를 발견하면 곧바로 의뢰하도록 한다. 정신건강의학과나 재활의학과처럼 정기적으로 사례를 보는 경우, 초기부터 퇴원과 관련, 예상되는 어려움에 대한 평가를 시행한다. 퇴원 일정을 촉박하게 남겨두고 퇴원계획이 의뢰되는 경우, 치료진에게 개입의 한계를 명확히 한다.
- 퇴원계획 과정은 치료진과 팀 접근을 통해 이루어져야 하고, 치료진과 역할분담을 명확히 하여야 하며, 치료진과 퇴원계획에 필요한 정보를 충분히 나누어야 한다.
- 환자와 가족에 대한 자기결정권의 원칙이 지켜지도록 해야 하며, 퇴원에 대한 불안감의 원인을 충분히 탐색한 후 환자와 가족의 욕구가 충분히 반영된 현실성 있는 퇴원계획이 세워지도록 원조해야 한다. 환자와 가족에게 선택 가능한 대안을 제시하고 스스로 문제를 해결할 수 있도록 조력한다.
- 퇴원계획에서 정신건강사회복지사는 환자의 옹호자, 대변자, 조정자의 역할을 한다.

(3) 정신재활시설 퇴소계획의 목적

퇴소계획의 수립은 당사자와 가족, 지역사회 및 서비스 제공기관 등의 다양한 요소를 고려하여 수립되어야 한다. 즉, 기관 입소 시 제공되는 서비스인 제한적 서비스에서 무제한적 서비스를 욕구와 환경을 고려하여야 한다. 단순히 서비스 제공기관의 연계로만 한정하는 것이 아닌 퇴소 후 평생 동안의 삶을 계획하는 것을 기반으로 회복 지향적 관점을 유지하여야 하고 정신건강환경의 체계적이며 연속적인 서비스 구성체계

속에서 고려되어야 한다.

- 정신질환자 당사자의 욕구에 기반하여야 한다.
- 정신질환의 관리와 회복을 포함한 평생 계획을 수립하여야 한다.
- 퇴소 후 생활환경을 고려한 계획을 수립하여야 한다.
- 정신질환자와 가족의 사회화와 일반화를 염두에 두어야 한다.
- 서비스 제공의 연속성, 체계성, 계획실천의 효율성과 효과성을 고려한다.

4) 퇴원계획을 위한 정신건강사회복지사의 활동

(1) 환자 및 가족의 권익옹호

부적절한 퇴원조치나 치료가 더 필요한 환자의 치료에 대한 접근권 및 서비스 보장과 나아가 환자보호의 측면에서 퇴원계획과정이 적법하고 적정한 것인지에 대해 평가한다.

(2) 퇴원시기의 조정

환자 및 가족들이 퇴원과정에서 동의하고 환경적·심리적으로 퇴원준비를 하여 효과적인 퇴원계획 진행에 도움이 되도록 퇴원시기를 늦추거나 조정한다.

(3) 가족의 역할조정

가족상담을 통해 누가 환자를 돌볼 것인가와 의도적인 가족의 변화와 새로운 가족관계 설정을 도와 가족의 역할을 조정한다.

(4) 주거환경 개선 정보제공

환자를 돌보거나 환자재활에 최상의 환경이 되도록 주거환경의 개선에 대한 정보를 제공하고 실제로 가족들이 이러한 환경변화에 적응하도록 돕는다.

(5) 타 기관으로의 의뢰

집에서 환자를 지속적으로 보호하기 어려운 경우, 환자를 최적으로 돌볼 수 있는 정신재활시설 또는 주거할 수 있는 다른 기관으로 의뢰한다.

(6) 경제적 지원

경제적 이유로 퇴원이 지연되는 사례에 대해 경제적 평가 후 경제적 지원을 실시하여 퇴원을 유도하고 사회복지서비스를 연결한다.

5. 옹호와 자조활동 지원

스스로 자신의 권리를 주장하기가 어려운 정신장애의 특성상 자신의 의사와 상관없이 입원되거나 필요 이상의 장기입원을 하게 되는 경우도 있다. 이 과정에서 알 권리, 사생활 보호, 신체의 자유 등 기본적 인권 및 최소한의 자기결정권이 무시되고 있는 실정이다. 또한 정신장애인은 우리 사회의 뿌리 깊은 편견과 차별로 인하여 취업이나 보험가입 등 일상생활에서 많은 어려움을 겪고 있다.

대부분의 선진국들은 1991년 유엔총회에서 결의된 '정신장애인 보호와 정신보건의료 향상을 위한 원칙'이 공표된 이후, 격리와 시설보호 위주의 정신보건정책에서 탈피하여 이용자와 가족중심의 치료, 예방과 재활, 지역사회에 기반을 둔 회복과 사회복귀 중심의 정신보건 의료서비스를 제공하도록 자국의 정신보건법과 제도를 적극적으로 개선하였다.

우리나라의 경우에도 국민들의 인권의식 향상과 국가인권위원회, 보건복지부의 노력으로 정신장애인의 인권상황이 조금씩 개선되고 있으나 인권보장 수준이 국제적 기준에 미치지 못하고 있는 것이 사실이다. 정신장애인 옹호와 자조활동 지원을 살펴보고자 한다.

1) 정신장애인 권익옹호

권익옹호는 정신질환자를 배제하고 차별하는 상황을 제거하고 정신장애인의 존엄과 사회적 관계를 회복하기 위한 사회적 노력이라고 할 수 있다. 국가인권위원회의 정신장애인 인권보호와 증진을 위한 국가보고서를 중심으로 정신장애인의 인권보호를 위한 기본원칙을 중심으로 살펴보면 다음과 같다.

(1) 입·퇴원 과정에서의 적법절차 마련

대부분 보호의무자에 의해 입원되고 있는 실정으로 비자의입원을 최소화하고 정신장애인의 자기결정권을 존중하기 위해서는 입원요건을 강화하며 계속입원심사기준을 개정·단축하는 등 입원과정에서의 적법절차를 강화할 필요가 있다. 또한 비자발적으로 입원하게 되는 경우 경찰관, 119구급대의 구급대원의 도움을 받아 안전하게 이송될 수 있도록 공공이송체계 및 위기개입서비스를 구축할 필요가 있다.

(2) 정신건강증진시설 내 권리보장 및 치료환경 개선

「헌법」이 보장하고 있는 알권리는 자기결정권 및 표현의 자유 등 여러 기본권과 밀접하게 연관되어 있어 가장 중요한 기본권 중의 하나이나 현재 대부분의 정신장애인은 자신의 치료과정 등에 대해 충분한 설명을 듣지 못하고 있어 치료과정 및 환경, 권리 등에 대해 고지 받을 수 있도록 하여야 한다. 더불어 「헌법」이 보장하고 있는 사생활 보호와 자유, 통신의 자유, 신체의 자유는 당연히 보장되어야 할 권리이다.

(3) 지역사회중심의 정신장애인 치료

정신의료기관에서 퇴원환자와 지역사회에 거주 중인 환자들이 이용할 수 있는 시설이 부족한 실정으로 이를 개선하기 위해서는 지역사회 연계체계의 강화, 정신재활시설의 확충, 예산의 확대 및 효율적 운영, 자조모임 등을 통해 지역사회를 기반으로 한 정신건강서비스를 정착시킬 필요가 있다. 특히, 정신장애인이 이용할 수 있는 정신재활시설이 매우 부족한 실정으로 정신재활시설 및 관련 프로그램을 확대하고 다양화해야 한다.

(4) 정신장애인에 대한 차별과 편견 해소

정신장애인에 대한 편견은 차별로 이어지고, 이러한 차별은 다시 편견을 강화시킬 수 있다. 정신장애인에 대한 편견은 대중매체의 영향이 큰 것으로 밝혀졌으며, 이는 오히려 편견을 극복하는 데 효과적인 도구가 될 수 있음을 의미하므로 대중매체에 대한 지속적인 권고와 홍보를 통해 정신장애인에 대한 대중의 차별과 편견을 해소할 필요가 있다. 아울러 경찰공무원과 소방공무원의 일부를 정신장애인 관련 사건의 담당자로 지정하여 정신장애인 인권과 관련된 교육을 이수하도록 하여야 한다.

2) 자조활동 지원

정신장애인 경제활동 참가율은 14%로 전체 장애인 경제활동 참가율 39%의 절반 이하이며, 정신장애인의 56.3%가 국민기초생활보장 수급 대상자로 빈곤하고 열악한 주거환경에서 생활하고 있다. 또한 정신질환에 대한 사회적 수용도가 변화되고 있다고는 하지만 아직까지 정신질환자에 대한 인식과 태도는 쉽게 변화하지 않고 있다.

정신장애인이 지역사회에서 통합되어 살아가기 위해서는 당사자가 자신의 삶을 관리하며 사회로 접근하려는 개인적 책임과 사회가 당사자를 받아들일 수 있도록 접근 가능성을 높이는 사회적 기회의 확대가 동시에 일어나야 한다. 그리고 정신장애인들이 자신의 권익을 보호하고 사회참여를 제고하기 위해서는 자조단체를 구성할 수 있는 근거를 마련하고, 국가와 지방자치단체는 예산의 범위 내에서 자조단체의 활동에 필요한 경비를 지원하도록 할 필요가 있다. 2017년 5월 30일부터 시행된 「정신건강증진 및 정신질환자 복지서비스 지원에 관한 법률」의 복지서비스 지원과 자조활동 지원기관을 살펴보면 다음과 같다.

(1) 「정신보건법」 전부개정안 복지서비스 지원 조항

「정신건강증진 및 정신질환자 복지서비스 지원에 관한 법률」에는 '복지'를 명시적으로 언급하면서 기존의 「정신보건법」의 한계에서 벗어나 기존 장애인복지영역에서 소외되어 있던 정신장애인에 대한 복지서비스의 개선을 가져올 것으로 기대되며 내용은 정신질환자에게 적합한 서비스 개발(제33조), 고용 및 직업재활 지원(제34조), 평생교육 지원(제35조), 문화·예술·여가·체육활동 등 지원(제36조), 지역사회 거주·치료·재활 등 통합 지원(제37조), 가족에 대한 정보제공과 교육(제38조) 등 정신장애인에 대한 복지 서비스 지원에 대한 국가 및 지방자치단체의 역할에 대한 규정이 있다. 단체·시설의 보호·육성(제77조) 조항은 있으나 정신장애인 당사자의 자조활동을 지원하기 위한 정신장애인자립생활센터 설치, 동료상담 지원 등에 대한 규정이나 구체적인 지원책은 없다.

(2) 자조활동 지원기관

① 한국정신장애인연대(Korean Alliance on Mental Illness: KAMI)

정신질환에 대한 편견으로 지역사회에서 소외되어 있는 사람들의 회복을 돕고 삶을 개선하며 차별을 없애기 위하여 정신장애인, 환자 당사자와 가족, 전문가와 인권활동가, 일반시민이 연대하여 조직한 단체로서 미국의 NAMI를 본받아 교육 및 훈련, 인권옹호 지원, 연구 사업을 펼치고 있다.

② (사)한국정신장애인자립생활센터

정신장애인 당사자 단체인 한국장애인자립센터는 정신장애인의 사회참여와 지역사회 자립을 위한 인식개선 활동을 하고 있다. 2016년 지방자치단체 최초로 서울시로부터 위탁받아 '정신장애인 주도의 자립생활 역량 강화 프로그램'과 '정신장애인 당사자 리더양성프로그램'을 운영하고, 서울사회복지공익법센터와 업무협약을 통해 정신장애인의 권익옹호 활동에 대한 정책지원 및 자문, 정신장애인 인권향상을 위한 소송과 입법 등의 법률 지원, 정신장애인 관련 법·제도 모니터링 지원을 받고 있다.

③ 정신건강복지센터·정신재활시설

정신건강복지센터나 정신재활시설에서 당사자주의와 회복패러다임의 관점을 토대로 역량강화 및 당사자 활동 사업을 진행하고 있고, 당사자 활동가 양성 및 가족활동가 양성 등의 활동을 통해 자조적 문제해결능력을 강화하여 정신장애인의 권익증진 및 정신건강정책을 실현할 수 있도록 지원하고 있다.

생각해보기

1. 「정신건강증진 및 정신질환자 복지서비스 지원에 관한 법률」에서 비자의입원 시 환자가 퇴원을 신청할 수 있는 방법들을 알아보고 생각해보기.

2. TV, 라디오, 일간지, 인터넷 등에서 정신질환이나 정신장애인과 관련된 이슈나 사회문제, 사례를 찾아보고 정신장애인에 대한 차별과 편견에 대해 생각해보기.

3. 우리나라에서 정신장애인에게 사례관리서비스를 제공하는 각 기관들의 장점과 단점은 무엇인지 생각해보기.

7장

집단과의 실천

<학습목표>

1. 집단실천의 개념, 원칙, 집단의 유형, 집단의 실천과정을 이해한다.
2. 사회기술훈련의 개념, 정의, 방법, 사회기술훈련 프로그램 구성에 대하여 살펴본다.
3. 심리극의 구성요소, 진행과정, 주요기법과 집단활동에 대해 살펴보고 이해한다.

<키워드>

집단상담, 집단활동, 사회기술훈련, 심리극

1. 집단상담과 치료

집단은 동일한 집단에 소속되어 있다는 의식이 있고 공통의 목적이 있으며 목적 성취에 있어 상호의존적이고, 집단에서 다양한 상호작용이 이루어지며 구성원들의 합의된 행동을 하는 사람들의 집합체라고 정의할 수 있다. 즉, 집단은 사람들 사이의 상호작용으로 구성되어 있는 것으로 집단개입은 정서적 부적응이나 심리사회적 기능을 개선시키고, 다양한 관계와 상호작용을 경험하게 하는 것이다. 정신장애인은 정신질환의 특성으로 인해 의미 있는 대인관계 및 사회적 관계의 단절을 경험한다. 이에 정신건강현장에서는 집단을 활용한 다양한 개입을 통해 정신장애인이 바람직한 인간관계를 형성할 수 있는 기회를 제공하고, 관계 속에서 자신의 모습을 발견하고 성장하며 변화할 수 있어야 한다.

1) 집단실천의 개념

집단실천은 의도적인 집단의 경험을 통해 개인의 욕구를 충족시키고 사회심리적 기능을 향상하도록 하며, 개인이나 집단의 당면 문제를 보다 효과적으로 해결할 수 있도록 하는 사회복지실천방법 중 하나이다.

2) 집단실천의 원칙

(1) 개별화 원칙

집단관계에서 개인의 입장을 명확하게 하고 개인의 욕구에 대응해야 한다. 동시에 그 집단을 하나의 유기체로 간주하여 진행자는 집단 전체의 욕구와 의식을 인식함과 동시에 성원 개개인의 존재도 명확화해야 한다.

(2) 수용의 원칙

집단구성원 각자가 여러 태도, 행동, 감정을 표현하고 어떤 가치관을 가졌다 하더라도 그 사람을 있는 그대로 인정하고 받아들여야 한다.

(3) 참가의 원칙

집단구성원이 참가하지 않으면 집단실천 자체가 불가능하고 의미가 없기 때문에 구성원 각자에게 참가의욕을 갖게 하고 참가를 촉진하기 위해 집단구성원의 흥미와 욕구를 반영하여 프로그램 활동을 구성해야 한다.

(4) 체험의 원칙

집단구성원들은 집단과정에서 각자 문제를 적절한 시기에 해결할 수 있다는 것을 스스로 체험할 때 능력을 키울 수 있다. 따라서 진행자는 집단활동을 통해 집단구성원들이 성공의 경험을 쌓을 수 있도록 유의해야 한다.

(5) 갈등해결의 원칙

집단 내 갈등 발생 시 회피하지 않고 직면하여 문제를 해결하는 과정이 필요하다. 집단구성원은 스스로 적극적이고 구체적으로 갈등을 해결하는 것을 경험해야 하고 진행자는 이를 도와야 한다. 이때 집단 자체의 갈등도 고려해야 한다.

(6) 규범의 원칙

집단활동을 원활히 하기 위해서는 최소한의 규범과 규칙, 집단구성원이 지켜야 할 기본적인 태도에 관한 규정이 필요하다. 이러한 집단규범은 진행자가 일방적으로 정하는 것이 아니라 집단구성원이 함께 정하도록 한다. 가장 기본적인 책임 중 하나는 출석이다.

(7) 계속평가의 원칙

집단과정에서 집단구성원이 개개인과 집단 자체의 변화와 성장이 지속적으로 일어난다. 따라서 계속적인 평가를 통해 개입의 방향 및 방법을 수시로 수정하고 보완하여 집단구성원들의 만족도 및 과업수행 완성도를 높여나가는 것이 필요하다.

3) 집단의 유형

집단은 목표, 집단구성원의 관심사, 상담자의 기법과 역할, 상담주제 등에 다양하게 나눠는데, 정신건강과 인간적 성장을 도모하는 집단의 유형에 초점을 맞추어 살펴보고자 한다.

(1) 상담집단

개인적·교육적·사회적·직업적 문제에 초점을 맞추고 치료 목표 이외에도 예방과 교육적인 목표를 설정하여 집단상담을 실천하는 집단의 형태이다. 4~12명 정도의 집단구성원으로 집단원의 사고와 감정, 행동을 강조하는 대인관계와 문제해결 전략을 강구하는 데 초점을 맞춘다. 치료집단처럼 깊게 다루지 않으며 치료집단에 비해 단기간이다.

(2) 치료집단

상담집단에 비해 보다 심각한 정도의 정서·행동문제나 정신장애를 치료하기 위한 목적으로 구성되어 있고, 치료의 정도도 집중적이며 강도 깊은 심리치료가 필요한 4~10명을 대상으로 한다. 집단치료 이외에 약물치료를 하는 경우가 대부분이고 집단상담에 비해 장기적이고, 치료회기의 빈도수가 매우 높아야 한다.

(3) 교육집단

집단에 참여하는 사람들에게 치료적 측면보다는 정의적·인지적 측면의 정신건강교육의 기회와 이와 관련된 다양한 주제에 대한 정보를 제공하기 위해 구성된 집단을 말한다. 프로그램 내용도 정보를 제공하고자 하는 내용과 관련된 주제 중심적이고 생각, 제안, 조언을 공유하며 지지를 제공한다.

(4) 성장집단

집단경험을 원하거나 자신에 대해 좀 더 알기를 원하는 집단구성원들로 구성된 집단으로 능력과 자아의식을 넓히고 개인적인 변화를 이끌어 낼 수 있는 기회를 제공하며, 자아향상에 초점을 둔다. 집단구성원의 자기노출이 가장 높고, 자기인식 증진과 사고의 변화가 목적이다.

(5) 자조집단

글자 그대로 스스로 돕는 집단, 공통 관심사나 공통 문제를 공유하는 사람들이 자발적으로 집단을 구성하며 전문가의 도움이 필요하지 않거나 전문가들이 돕기에 한계가 있는 문제를 지닌 사람들의 집단이다. 전문가보다는 특정한 문제를 이미 겪었거나 극복한 사람 또는 집단구성원들이 차례로 돌아가면서 집단을 이끌게 된다.

(6) 과업집단

구체적인 과업의 목적을 달성하기 위해 모인 구성원들의 집단을 말한다. 과업집단은 상호결정된 목적을 완수하기 위해 결성된 특별 과제팀, 직원회의처럼 사전에 계획된 집단, 지역사회의 기관과 조직, 토론집단, 스터디모임 등이고 이와 유사한 구조가 포함된다.

4) 집단의 실천과정

집단을 통한 개입은 일반적으로 사전단계, 초기단계, 중간단계, 종결단계의 과정을 거친다. 과정별로 중점을 두어야 하는 부분은 〈표 7-1〉과 같다.

〈표 7-1〉 집단프로그램 실천과정

집단사전단계	•구성원 선정 •구성원에 대한 정보 수집, 욕구파악 •집단의 규모, 기간, 빈도, 소요시간, 시간 및 장소 확인 •융통성 있는 목적과 목표설정
집단초기단계	•오리엔테이션과 탐색, 신뢰관계 형성 •집단의 목적 및 진행자 역할 설명 •집단 규범 설정 및 비밀보장 설명 •구성원의 피드백 및 집단 구조화 •집단의 목적 설정과 공유 •집단과정에 대한 구성원들의 동기부여 촉진
집단중간단계	•집단구성원의 지위, 위계질서, 역할 리더 형성 •집단의 응집력 발달 •집단의 목적과 목표를 재확인하고 모든 구성원의 참여유도

집단중간단계	•각 구성원에 대한 진행자의 평가(태도, 관계, 행동, 동기, 목표 등) •집단의 현 위치 파악(진행상황, 갈등, 협조체계 등) •집단구성원이 다양한 경험을 할 수 있도록 도움
집단종결단계	•집단의 종결이 임박함을 알리고 종결준비 •집단종결에 대한 욕구와 목표 달성 정도, 성과의 유지 정도 등 점검 •집단구성원, 집단, 진행자에 대한 이별 준비 •집단구성원의 성과에 대한 논의 •집단의 변화평가, 개인의 변화평가, 진행자의 집단진행에 대한 평가 등

2. 사회기술훈련

인간은 정서적·사회적·생물적 욕구를 충족시키기 위해 타인과의 관계를 필요로 하는 사회적 동물이다. 타인과의 관계를 하는 데 가장 기본적으로 요구되는 기술이 바로 사회기술이다. 정신장애인은 질병의 특성상 사회에서 독립적으로 살아가기 위한 사회기술이 부족한 경우가 많다. 즉 사회기술을 배울 기회의 결여, 입원과 퇴원의 반복과 사회적 접촉의 결여로 인해 사회기술을 사용하지 않아 사회적 기능이 결핍되어 있는 경우, 그리고 사회적 편견이 그들을 사회로부터 소외시켜 그들에게 사회기술을 익히고 연습할 기회를 주지 않는 것도 사회기술 부족의 원인이 된다.

사회기술훈련은 넓은 의미로는 사회생활이나 대인관계에서 자신이 원하는 것을 성취하는 데 필요한 모든 기술이나 반응이며, 좁은 의미로는 대인관계에서의 의사소통 기술이다. 사회기술훈련은 의사소통을 통해 대인관계를 효율성을 향상시키는 훈련으로 재활에 있어서 중요한 요소로 인정되고 있다. 사회기술훈련에 대한 정의를 살펴보면 다음과 같다.

- 자신의 감정과 욕구를 상대에게 정확하게 전달하거나 표현함으로써 대인관계에서 자신의 목표를 성취할 수 있도록 도움을 주는 기술이다(Liberman, 1989).
- 대인관계 상황에서 언어적·비언어적으로 긍정적인 감정과 부정적인

감정을 상황에 맞게 유효적절하게 표현함으로써 상대방으로부터 사회적 강화를 받는 능력이다(Hersen & Bellack, 1976).

- 상대방이 표현하고자 하는 바를 정확하게 이해하고 그에 따라 자신의 언어적·비언어적 행동을 사회규범에 맞게 적절하게 표현하여 개인적 목표를 성취하는 능력이다(Trower, 1978).

1) 사회기술훈련의 이론적 기반

사회기술은 주로 행동이론에 기초하여 개발되었다. 가설적 근거는 인간의 행동은 학습에 의해 변화될 수 있다는 것으로 정신장애인이 보이고 있는 사회기술상의 문제는 질병을 앓고, 치료하는 과정 동안 다양한 요인들에 의해 퇴행하거나 개발되지 못했기 때문이라고 보는 것이다. 따라서 이들의 문제는 학습의 문제로 간주되며 재학습(relearning)하거나 불학습(unlearning)함으로써 변화시킬 수 있다.

2) 사회기술훈련의 구성요소

(1) 미시적 요소

① 사회적 지각(social perception) 또는 수용기술(receptive skills)

상대방의 반응과 정서 상태를 정확하게 파악하고 인식하는 능력이다.

② 인지기술(cognitive skills), 문제해결기술(problem solving skills), 처리기술(processing skills)

가능한 대안 중에서 최선의 해결책을 선택하는 기술로서 문제해결기술, 추상적 사고능력, 기억력이 필요하다.

③ 행동적 기술(behavioral skills) 또는 표현기술(expressive skills or sending skills)

대인관계 상황에서 언어적·비언어적 요소를 효율적으로 사용하여 적절하게 표현하는 기술이다.

(2) 거시적 요소

거시적 요소는 미시적 요소들이 복합적으로 이루어져서 사회기술이 되는 것으로서 대화기술, 문제해결기술, 위생관리기술, 대인관계기술, 약물·증상관리기술, 사교기술, 자기주장기술, 금전관리기술, 스트레스관리기술, 직업유지기술, 일상생활기술 등이 있다.

3) 사회기술훈련모델

사회기술훈련을 실시함에 있어서 주로 활용되는 모형은 세 가지가 있다.

(1) 기본훈련모델

가장 널리 알려져 있고 활용되는 것이 기본훈련모델이다. 여기에는 참여자에게 교육 및 지시, 행동시연, 시범, 피드백과 사회적 강화, 촉구, 과제부여 및 일반화의 시도 등이 포함된다. 사회기술훈련의 장소로는 병원의 프로그램실, 지역사회정신건강복지센터, 낮병원, 정신재활시설 등이 활용되는 데 적절한 공간과 장비가 갖추어진 곳이면 어디든지 가능하다. 훈련효과의 일반화를 위해서는 환자의 집이나 직장 등과 같이 자연스러운 생활환경에서 추가적인 훈련을 실시할 수 있다.

(2) 문제해결모델

문제해결모델은 스스로 문제해결기술을 습득해야 사회기술의 일반화가 가능하다는 가정을 하고 있다. 이 훈련에서는 대인관계 상황에서 입수되는 자극감지능력을 향상시키고 그 의미를 이해하며, 적절한 언어적·비언어적 반응을 보이도록 훈련시킨다. 대인관계 상황은 기본훈련모델처럼 역할시연기법으로 전개하며, 훈련장면을 비디오로 녹화한다. 녹화된 장면을 다시 보면서 진행자는 환자의 받아들이는 기술을 사정하기 위한 질문을 하고 처리과정기술능력을 평가하기 위한 질문과 반응대안을 산출하고 긍정적이고 부정적인 결과들을 구체화시킨다. 그 다음 단계는 전달기술을 훈련시킨다. 여기에서는 선택한 대안을 어떻게 효과적인 반응을 보일 것인지를 훈련시킨다.

(3) 주의집중모델

기본훈련모델이나 문제해결모델은 비교적 복합적인 훈련 상황에도 참가할 수 있는 능력이 있을 때 가능하다. 심하게 퇴행된 환자의 기본적 의사소통을 훈련하기 위해서 주의집중 절차를 활용하는 방법이 주의집중모델이다. 이는 환자의 주의력을 유도하는 것에 초점을 두며 훈련내용의 체계적 반복, 단계적 격려, 즉각적인 강화법 등을 적용한다. 통상적으로 1회에 20분, 하루에 2회 정도 실시한다. 이 방법은 심하게 혼란된 만성 환자를 위한 것이다. 진행자의 말에 적절하게 반응하면 칭찬을 하거나 긍정적인 보상을 제공하고, 부정확한 반응을 보이면 진행자가 시범을 보이거나 다시 반응하도록 요구한다. 이 훈련의 일차적 목적은 환자가 상대에게 적절한 반응과 질문을 하도록 훈련하는 것이다.

4) 사회기술훈련 프로그램 구성

(1) 대상자 선정

사회기술훈련은 비특이적인 치료기법이기 때문에 어떤 문제를 가진 정신장애인도 도움을 받을 수 있다. 단지 15분도 집중하지 못하고 치료자의 단순한 지시도 따를 수 없다면 사회기술훈련에 부적합하다. 사회기술훈련을 받기에 적합한지 여부를 알 수 있는 방법은 직접프로그램에 참여시켜 얼마나 적절하게 행동하는지를 관찰하는 것이다. 사회기술훈련에서 가장 중요한 것은 기존의 사회기술과 부족한 정도를 평가하고 장·단기 목표를 결정해야 하며, 평가와 훈련은 서로 긴밀한 연결성을 가지고 있다.

(2) 프로그램 내용 구성

사회기술훈련은 조현병, 기분장애 등의 정신질환뿐만 아니라 또래관계, 학교 부적응, 주의력결핍과잉행동장애 등의 아동·청소년과 주부와 노인에 이르기까지 적용범위가 확대되고 있다. 다음은 사회기술훈련에서 구체적으로 다루는 내용들이다. 제시된 내용 이외에도 다양한 주제를 적용할 수 있다.

〈표 7-2〉 사회기술훈련 주제 및 내용

주 제	사회기술훈련 내용	
의사소통기술	•언어적·비언어적 의사소통기술(시선, 태도, 경청 등) •대화를 받아들이고, 진행하고, 보내는 기술	
대화기술	•대화를 시작하고, 유지하고, 종결하는 기술 •칭찬하고, 감사하고, 사과하기	
자기옹호기술	•자기 주장하기 •요청하기, 거절하기, 타협하기	•긍정적·부정적 감정 표현하기
일상생활기술	•식사예절 •생활계획 짜기 •정보관리 •전화통화 기본예절	•위생관리 •꾸미기 •금전관리
사회적 서비스 이용	•공중생활의 예절	•공공기관 이용하는 기술
문제해결기술	•다양한 문제를 단계별로 해결하기 •일상생활 내 난처한 상황 연습하기	

(3) 목표설정 원칙

- 성취 가능한 행동이어야 한다.
- 긍정적이고 건설적인 행동이어야 한다.
- 구체적인 행동이어야 한다.
- 기능적인 행동이어야 한다.
- 정신장애인의 관리나 책임과 일치하는 행동이어야 한다.
- 정신장애인 본인이 스스로 선택한 행동이어야 한다.
- 자주 발생하는 행동이어야 한다.
- 가까운 미래에 발생할 가능성이 높은 행동이어야 한다.

(4) 사회기술훈련 진행자의 태도와 자질

- 권위적인 자세를 버리고 긍정적인 사고를 가지고 적극적인 자세로 임해야 한다.

- 확신을 가지고 자신의 스타일에 맞게 프로그램을 이끌고 나가야 한다. 자신의 실수를 두려워하지 말고 오히려 실수조차도 인간적인 모습으로 보여주어야 한다.
- 프로그램을 진행하는 동안에 참여자들의 주의력을 계속 유지하기 위해서 자리에서 일어나서 프로그램실을 자유롭게 다니고, 자연스러운 제스처를 사용하며 평상보다는 조금 더 크게 말하는 식으로 분위기를 고조시켜야 한다.
- 개인에 대해서 정신역동적 탐색이나 동기에 대해서 중점을 두지 말아야 한다. 행동의 교정에 초점을 둔다.
- 참석자들이 모방할 수 있는 좋은 모델링이 되도록 노력한다.
- 부정적인 측면보다는 긍정적인 측면을 강조하며 강화시킨다.
- 프로그램 진행자는 자신의 경험을 개방적으로 표현하고 자신의 반응을 프로그램 참여자에게 솔직하게 표현하는 개방성이 필요하다. 개방성은 사생활의 모든 것을 표현한다는 의미가 아니며 조작적인 자기표출은 곤란하다.
- 유머감각을 가지고 웃을 수 있는 능력과 유머를 통하여 인간관계에 윤활유를 칠 수 있는 능력이 필요하다. 가식 없는 유머를 즐길 수 있고 그것을 집단과정에 효과적으로 활용하는 것은 정말로 가치 있는 자산을 가진 것이다.

5) 사회기술훈련의 실행과정

① 소개 ② 문제영역의 구체화
③ 실제상황과 유사한 장면설정 ④ 예행연습의 준비
⑤ 정해진 장면에 대한 구체적 지시 ⑥ 역할시연
⑦ 피드백과 사회적 강화 제공 ⑧ 시범연기 보여줌
⑨ 재시연
⑩ 실제 상황에서 연습할 수 있도록 과제부여
⑪ 다른 회원을 선정하여 첫 단계부터 다시 시작

6) 사회기술훈련–대인관계프로그램

한국정신보건사회복지사협회(현, 한국정신건강사회복지사협회)가 발간한 '정신보건사회복지의 이해와 적용'의 집단이론과 실제(정지영 외, 2016: 321-322)에서 제시한 대인관계 프로그램 예시를 살펴보면 다음과 같다.

(1) 진행 경위

본 대인관계훈련은 자기 자신을 이해하고 집단 내에서 자신을 표현해 보고, 집단구성원 간 긍정적인 대인관계를 경험해 봄으로써 자존감을 높이고 대인관계에서의 긍정적인 변화를 갖는 것을 목적으로 기획되었다.

(2) 목적

스스로에 대한 이해를 높이고 집단 내에서 타인과의 긍정적인 관계경험을 가짐으로써 실제 삶에서 인간관계에서의 긍정적인 변화를 동기화한다.

(3) 목표

- 스스로에 대한 이해를 높이고 수용하는 시간을 가져 자존감을 향상시킨다.
- 대인관계기술을 이해하고 이를 집단과 일상생활에서 적용할 수 있다.

(4) 평가

- 자존감척도를 통해 자존감 향상 정도를 평가한다.
- 대인관계변화척도를 통해 대인관계에서의 만족감, 의사소통, 신뢰감, 친근감, 민감성, 개방성, 이해성 정도를 평가한다.

(5) 구체적인 진행방안

회기	주 제	목 표	세부 내용
1	다르게 보고 새롭게 산다	• '삶을 다르게 바라보는 두 가지 시각'을 이해한다. • 구체적인 행동의 변화가 가능함을 이해한다.	1) 교육 '두 가지 시각' 2) 영상 '내 안의 두려움을 극복하는 법' 시청, 변화목표 설정
2	오늘의 내 모습 그대로	• 자신의 생각, 감정, 원하는 바를 알아차릴 수 있다.	1) 명상 및 음악 감상: 스스로의 몸, 마음과의 대화
2	오늘의 내 모습 그대로	• 자신을 집단 내에서 표현하고 수용 받는 경험을 한다.	2) 신체상 그리기: 나의 생각, 감정, 원하는 바를 표현하기
3	나는 이런 사람 관심 기울이기	• 나의 특성을 이해하고 표현할 수 있다. • 상대방의 특성에 관심을 기울이고 표현할 수 있다.	1) 교육 '관계의 첫걸음(나의 상대방 이해하기)' 2) 특성카드 놀이
4	장점과 단점 관심 기울이기	• 단점을 장점으로 계발할 수 있음을 이해한다. • 관심 기울이기 기술을 이해하고 실제로 적용할 수 있다.	1) 교육 '단점과 장점은 동전의 양면입니다' 2) 관심 기울이기 기술훈련 3) 관심 기울이기 실습
5	내 감정 이해하기 공감능력	• 공감의 중요성을 안다. • 자신의 감정과 타인의 감정을 느끼고 표현할 수 있다. • 공감 및 표현능력을 높인다.	1) 영상 속 감정 찾기 2) 교육 '감정의 이해' 3) 최근에 느꼈던 감정과 상황 설명하고 서로 대화하기

3. 심리극

심리극(psychodrama)이란 인간의 내면세계와 현실을 다루는 정신치료 방법으로 개인이나 집단의 문제와 내면세계를 말 대신 행위로서 표현해 나간다. 모레노(J. L. Moreno)에 의해 개발된 심리극은 클라이언트의 개인적 문제를 탐색하기 위해 노력하는 것이며, 집단의 역동, 역할극과 다양한 실험적 기술들을 사용하여 클라이언트가 자신의 내부에 있는 감정과 갈등에 대해 더 나은 균형을 가질 수 있는 능력을 제공한다.

1) 심리극의 목표

자신의 감정을 창의적이고 생산적인 방식으로 향상시키는 데 있다. 심리극에서의 역할을 통해 자신에 대한 탐색의 장을 제공하고, 내적·외적 갈등과 역기능을 발견할 수 있게 해 주며, 대인관계기술을 배우고 긍정적이고 효과적인 행동으로 변화할 수 있는 적절한 기술을 형성하게 된다. 심리극의 주된 목표는 다음과 같다.

(1) 감정정화

강력하고 갈등적인 감정을 자각하고 통제할 수 있으려면 우선 자신의 감정을 표현하고 정화하는 것이 필요하다. 연극적 방법을 사용하는 심리극은 감정정화(catharsis)에 많은 도움을 준다. 억눌린 감정들이 문제의 완전한 이해와 이와 관련한 자발성에 장애로서 작용하는 것과 같이 정화를 통해서 자신의 정서를 충분히 표현할 때 그 장애는 제거된다.

(2) 통합

개인의 내면세계를 말 대신 행위로서 표현하고 이를 이해하면서 주인공이 자신의 내면세계를 의식에 통합(integration)할 수 있게 된다. 또한 유아적인 소망과 이상화된 대상에 대한 갈망을 포기하면서 부모나 타인을 있는 그대로 받아들이고 화해할 수 있게 되며, 자기 자신에 대한 이상적이고 과대적인 요구를 버리고 수용할 수 있게 된다.

(3) 역할훈련

가상적인 상황에서 새로운 역할과 상황을 시도해 볼 수 있는 기회를 제공하여 새로운 역할을 연습하고 익히는 것이다. 개인이 활용할 수 있는 역할이 다양할수록 다양한 상황에 적응하고 대처하는 것이 용이하기 때문에 역할훈련(roleplaying)이 중요한 목표이기도 하다.

2) 심리극의 구성요소

(1) 주인공

자발적으로 자신의 문제와 세계를 무대 위에서 연기를 펼치는 중심인물로 자기가 느끼는 문제를 드러내는 가장 중심적인 인물로 심리극 연기의 주체가 되는 사람을 말한다.

(2) 보조자아

주인공의 삶 속에 등장하는 인물 또는 그의 내면세계가 지니는 다양한 측면을 재현하는 역할을 담당한다.

(3) 치료자

주인공의 느낌과 흐름을 따라가며 무대 위에서 주인공이 표현하는 여러 가지 상황에 적절하게 반응하도록 도와준다. 심리극을 이끌어가는 사람으로서 주인공의 심리적 차원을 이해하고 신뢰감을 주어 주인공이 자신을 드러낼 수 있도록 극의 분위기를 조성하고 객관적인 자세를 유지하며 극을 진행시켜야 한다. 집단 지도자, 상담자, 치료자로서 심리극의 기법 연마 여부와 개인의 성격 구조를 이해하고 문제를 파악하는 능력이 중요하다.

(4) 관객

심리극이 진행되는 동안 참석하여 주인공의 이야기를 보고 있는 사람들을 말한다. 관객이 정신치료집단이거나 집단상담의 경우라면 주인공의 가족구성원일 수도 있다.

(5) 무대

무대는 주인공의 이야기가 펼쳐질 수 있는 공간이다. 심리극을 위한 형식적인 무대 또는 집단의 한가운데 있거나 그 갈등 상황의 실제 장소일 수도 있다.

3) 심리극의 진행과정

(1) 워밍업(warming-up) 단계

심리극으로 들어가기 전에 심리적 신체적 준비를 하는 단계로 심리극에 친숙해지고 능동적으로 참여하도록 분위기를 조성하고, 자발성을 촉진시키며 집단응집력을 높이도록 한다. 자기소개, 행동연습, 여러 기법들을 사용하는 것이 응집력을 높이기도 하지만 춤, 음악, 무언극, 상황극 등을 사용하여 자발성을 높이기도 한다.

(2) 행동화(acting) 단계

주인공의 문제 상황이 지금-여기에(here and now)서 일어나고 있는 것처럼 극으로 재현되는 단계로, 이때 치료자와 보조자아들은 다양한 기법들을 사용하여 극을 진행시켜 나가면서 주인공이 자신의 문제를 탐색할 수 있도록 돕는다. 갈등은 연기될 수 있는 구체적인 사례로 재구성되며, 주인공의 중요한 역할들을 보조자아가 수행한다.

(3) 공유(sharing) 단계

관객과 더불어 나누기(공유)를 하는데 자기노출, 대화, 요약으로 진행된다. 관객과의 나누기는 주인공을 지지하고 이해하는 토대 위에서 이루어진다. 심리극에 참여한 모든 사람들의 감정을 소통시키는 기회를 제공하여 감정정화가 고루 퍼지고 재경험하고, 집단구성원의 공통적 유대를 느끼고 관객들의 감정이입에 대한 이야기를 들어봄으로써 주인공의 고립감에서 벗어나게 된다.

4) 심리극의 주요기법

(1) 역할 바꾸기

역할 바꾸기는 주인공이 보조자아에게 배정한 역할을 보조자아가 정확하게 실연하도록 돕기 위해 장면을 하는 동안에 적용할 수 있다. 역할 바꾸기의 목적은 정보제공, 변화 유발, 사고 및 행동의 변화와 확장, 행동에 대한 즉각적인 피드백 얻기 등이며, 역할 바꾸기는 심리극과정의 학습이나 재훈련단계에서 특히 유용하다. 역할 바꾸기를 통해서 주인공은 대인관계상황에서 "타인"의 감정을 경험할 기회를 갖게 된다.

(2) 빈의자기법

관객들에게 그들 앞에 놓여 있는 빈 의자에 앉아 있는 한 사람을 상상하도록 한다. 그들에게 그 사람이 어떤 모습인지, 예컨대 그 사람의 옷차림, 외모, 자세가 어떤지 떠올리도록 한다. 그런 다음 각각의 성원은 그가 의자에 앉아 있는 것으로 투사시킨 그 사람에게 이야기를 한다. 이것은 종종 심리극을 이끄는 주제의 내용이 되기도 한다.

(3) 이중자아

주인공은 자기 자신을 연기한다. 보조자아가 주인공의 역을 하도록 하는데, 주인공과 똑같은 정서와 자세를 취하도록 하여 주인공과 동일시하도록 한다. 따라서 이중자아는 주인공이 스스로 말로 표현할 수 없거나 표현하지 않을 감정, 생각, 의견, 반응을 표현하도록 한다.

(4) 거울기법

주인공은 보조자아가 주인공에게 보여주었던 역할을 다시 해 보이는 동안 뒤에서 지켜본다. 가족 간의 상호관계가 다시 보일 수도 있고, 부모가 자신의 어린 시절 장면을 지켜봄으로써 자신의 부모역할 행동에 대해 통찰력을 갖게 한다.

(5) 미래투사기법

주인공은 시간의 한 지점을 선택하고 그 자신을 미래로 투사시켜, 그가 생각하기에 일어나게 될 상황이나 실제로 일어날 것으로 기대되는 상황을 실현한다. 예컨대, 그 상황은 직장을 구하기 위한 면접, 아직 결정되지 않은 결혼이나 출산 등이다. 주인공이 삶은 "만약"처럼 될 것이라는 것을 상상하도록 한다.

4. 집단활동

집단활동은 일반적인 집단치료와 동일한 목적과 효과를 지향한다. 집단활동은 자신의 문제나 정서적 경험을 집단구성원들과 공유하며 문제해결 및 치료적 자원과 기술에 대한 견해와 정보를 상호 교환하는 과정을 전문가의 조정하에 경험할 수 있도록 하고, 이러한 경험을 집단 내에서 공유하며 지속적으로 훈련되게 하는 과정이다.

집단활동의 목적은 증상완화, 성격변화, 기능 회복의 세 가지로 집약할 수 있는데, 목적을 달성하기 위해 각 집단만의 특수한 목표 설정 시 집단구성원의 임상적 특성, 시간적 제약, 집단구성원의 역량 등이 고려되어야 한다.

1) 자조집단

자조집단(self-help group)은 공통의 문제를 가진 사람끼리 돕기 위해 자발적으로 집단에 참여하는 상호지지와 도움이 되는 것에 관한 동의를 기반으로 유사한 정신건강문제를 가진 사람들에 의해 제공되는 사회적·정서적·도구적 지원인 동료지지를 제공한다. 상호지지와 동료지지는 다른 정신건강 소비자를 위한 비영리적 지지와 사회적 집단의 지지를 포함한다. 정신보건영역에서 대표적인 자조집단으로는 한국정신보건가족협회, 한국정신장애인협회, 알코올단주친목회(Alcoholics Anonymous) 등이 있다.

2) 정서친목회

정서친목회(Emotional Anonymous: EA)는 알코올단주친목회(Alcoholics Anonymous)와 유사한 12단계 프로그램을 활용하지만 우울장애와 다른 종류의 증상을 가진 정신질환자를 돕기 위한 집단이다. 첫 단계에서는 '알코올'이란 용어를 대신해 '우리의 정서'로 대치하여 정신질환을 앓는 사람들을 위한 12단계 프로그램을 채택하여 만든 가장 큰 자조집단이다.

3) 표현치료

표현치료(expressive therapy)는 창조적 예술을 활용하는 치료형태 중 하나이며, 인간은 상상이나 다양한 형태의 창조적 표현을 활용하여 치료될 수 있다는 가정에 기반하고 있다. 대표적인 표현치료의 종류에는 미술치료, 음악치료, 무용치료, 드라마치료 등이 있다.

(1) 미술치료

심리치료의 한 유형으로 모든 시각매체, 비언어적 기법을 반복적으로 시행하여 인간의 손상된 부분에 변화를 줌으로써 지금까지 억제되어 있던 여러 가지 상황에서 인격의 통합 혹은 재통합을 도와주는 것을 말한다. 즉 말로 표현하기 힘든 느낌, 생각들을 미술 활동을 통해 표현하여 안도감과 감정의 정화를 경험하게 하고 내면의 마음을 돌아볼 수 있도록 하며 자아 성장을 촉진시키는 치료법이다. 이러한 미술치료는 창조적 행위를 통하여 자아를 드러내고 그 과정을 통해 자아의 치료와 발전을 도모하고 이를 새로운 삶에 연결시켜주도록 도와주어 자신의 한계점과 잠재력에 보다 객관적인 인식을 가지도록 하는 활동이다.

(2) 음악치료

치료적인 상황에서 체계적으로 내담자에게 음악을 듣게 하거나 적절한 연주 행동을 하게 함으로써 개인의 신체적·심리적·정서적 통합과 바람직한 행동 변화를 가져오게 하는 등의 치료적 효과를 보게 하는 치료법이다. 음악을 통해서 심신의 건강이 심리적 원인에 의해서 영향 받는다는 것을 이해시키고 음악의 기능을 통해 건강을 회복, 증진시키는 것이다. 음악치료 프로그램은 개인적인 표현과 정서적 욕구를 위하여 안전한 환경과 구조를 마련한 것이어서 고통스러운 정서를 표현하게 하고 받아 주기 위한 그릇이라 할 수 있으므로 자신을 되돌아보는 데 안정감을 가지게 하고 현실을 그대로 받아들이도록 도와준다.

(3) 무용치료

미술치료, 음악치료와 같은 표현치료 중 하나로 무용치료는 한 개인의 정신과 육체의 통합을 위한 과정으로 무용의 정해진 규칙이나 형태에 얽매이지 않고 무용의 일반적인 요소들을 사용하게 된다. 이처럼 몸의 동작을 이용하기 때문에 무용 동작치료라고도 한다.

(4) 드라마치료

인간의 성장과 건강을 향상시키기 위해 공연기술을 활용한다. 드라마치료는 다양한 형태로 존재하며 개인, 부부, 가족, 집단에 적용할 수 있다. 역할극, 극장게임, 집단역동게임, 마임, 인형극과 다양한 즉석 연주기술 등이 포함된 극적개입의 다양한 형태를 수용한다.

생각해보기

1. 영화 〈뻐꾸기 둥지 위로 날아간 새〉 감상 후 그 속에서 실시한 집단정신치료 부분이 무엇인지와 무엇을 느꼈는지 생각해보기.

2. 정신장애인에게 사회기술을 실시해야 하는 이유에 대해 생각해보기.

3. 집단실천을 위해 갖추어야 할 자질은 무엇인지 생각해보기.

8장

가족과의 실천

<학습목표>

1. 정신의학적 문제를 가지고 있는 클라이언트와 그 가족이 당면한 문제를 이해한다.
2. 가족 교육이 필요한 이유와 교육에 필요한 내용을 알 수 있다.
3. 활용 가능한 자원목록을 파악한다.
4. 가족의 스트레스를 이해하고 관리 방안을 제시할 수 있다.

<키워드>

가족, 부담감, 죄책감, 가족의 스트레스 관리, 자조모임

정신건강 영역에서 클라이언트의 가족은 일차적인 사회적 지지망이며 클라이언트의 치료와 사회복귀에 중요한 역할을 하는 비공식체계이다. 그러나 정신질환이 만성적이고 장기적임을 고려해 볼 때 가족들은 경제적으로는 물론 심리적으로도 상당한 부담을 갖게 되고 발병에 대한 죄의식, 수치심, 분노, 우울, 예후에 대한 불안감 등 다양한 정서적 반응을 경험함으로써 정신건강을 위협받는다. 회복의 과정은 정신질환을 가진 클라이언트뿐만 아니라 가족이 함께 노력해야 할 부분이다. 이 장에서는 정신질환을 가진 클라이언트의 가족이 겪는

어려움과 사회복지적 개입 방안에 대해 알아보고자 한다.

1. 정신건강 영역에서의 가족

정신건강 영역에서 가족을 보는 관점은 시대가 흐름에 따라 다양하게 변화하고 있다. 서미경(2002)에 따르면, 1940~1950년대 탈시설화 이전에는 가족의 역기능과 부적절한 양육태도와 같은 가족의 특성을 발병요인으로 보고 이를 정신분열병을 만드는 어머니(schizophrenogenic mother), 이중구속(double bind) 등의 개념으로 설명하였다. 1960~1970년대 정신장애의 생물학적 원인과 정신약물학에 대한 연구가 이루어지면서 더 이상 가족이 발병원인은 아니지만 가족 기능이 질병경과와 재발에 영향을 미친다고 보았다. 1980년대 이후에는 정신장애로 인해 고통을 받는 존재로 인식되기 시작하였고, 최근에는 정신장애인의 치료와 재활에 있어 필수불가결한 체계로 보는 시각이 지배적이다.

가족이 클라이언트의 정신질환을 받아들이는 과정에 대해 린드만(Lindman, 1981)은 여섯 단계로 나누어 설명하였다(엄윤경, 2005). 첫 번째 단계는 질병 사실에 대한 충격으로 정서적 무감각을 나타내고 부정과 저항의 반응을 보인다. 두 번째 단계는 이 같은 상황이 불안과 공포로 이어지며, 세 번째 단계에서는 병든 구성원에 대한 죄책감과 책임감을 느끼게 된다. 네 번째 단계에서 이것은 다시 분노로 이어져 의료인에게 항의 또는 부적절한 요구를 하게 되고, 다섯 번째 단계에서는 슬픔과 우울에 빠지게 된다. 마지막 단계에서는 상황을 수용하면서 잃었던 균형을 되찾게 된다고 하였다.

한편 클라이언트와의 관계에 따라 가족구성원이 느끼는 심리적 반응도 다양하다. 형제의 경우, 가족 중에 정신질환자가 있다는 수치심, 부모의 관심이 클라이언트에게 향하는 것으로 인한 소외감이나 질투, 자신이나 자녀가 병에 걸릴지도 모른다는 두려움, 정신질환이 있는 형제 몫까지 해내야 한다는 부담감 등의 부정적인 정서를 경험한다. 부모에게 가장 흔한 심리적 반응은 죄책감과 성인이 된 자녀를 기약 없이 돌봐야 한다는 부담감이며, 클라이언트 문제로 가정불화를 경험하기도 한다. 한편 결혼 생활 중 발병한 클라이언트의 경우에는 증상으로 인해 배우자와 심각한 갈등을 경험하고, 부모 역할을 수행하는 데 많은 어려움을 느끼게 된다. 또한 배우자가 경제활동과 가사를 전적으로 수행하면서 가족 내 역할 균형이 깨지게 된다.

2. 가족의 부담

정신질환이나 정신장애 앞에 흔히 붙는 수식어 중 하나가 "만성"이다. 발병 후 2년이 경과하면 만성이라고 하는데, 이 수식어처럼 정신질환은 상당수의 사례에서 발병 후 장기적으로 진행되는 양상을 보인다.

가족 중에 아픈 사람이 있으면 나머지 가족들은 심리적 부담, 경제적 부담, 가족 내 역할 재조정 등을 경험하게 되는데, 그 이유가 정신질환 때문이라면 사회적 편견이나 이용 가능한 자원의 제한, 죄책감, 불안감 등으로 인해 가족들의 부담은 가중된다. 현장에서는 불면, 우울, 불안, 분노 등의 정신건강 위기를 호소하는 가족들을 어렵지 않게 볼 수 있는데, 이러한 사실은 남은 가족의 삶의 질을 가늠해 볼 수 있는 단면이기도 하다. 다음은 정신질환을 가진 클라이언트의 가족이 겪는 어려움을 유형별로 세분화한 것이다.

1) 심리적 부담

가족들은 우리 가족이 왜 이런 일을 당하게 되는가에 대한 커다란 분노와 함께 앞으로 일어날 일에 대한 불안, 반복되는 재발로 인한 긴장, 돌봄에 대한 부담, 잘못된 양육방식(특히 어머니)이나 가정환경에 대한 죄책감으로 인해 상당한 부담감을 느낀다.

클라이언트의 형제들 또한 가족 중에 정신질환자가 있다는 수치심, 클라이언트를 부양하던 부모가 고령화되면서 클라이언트와 부모를 동시에 부양해야 하는 이중부담으로 인해 상당한 심리적 부담과 가족 간 갈등에 직면하기도 한다.

또 다른 심리적 부담감은 클라이언트의 증상에 관련된 것으로 언제 어떤 식으로 표현될지 모르는 클라이언트의 행동에 대해 가족구성원들은 두려워한다. 간혹 공격적이고 파괴적인 행동을 보이기도 하고, 집을 나가 며칠 혹은 몇 달씩 연락이 두절되는 클라이언트로 인해 남은 가족들은 긴장 속에 지내게 된다.

2) 경제적 부담

다른 질환에 비해 치료가 장기적으로 진행되면서 치료비 부담자인 가족은 상당한 경제적 부담을 느끼게 된다. 클라이언트가 퇴원했다 하더라도 바로 자립기반을 마련하기는 어려운 일이며, 클라이언트를 돌보기 위해 일차적 보호제공자는 하던 일을 중단하거나 시간제 일자리로 전환하면서 가족 전체의 수입이 줄고 지출이 늘어나 경제적으로 어려움을 겪는다. 간혹 증상으로 인한 클라이언트의 무분별한 소비는 가족들에게 큰 부담으로 작용한다.

3) 정보부족

관련 정보의 부족은 가족이 겪는 어려움 중 하나이다. 정신장애 등록, 국민기초생활보장 수급 신청, 진료비 지원 절차, 퇴원 후 이용 가능한 시설, 입소 시설, 직업 재활 등에 관련한 정보부족은 가족의 부담을 가중시킨다.

4) 사회적 고립(이영호 외, 2015)

가족은 사회의 정신질환에 대한 편견과 낙인 등으로 인해 사회적 고립을 경험하는 경우가 많다. 이러한 사회적 고립은 정신장애인에 대한 지속적인 보호를 제공하고 양육하는 데 현실적으로 투여하는 시간과 노력 때문에 심화되는 경향이 있다. 특히 보호를 제공하는 가족은 자신의 욕구를 충족시키거나 직업생활을 영위하는 것 등이 유예되고 여가선용의 기회가 절대적으로 부족하다.

또한 대인관계가 상대적으로 소홀해짐에 따라 부정적인 정서가 유발되며 사회적 지지망이 축소되는 문제가 나타난다. 사회적 지지망의 축소는 다양한 사회적 지지로부터 소외되어 필요한 자원과의 연계를 더욱 어렵게 한다.

3. 가족교육

1) 가족의 대처전략

양옥경(1996)은 정신질환을 가진 클라이언트의 가족이 활용할 수 있는 실용적이고 실질적이면서 기능적인 대처전략들을 다음과 같이 소개하였다.

첫째, 걱정을 들어주고 차분히 앉아서 얘기를 나눈다. 윽박지르거나 위협하는 것은 위험하며 비생산적이다. 냉정함을 잃지 말고 바람직한 행동과 바람직하지 못한 행동에 대해 대화한다.

둘째, 항상 연결고리를 갖는다.

셋째, 직면한다. 일례로 환청이 들리는 것은 증상의 일부일 뿐이므로 죄의식과 두려움에 힘들어 할 필요가 없다고 얘기한다. 자기파괴적이거나 자살행위를 보일 때의 직면전략은 생의 가치, 가족의 중요성에 대해 강조하면 좋다.

넷째, 정신건강 전문가들과 정기적으로 접촉을 유지하며 항상 가깝게 토론하도록 한다. 필요시 사회복지사에게 지원을 요청하는 것이 좋다.

다섯째, 클라이언트의 한계를 알고 너무 밀어붙이지 말아야 하며 정서적 공간을 제공한다. 비판보다는 지지를 하는 게 좋다.

여섯째, 클라이언트가 할 수 있는 일은 스스로 하도록 둔다. 이를 위해 다양한 종류의 사회재활활동에 가급적 참석하도록 격려한다.

일곱째, 가족 자신을 위한 시간을 마련하고 자조 집단에 참여한다. 다른 가족구성원과 대화를 나누며 가족의 부담을 함께 나눈다.

가족은 클라이언트의 변화를 가장 가까운 곳에서, 가장 빠르게 발견할 수 있는 유용한 자원이다. 치료 여부를 결정하고 보호하는 지원자라는 점에서 중요한 역할을 수행하므로 치료과정에는 반드시 가족이 참여해야 한다.

이제 가족에게 무엇을 교육할지 살펴본다.

2) 무엇을 교육할 것인가?

(1) 질병에 대한 정보

질병의 원인, 증상, 경과, 예후 등에 대한 정확한 정보를 가족에게 전달할 필요가 있다. 앞서 설명한 것처럼 가족들은 클라이언트의 발병에 대해 죄의식을 가지고 있는 경우가 많다. 따라서 정신질환의 원인이 생물심리사회적(bio-psycho-social) 차원에서 다양하게 발생할 수 있음을 설명함으로써 가족의 죄의식을 경감시킬 필요가 있다. 또한 가족의 발병 원인에 대한 이해는 퇴원 이후 클라이언트의 증상을 관리하는 데 있어 매우 중요하다.

(2) 약물관리

정신질환은 약물관리가 중요한 만큼 가족교육에서도 이를 다룰 필요가 있다. 여기에는 약물치료의 근거와 정당성, 약물의 부작용과 대처방법, 복용 방법 등이 포함되어야 한다. 클라이언트가 복용하는 약물은 유쾌하지 못한 부작용을 가지고 있으며 약물의 개수는 증상의 심각도와 반드시 비례하지는 않는다. 약물 중 일부는 약물로 인해 발생할 수 있는 부작용(변비, 소화불량 등)을 감소시키기 위한 것이다. 약물의 부작용은 치료 중단의 중요한 원인이 되는 만큼 교육 과정에서 가족에게 충분히 설명할 필요가 있다.

약물을 언제까지 복용해야 하는가는 가족과 클라이언트 모두의 주요 관심사이다. 치료의 결정적 시기 동안은 적극적으로 약물을 유지할 필요가 있는데, 절대적인 기준은 아니지만 첫 삽화 후 약 1~2년간의 약물복용을 기본으로 한다. 이 과정에서 회복이 만족스럽지 못할 때는 약물복용 기간이 3~5년까지 늘어날 수 있으며, 도중에 약물을 중단했다가 재발하는 경우에는 약물복용 시간이 더 길어질 수 있다. 약을 중단하는 시점은 약을 몇 년 복용했는가보다는 기능 수준의 회복을 기준으로 하며 정신건강의학과 전문의와 상의할 것을 권유한다.

(3) 증상 대처방법

① 환청에는 어떻게 대처해야 하는가?

환청이 있을 때 클라이언트는 주의에 사람이 없는데도 대화를 나누듯이 혼자서 중얼거린다. 또한 뚜렷한 이유 없이 갑자기 웃거나 울기도 하며 분주하거나 어떤 생각에 몰두하여 말을 걸어도 알아듣지 못하고 즉시 반응을 보이지 않는다.

	대처방법
첫째	물어본다. "몹시 불안해 보이는데 지금 무슨 소리가 들리니?", "어떤 내용인지 말해 줄 수 있겠니?"
둘째	따지거나 논쟁하지 않는다. 동조하지 않는다.
셋째	환청을 극복할 수 있는 실질적인 조언을 해 준다. 담당의사나 친한 친구와 대화를 나눈다. 응급 시에 먹을 수 있는 항정신병 약물을 복용하도록 권한다. 음악을 듣거나 노래를 불러본다. 무시한다. 평소에 좋아하는 일이나 활동을 한다.
넷째	빈정대거나 놀리는 태도를 취해서는 안 된다. "나는 아무 소리도 안 들리는데, 네 귀는 고성능 안테나를 달은 모양이지?"
다섯째	충격을 받거나 놀란 반응을 보이지 않는다. "귀에서 소리가 들린다고? 세상에 어떻게 그럴 수가?"
여섯째	잘못 들었다고 설득하지 않는다. "상식적으로 생각해 봐. 주위에 아무도 없는데 어떻게 사람 목소리가 들리니?"
일곱째	위협하지 않는다. "내가 보기엔 재발한 것 같다. 당장 입원하자."

일부 가족은 입원을 클라이언트 통제 수단으로 이용하기도 한다. 그러나 이렇게 입원한 클라이언트는 치료 과정에 저항이 심하고 입원 이후 가족 간 깊은 갈등을 유발할 수 있으므로 신중할 필요가 있다.

② 망상이 있을 때는 어떻게 대처해야 하는가?

첫째, 아주 강한 망상적 믿음에 대해서는 논쟁을 피한다. 클라이언트가 하는 비논리적인 말을 놓고 논쟁을 벌이거나 그 생각이 사실이 아니라고 설득을 한다고 해서 망상이 없어지지 않는다. 논쟁을 벌임으로써 클라이언트를 자극하거나 화를 불러일으키지 않는다.

둘째, 망상의 내용에 동의하지 않는다. 대부분의 클라이언트는 어느 정도는 자신의 망상적 믿음이 사실인지에 대해 회의를 가지고 있다. 만약 클라이언트가 망상적 믿음에 대하여 그것이 사실인지 여부를 물어올 때는 "나는 그렇게 생각하지 않는다"라고 간단히 대답해 주면 된다. 클라이언트가 자신의 망상에 대하여 사실 여부를 물어오지 않았는데도 "네가 말한 것은 망상이지 사실이 아니다"라고 먼저 언급하는 것은 좋지 않다.

셋째, 자신의 생각이 옳다고 계속 이야기하면 그것에 대해서는 논쟁하고 싶지 않다고 말한다. 만약 클라이언트가 자신의 망상을 확신하여 가족에게 정당성을 입증하려고 노력할 때에는 "네가 정말로 그 사실을 믿고 있다는 것을 잘 알고 있다. 하지만 그 부분에 대해서는 더 이상 대화를 나누고 싶지 않다"라는 식으로 말해야 한다. 그리고 망상적 내용이 아닌 서로가 즐길 수 있는 다른 주제에 대하여 이야기를 나누자고 말한다.

넷째, 일상적인 다른 화제로 바꾼다.

다섯째, 망상 그 자체보다는 동반되는 감정에 대하여 이야기를 나눈다. 망상 내용보다는 그것 때문에 생기는 정서적 불편감(불안, 초조, 공포, 불면)에 관심을 가지고 대화를 나눔으로써 효과적으로 클라이언트를 차분하게 안심시킬 수 있다. "오늘은 몹시 불안해 보이는데 내가 도와줄 일은 없니?"

여섯째, 망상적 믿음과 그것을 행동에 옮기는 것과는 반드시 구별해야 한다. 만약 망상적 믿음으로 인하여 이상하거나 위험스러운 행동을 초래할 경우에는 반드시 그런 행동에 대한 집안 내 규칙을 클라이언트에게 상기시키고 적극적인 조치를 취해야 한다.

③ 이상한 행동이나 말을 할 때는 어떻게 해야 하는가?

대처방법은 클라이언트가 보이는 행동의 심한 정도, 위험성, 가족 내 분위기 등에 따라 달라질 수 있으나 기본 원칙은 다음과 같다.

첫째, 행동한계를 미리 설정해 놓는다. 클라이언트가 지켜야 할 행동한계를 설정할 때에는 클라이언트에게 가장 문제가 되는 행동이 무엇인지를 파악하고 그 다음에 가족이 견뎌낼 수 있는 한계가 무엇인지 파악하며 또 그 한계를 넘었을 때에는 어떤 조치를 취할 것인지를 구체적으로 정해야 한다. 이 과정에 클라이언트도 참여하여 그의 의견을 충분히 반영해야 하며 결정된 사항을 클라이언트가 충분히 이해하였는지도 확인해야 한다.

둘째, 위험성 여부를 판단한다. 이상한 행동이 어느 정도 위험한지 여부를 판단하여야 한다. 만약 위험하다고 판단되면 신속하게 대처해야 한다. 즉, 클라이언트에게 접근하는 것을 피하고 날카롭거나 위험한 물건을 숨기는 등 안전한 환경을 조성할 필요가 있다. 상황이 위기라고 판단될 때에는 경찰의 도움을 받는 것도 좋다.

셋째, 위험하지 않을 때는 차분하게 기다린다. 클라이언트의 이상 행동이나 말에 관심을 보이지 않아야 하며 대신에 바람직한 행동을 할 때에는 관심과 칭찬을 듬뿍 준다. 또한 일상생활 중의 다른 화제로 이야기를 돌리는 것이 좋다.

넷째, 정신병적 증상이면 논쟁을 피한다. 클라이언트에게 왜 그런 행동이나 말을 하는지와 스스로 자신의 행동을 조절할 수 있는지 여부를 물어본다. 클라이언트의 행동을 이해하기 어렵지만 클라이언트 나름대로 어떤 특별한 이유가 있을 수 있기 때문이다. 만약 이상한 행동이 망상이나 환청에 의한 것이라면 그 현실성 여부에 대한 논쟁을 벌여서는 안 된다. 망상이나 환청은 증상이므로 따진다고 없어지는 것이 아니다.

다섯째, 기다려도 없어지지 않을 때는 조치를 취한다. 클라이언트가 행동한계를 넘었을 때에는 미리 결정한 규칙대로 조치를 취해야 한다. 클라이언트에 대한 조치 정도는 행동의 심각성과 위험성 그리고 가족의 인내에 따라 달라진다.

④ 사회적 만남을 피하려는 클라이언트는 어떻게 해야 하는가?

클라이언트는 다음과 같은 이유로 사회적 만남을 피하려고 한다.

첫째, 정보전달체계에 문제가 있다.

둘째, 기본적인 대화기술이 부족하다.

셋째, 문제해결능력이 부족하다.

넷째, 대인관계에 대한 불안을 가지고 있다.

그렇다면 어떻게 해야 하는가?

사회적 접촉을 피하는 정도가 심하지 않다면 얼마 정도는 혼자 있게 내버려두는 것도 괜찮다. 특히 퇴원 직후에는 기다려 보는 것이 좋다.

시간이 지나도 좋아지지 않을 때에는 재활을 시도할 필요가 있다. 보통 퇴원한 클라이언트라면 낮병원, 정신재활시설, 정신건강복지센터 등을 통한 재활프로그램이 효과적이며 대화기술, 문제해결기술, 사회기술, 여가활동 등을 배우게 된다.

⑤ 아무 일도 하지 않으려는 클라이언트는 어떻게 해야 하는가?

클라이언트가 아무 일도 하지 않으려는 이유는 증상 때문일 수도 있고, 하고 싶은데 자신이 없다고 느끼거나 혹은 이전에 실패한 경험 때문에 겁이 나서 못하는 것일 수도 있다. 따라서 모든 것을 클라이언트의 게으름 탓으로 돌려서는 안 된다.

첫째, 클라이언트가 가장 하고 싶어 하는 것이 무엇인지를 알아낸다. 하고 싶은 것 중에서 실현 가능한 계획을 잡는 것이 좋다. 현실성이 없다고 해도 일단은 클라이언트의 의견을 받아 들여야 한다. 그래야 클라이언트를 움직일 수 있다.

둘째, 비현실적인 목표라도 무시해서는 안 된다. 클라이언트가 어떤 일을 하겠다는 것은 좋은 징조다. 실제로 현실적이든 아니든 어떤 꿈을 계속 가지는 편이 훨씬 예후가 좋다. 따라서 꿈과 희망을 이야기할 때 먼저 인정해 주어야 한다. "네가 그런 꿈을 가지고 있으니 참으로 기쁘다. 우리 또한 네가 그 꿈을 실현할 수 있기를 바란다."

셋째, 클라이언트의 기능수준을 전문가와 함께 평가한다. 클라이언트에게 있어 가장 문제가 되는 행동, 부족한 사회기술, 강점 등을 전문가와 함께 평가함으로써 문제와 자원을 객관적으로 확인할 수 있다.

넷째, 원하는 것을 달성 가능한 현실적인 소목표로 세분화한다. 원하는 것을 이루기 위해 앞으로 무엇을 준비해야 할 것인지를 클라이언트와 함께 구체적으로 계획을 짜고 클라이언트 스스로 소목표를 정하도록 한다. 또한 클라이언트가 가장 좋아하는 활동, 사람, 장소, 물건이 무엇인지를 알아내어 그것을 보상으로 줄 계획도 세운다.

다섯째, 소목표 달성 정도를 매주 또는 매달 평가한다.

⑥ 재발 징후 포착하기

대부분의 클라이언트는 재발 전 징후(sign)를 보인다. 흔하게는 수면이나 식사 습관이 불규칙해지고, 불안이나 초조함을 호소하고 작은 일에도 예민하게 반응한다. 또한 대인관계를 회피하고 혼자 있으려 하거나 평상시에는 하지 않던 행동을 하는 등의 징후를 보인다. 가족이나 주위 사람들이 이를 알아차리고 적절한 시기에 치료받을 수 있게 돕는다면 재발을 최소화할 수 있다.

(4) 가족의 스트레스 어떻게 다룰 것인가?[1]

① 스트레스의 객관적 수준 파악하기

클라이언트 가족의 대부분은 스트레스를 받고 있는 것으로 보고하고 있는데, 이 같은 경우에는 〈스트레스 자가 검사〉와 같은 도구를 이용해 스트레스를 측정해 볼 수 있다. 다음 검사지의 각 영역 가운데 한 가지라도 4개 이상 항목에 "예"라고 대답했다면 스트레스 수준이 높은 것을 의미하며, 이 경우에는 전문가와의 상담이 필요하다.

〈표 8-1〉 스트레스 자가 검사

항 목	예
※ 신체상의 강조	
숨이 막힌다.	
목이나 입이 마른다.	
불면증이 있다.	
두통이 있다.	
눈이 쉽게 피로해진다.	
목이나 어깨가 자주 결린다.	
가슴이 답답하고 두근거림이 있다.	
식욕이 떨어졌다.	
소화가 안 되고 변비 또는 설사가 있다.	
신체가 나른하고 쉽게 피로를 느낀다.	

1) 패밀리링크(Family Link) "가족과 함께 하는 교육 프로그램" 교육자용 자료 중 스트레스 자가 검사지, 가족 죄책감과 부담감 다루기 일부 내용을 인용하였다.

※ 행동상의 징조	
반론이나 불평, 말대답이 많아졌다.	
일의 실수가 늘어났다.	
술을 자주 마시게 되었다.	
필요 이상으로 일에 몰입한다.	
말수가 적어지고 혼자 생각에 깊이 잠긴다.	
말이 많아지고 말도 되지 않는 주장을 펼칠 때가 있다.	
사소한 일에도 화를 잘 낸다.	
화장, 복장, 외모에 관심이 없어졌다.	
업무 중에도 주변 사람들에게 전화를 계속 하거나 화장실을 자주 드나든다.	
결근, 지각, 조퇴가 늘어났다.	
※ 심리, 감정상의 징조	
언제나 초조하다.	
쉽게 흥분하거나 화를 잘 내게 된다.	
집중력이 떨어졌다.	
건망증이 심해졌다.	
우울하다.	
무언가를 하는 것이 귀찮다.	
매사에 의심이 많고 망설이게 된다.	
하는 일에 자신이 없고 쉽게 포기하곤 한다.	
안절부절못하고 마음이 진정되지 않는다.	
성급하게 판단을 내리는 경우가 많아졌다.	

② 가족의 죄책감 다루기

죄책감은 가족들이 흔하게 경험하는 감정 중 하나이다. 양육방식에 대한 후회나 가족 중 정신질환자가 있을 때는 유전 때문이라고 단정하고 쉽게 죄책감에 빠지게 된다. 잘못된 양육방식이나 유전은 발병에 절대적인 기준이 되지 않는다. 정신질환이 발병하는 원인은 생물심리사회적(bio-psycho-social) 측면이 복합적으로 작용하며, 특히 기질적으로 취약한 사람이 스트레스 상황에 몰리게 되면 더 쉽게 발병하게 된다. 발병 원인에 대한 충분한 이해를 통해 가족이 죄책감을 갖지 않도록 하는 것이 중요하다.

③ 가족의 부담감 다루기

성인이 된 클라이언트를 기약도 없이 돌봐야 한다는 것은 가족에게 큰 부담으로 작용한다. 특히 가족 자원이 취약해 1명 혹은 2명의 가족구성원이 오롯이 클라이언트를 부양해야 하는 상황이라면 그 부담감은 더욱 커진다. 가족의 부담감을 줄이기 위해 다음과 같은 방법을 제안한다.

첫째, '완벽함에서 벗어나기'이다. 가족구성원 스스로 자신에 맡겨진 역할에 충실하고 보호자의 역할을 수행하기 위해 노력하는 것은 중요하다. 그러나 이 과정에서 스스로의 한계를 인정하고 클라이언트와 나머지 가족구성원이 이를 이해하고 받아들이도록 하는 것 또한 중요하다. 가족이 클라이언트에게 집안일을 지시할 수도 있고, 화를 낼 수도 있으며, 사소한 일로 언쟁을 벌일 수도 있다. 이러한 일에 의미를 두고 자책하는 것은 클라이언트와의 관계에 도움이 되지 않는다. 완벽한 사람은 없다. 클라이언트와의 관계에서도 마찬가지이다.

둘째, '조바심으로부터 벗어나기'이다. 가족들은 클라이언트가 '하루 빨리', '발병 전과 같은 수준'으로 회복되길 원한다. 이러한 이유로 발병 초반에 많은 에너지를 쏟아 붓고 효과가 나지 않으면 쉽게 소진된다. 급하게 결론을 보려는 마음보다는 질환의 특성상 당뇨나 고혈압처럼 약을 먹으면서 증상을 조절하는 병으로 인식하는 것이 더 도움이 된다.

셋째, '자신을 지키기'이다. 클라이언트를 돌보는 가족구성원은 대개 자신의 개인 생활은 포기하게 된다. 그러나 행동반경이 집으로 한정되고 만나는 사람이 가족뿐이라면 스스로 건강한 생활을 지켜나가기 어렵다. 잠깐씩 산책을 하거나 취미활동, 운동 등을 하는 것이 좋다. 이런 시간들을 통해 감정을 환기한다면 이는 클라이언트에게 더 좋은 영향을 미칠 것이다

넷째, '나누기'이다. 가족 주위는 이용 가능한 자원과 그 자원에 소속된 전문가 집단, 가족 모임 등이 있다. 이들 자원과 기꺼이 관련 정보를 나누고, 힘든 마음을 나눌 것을 권유한다.

④ 가족의 스트레스 예방과 관리

스트레스 상황 속의 가족에게는 구체적으로 스트레스 관리 방법을 제안하는 것도 도움이 된다.

첫째, 가족구성원의 몸 상태를 돌볼 필요가 있다. 수면의 질은 어떠한지, 균형 잡힌 식사를 하고 있는지 살펴본다. 충분한 수면을 취하지 못하면 쉽게 예민해지고 일의 효율성이 낮아지므로 수면관리에 신경 쓰도록 한다. 또한 규칙적으로 식사를 하지 못하거나 스트레스로 인해 잦은 음주를 하는 경우도 있다. 술을 마시는 순간에는 일시적으로 스트레스가 해소되는 것처럼 느낄 수 있으나 이러한 방법은 건강을 해치며 근본적으로 스트레스를 해결해 주지 못한다.

둘째, 적당히 운동한다. 운동이라는 말이 사치스럽게 느껴진다면 동네 산책이나 계단 오르내리기 등과 같이 시간이나 노력을 많이 들이지 않아도 되는 방법을 제안한다.

셋째, 복식호흡을 한다. 복식호흡은 장소와 시간에 구애받지 않고 할 수 있는 방법이며 마음을 진정시키는 효과가 있다. 복식호흡하는 방법은 다음과 같다. ㉠ 코로 숨을 들이마시고 숨이 들어가면서 배가 나오게 한다. 아랫배가 풍선이라고 생각하자. ㉡ 코로 충분히 숨을 들여 마신 상태로 (배는 볼록한 상태) 잠깐 멈춘다. ㉢ 그 다음에는 입으로 숨을 내쉬는데 숨을 마실 때보다 느린 속도로 내뱉는다. ㉣ 아랫배가 쏙 들어갈 때까지 숨을 천천히 내뱉는다. ㉤ 이 과정을 반복한다.

넷째, 근육이완법이 있다. 이는 스트레스를 경험할 때 신체 각 부위의 근육을 이완하여 신체적인 스트레스 반응들을 감소시키는 것이다. 근육이완은 근육의 긴장과 이완을 반복함으로써 근육이 이완되었을 때의 편안함을 경험하게 하는 것이다. 근육이완법을 통하여 심신의 안정과 평온을 되찾고 생산적이고 능률적인 생활이 이루어지도록 할 수 있다. 근육 이완 전 시계, 허리띠, 넥타이, 반지 등 신체를 조이는 물건이나 옷 등을 느슨하게 하거나 빼는 것이 좋으며, 조용하고 편안한 장소에서 충분한 시간을 가지고 시행하는 것이 좋다. 근육이완법을 시행하는 과정은 다음과 같다. ㉠ 편안한 자세를 취한다. ㉡ 심호흡을 실시하여 마음을 편하게 가진다. ㉢ 6초간 신체의 특정부위를 긴장한다. ㉣ 8초간 이완한다. ㉤ 몸 전체가 완전히 이완할 때까지 신체 각 부위를 나누어 반복한다.

이완순서는 다음과 같다. ㉠ 팔과 손의 이완: 오른팔 → 왼팔 ㉡ 다리

와 발의 이완: 오른쪽 다리 → 왼쪽 다리 ㉢ 배 이완 ㉣ 어깨와 목의 이완 ㉤ 얼굴 근육의 이완: 턱 → 눈 ㉥ 전신이완: 위의 순서대로 이완상태를 점검함으로써 몸 전체의 이완을 심화시킨다.

(5) 이용 가능한 자원에 대한 정보

클라이언트가 이용할 수 있는 지역사회 자원은 낮병원, 정신건강복지센터, 정신재활시설 등이 있으며, 장애등록이나 국민기초생활보장 수급자격 안내 및 신청 절차와 같은 행정적인 측면의 정보 제공도 필요하다.

미국에는 NAMI(The National Alliance for the Mentally Ill)라는 정신장애인 가족 모임이 있는데, 이 모임은 실제로 미국 정부의 정신보건 정책 수립과정에 매우 중요한 역할을 수행하는 것으로 알려져 있다.

국내 자조 모임 및 가족에게 도움이 될 만한 자원을 소개한다.

① 가족과 함께 하는 교육 프로그램

만성정신질환자의 가족을 대상으로 하는 가족교육 프로그램으로 세계 각국에서 진행되고 있는 프로그램이다. 가족과 함께 하는 교육 프로그램(Family Link)은 가족교육을 좀 더 효과적으로 수행하기 위하여 가족교육을 시행할 교육자를 양성하고 이들로 하여금 교육을 시행하도록 지원하는 데 그 목적이 있다.

가족과 함께 하는 교육 프로그램은 기초과정, 지역심화과정, 중앙심화과정으로 진행되고 정신질환을 가진 사람의 모든 가족이 참여할 수 있으며, 가족과 함께 하는 교육 프로그램 자체 교재로 진행된다. 이 프로그램은 2012년 국내에서 시작되었으며 매년 가족 강사가 배출되고 있다.

② 사단법인 대한정신장애인가족협회

대한정신장애인가족협회는 정신장애인의 삶의 질 향상과 사회복귀를 목적으로 1995년 7월 창립되었다. 정신보건사업 활성화를 통한 정신장애인의 사회복귀사업, 사회적 편견 해소, 정신장애인과 가족의 삶의 질 향상을 위한 훈련 및 정책 등을 주요 사업으로 하고 있으며 지부별로 가족교육과 세미나를 개최하고 있다. 관련 정보는 인터넷 주소 http://www.kfamh.or.kr (T. 02-6925-5551)에서 확인할 수 있다.

이외에도 한국정신장애연대(KAMI, www.kami.ne.kr), 한국정신재활시설협회(www.kpr.or.kr), 서울시 정신건강 사업정보(www.blutouch.net), 경기 정신건강 사업정보(www.mentalhealth.or.kr), 중앙 정신건강 사업지원단(www.nmhc.or.kr) 등이 있다.

4. 가족상담

1) 가족치료와 가족상담

정신건강 현장에서 일하는 전문가들은 클라이언트와 그 가족의 문제를 해결하기 위해 상담을 진행하기도 하는데, 그 과정에서 가족치료와 가족상담이 혼용되는 경향이 있다. 최규련(2008)에 따르면, 상담에 대한 가장 보편적인 정의는 '전문훈련을 받은 상담자(counselor)'가 도움을 필요로 하는 내담자와의 지속적인 신뢰적 관계를 기반으로 내담자의 긍정적 변화와 적응, 성장을 돕는 과정이라고 하였다. 이 과정에서 상담자는 내담자를 대상으로 적응력과 문제해결능력을 높이고 성장을 촉진하는 조력자 역할과 환경을 조정하는 조정자 역할을 담당한다. 반면 치료는 '전문 훈련을 받은 치료자(therapist)'가 병리증상이나 정신장애 문제를 가진 환자와의 상호작용을 통해 환자의 병리증상과 장애를 완화하고 기능회복과 성격의 재구조화를 돕는 과정으로 정의하고 있다. 치료자는 의학적 배경을 갖고 환자의 문제는 진단, 분석하고 처방하여 지시적이고 주도적인 역할을 하게 되며 심각한 문제에 개입하는 것으로 알려져 있다.

결국 상담과 치료의 가장 큰 차이점은 세션(session)이 상담자에 의해 실시되느냐 치료자에 의해 실시되느냐, 일상 생활상에 문제가 있는 내담자를 대상으로 하느냐 정신병리를 가진 환자를 대상으로 하느냐의 문제인데 현장에서 그 기준을 명확하게 구분하는 일은 쉽지 않다. 우리가 만나는 클라이언트와 가족 중 상당수는 단순히 적응력이나 문제해결능력의 부재뿐만 아니라 병리 증상을 가지고 있는 경우가 많고, 상담자(counselor) 또한 훈련 과정에서 정신병리에 대한 이해나 정신의학적 배경 지식을 갖추고, 기능 회복이나 성격의 재구조화를 도모한다. 이러한 면을 볼 때 정신건강 현장에서 상담과 치료를 구분하는 것은 큰 의미가 없어 보이며, 따라서 이 장에서는 가족상담으로 그 용어를 통일하여 설명하고자 한다.

2) 가족상담 적용을 위한 지표

현장에서 만나는 가족이 상담이 필요한 가족인지 아닌지를 어떻게 알 수 있을까? 왈론드-스키너(Walrond-Skinner, 1978)는 가족상담을 적용하기 위한 지표를 다음과 같이 제시하였다.

첫째, 어떤 증상이 역기능적인 가족 관계에 얽혀 있다고 판단될 경우이다. 증상이 가족 전체의 고통이나 역기능을 표현한다고 생각된다면 가족상담은 최선의 선택이다.

둘째, 도움을 구하는 사람의 호소가 특정 가족 개인의 문제보다도 가족 간의 관계 변화에 있다고 판단될 경우이다. 부부관계, 부모자녀관계, 형제 간의 갈등을 호소하는 것이 그 예가 될 수 있다.

셋째, 가족이 서로 분리되는 것에서 어려움을 겪는 경우이다. 아동이나 청소년이 관련된 많은 문제행동의 이면에는 분리에 대한 갈등이 내재된 경우가 많은데, 그러한 경우에는 가족상담이 상당한 효과를 거둘 수 있다.

3) 가족 개입에 대한 이론적 배경

정신질환을 가진 클라이언트와 그 가족을 이해하기 위해서는 이론적 배경에 관심을 기울일 필요가 있다. 이론적 배경은 사회복지사가 사례를 사정하고 개입하는 데 있어 다양한 방향성을 제시해 주기 때문이다.

(1) 초기 가족상담의 이론적 배경: 일반체계이론

① 일반체계이론

'체계'라는 용어가 학문적으로 사용되기 시작한 것은 오스트리아의 생물학자 베르탈란피(Ludwig von Bertalanffy)에 의해서이다. 그는 1937년 '일반체계이론' 개념을 최초로 제기하였고, 1968년 일반체계이론(General System Theory)을 발표하였다.

일반체계이론은 체계가 외부환경과 상호작용하면서 환경의 지속적인 입력과 출력을 통해 자신을 유지해 나간다고 보는 살아 있는 체계에 대한 생물학적 모델이다(Nicholas & Schwartz, 2004). 일반체계이론은 체계를 환경과 지속적인 상호작용하는 것으로 본다. 이를 가족에 적용하면 가족 또한 다른 체계와 같이 환경과 지속적인 상호작용하는 것으로 볼 수 있고, 가족체계에 어떤 것이 투입되고 어떠한 결과물이 산출되느냐에 따라 가족이라는 체계가 어떻게 움직이는지를 이해할 수 있다. 사티어(Satir, 1972)는 "가족체계는 움직이는 장난감 모빌과 같다. 장난감 모빌에서와 같이 가족 모빌에서도 한 부분을 움직이면 다른 부분들도 움직인다"라고 하였다. 사티어의 이 말은 초기 가족상담의 주류인 체계이론을 잘 설명하고 있다. 체계의 속성은 다음과 같이 정리할 수 있다.

가. 상위체계와 하위체계

체계는 상호작용하는 동시에 상위와 하위의 개념이 존재한다. 체계의 개념을 가족에 적용해 보면 가족이라는 체계 안에 부부체계, 부모-자녀체계, 부모체계 등으로 구분될 수 있는데, 가족이라는 전체 체계를 이해하기 위해서는 체계의 특징과 체계 간 경계 양상을 이해할 필요가 있다.

나. 경계

경계(boundary)란, 체계와 체계를 구분 짓는 것으로 상위체계와 하위체계가 어떻게 분리되고 소속되는가에 따라 체계는 변화한다. 체계의 경계는 경직되거나 모호할 수 있으며 환경의 영향에 유연하게 반응할 수도 있다. 가족은 기본적으로 개방적인 체계로 외부체계와 상호작용하면서 에너지와 정보를 교환하는 데 경직되거나 모호한 경계를 가진 가족은 이러한 과정이 원활하지 못하여 문제가 발생할 수 있다.

다. 항상성

모든 체계는 균형을 유지하려는 경향이 있다. 따라서 어떠한 스트레스 상황이 유발되면 체계는 여러 기제를 이용해 항상성을 유지하려고 한다. 그러나 가족이 유지하려는 항상성이 가족구성원을 위해 바람직한 것인지에 대해서는 생각해 볼 필요가 있다. 병리적인 가족인 경우에는 이 항상성이 옳지 못한 방향으로 작용할 수도 있기 때문이다.

따라서 상담자가 개입할 가족의 항상성은 건강한 것이어야 한다. 병리적인 것으로 회귀하여 체계의 변화를 거부하는 항상성이라면 새로운 수준의 항상성을 만들기 위해 노력할 필요가 있다.

라. 가족 의사소통(최규련, 2013)

가족 내에서는 개인 간, 체계 간 의사소통이 존재한다. 의사소통에는 언어와 비언어 그리고 내용과 관계의 두 가지 측면이 있는데, 내용 측면은 사실적 보고를 의미하고 관계 측면은 내용 밑에 깔린 의도와 목적을 의미한다.

역기능적 의사소통은 언어적 메시지와 비언어적 메시지의 불일치, 이중구속 메시지, 내용과 관계수준의 불일치 등이 있다. 예를 들면 "괜찮아"라고 말하면서 얼굴 표정은 찡그리고 있는 경우 실제로는 괜찮지 않은 것이므로 내용과 언어가 일치하지 않고 있다. 또 하나의 예로 집안일이 많은 부인이 일을 하는 중에 "일이 너무 많아 힘들어"라고 푸념하는 것은 이 말을 듣는 가족구성원에게 "일이 너무 많으니까 가족들이 도와주었으면 좋겠다"는 식의 관계적 메시지가 포함되어 있다. 이처럼 의사소통하는 두 사람의 관계에 관한 규정이 불일치하거나 모호하면 관계 문제가 발생한다. 이를 예방하기 위해서는 일치적 의사소통을 하려는 노력과 아울러 상위의사소통(meta-communication)이 필요하다. 즉, 역기능적인 의사소통을 예방하기 위해서는 솔직한 메시지를 전달하고 그 말이 무엇을 의미하는지, 어떻게 해 주기를 원하는지 등을 구체적으로 표현할 필요가 있다.

바람직한 가족체계에서는 구성원 간의 의사소통에서 언어와 비언어 수준이 일치되고 내용과 관계수준이 일치되어야 한다.

마. 순환론적 인과관계

가족구성원들은 일방적으로 영향을 주는 직선적 관계가 아니라 주고받는 순환적 관계이다. 직선적 인과관계 입장에서 상담자는 발생한 결과에 대해 이 같은 현상이 '왜' 일어났는지에 초점을 맞춰 접근하게 될 것이다. 한편 순환론적 인과관계에서는 '어떤 행동'이 '어떠한 결과'를 야기하고, '이러한 결과'는 다시 '이러한 행동'을 야기한다. 즉, 서로 영향을 주고받는 것이다. 예를 들어 스마트폰 빠진 아이에게 엄마는 잔소리를 하고, 엄마의 잔소리 때문에 아이는 더 스마트폰에 의존하게 되는 양상을 보이는 것이다.

(2) 후기 가족상담의 이론적 배경: 후기 구조주의와 사회구성주의

전기 가족상담은 학계와 대중으로부터 많은 관심을 받았으나 내부적 모순과 치료방법상의 한계가 지적되면서 비판을 받았다.

후기 구조주의란 철학이나 사회과학에서 나타난 포스트모더니즘 현상을 의미한다. 프랑스 철학자 마셜 푸코(Michel Faucault)는 "절대적 진리란 없다"라고 말했다. 기존 학문이 추구해온 진리는 정치적·사회적 권력에 의해 만들어진 담론[2]이며, 지배적 담론은 표준화된 이분법적 기준으로 판단하는 경향(건강/병리, 기능/역기능, 정상/비정상)이 있고, 지배적 담론에 부합하지 않는 삶의 이야기는 제약을 받고 문제시 된다. 후기 구

2) 담론(discourse)이란 특정 집단이나 문화가 공유하고 제도화한 서술이다. 담론은 어떤 지식이 그 사회에서 진실하고 옳고 적절한지를 결정한다.

조주의의 관심사는 건강한 삶에 대한 비전 탐색이며, 인간의 정체성은 타인과의 관계, 힘의 관계 안에서 구성과 재구성을 통해 끊임없이 만들어진다고 보았다. 기능/역기능 여부는 단일한 기준에 의해 평가될 수 없고, 개인적 경험이나 상황에 따라 다르게 평가될 수 있다고 본다.

사회구성주의도 이와 같은 견해로 우리의 현실은 사회적 상호작용을 통해 생성된 사회적 산물이라고 보는 관점이다. 이에 따르면 클라이언트 가족의 문제도 상호작용에 의해 생성된 것으로 이해할 수 있다. 이전까지 상담자는 가족체계 밖에 존재하는 객관적 존재로 인식되어 왔지만 사회구성주의의 영향으로 상담자와 가족체계 간의 상호작용도 중요하게 인식되기 시작했다.

이러한 이론적 배경으로 탄생한 이론 중 하나가 이야기치료이다. 이야기치료를 지향하는 상담자는 내담자에 대한 사정이나 병리적 분류를 하지 않는다. 그들은 내담자와의 만남 자체가 개입이므로 진심어린 '알고 싶어 하는 자세'로 내담자의 이야기를 경청한다. 내담자가 어떤 경험을 이야기하면 그것에 대한 의미를 탐색하고 또한 상담과정을 통해 낡은 이야기를 다시 만들고 이를 토대로 대안적 이야기를 만들어 간다. 이야기치료는 해결해야 할 문제나 치료받아야 할 증상에 관한 용어로 사람을 객관화하기보다 상담자는 내담자들이 능력을 가진 사람으로 삶의 이야기를 발전시킬 수 있다고 믿는다. 이 같은 개입방법은 정신질환을 가진 클라이언트와 그 가족에게 개입하는 데 있어서도 기존 이론과는 차별화된 방향을 제시해 줄 수 있다.

생각해보기

1. 영화 〈말아톤〉 감상 주인공의 어머니가 경험한 심리적 부담감에 대해 생각해보기.

2. 해결중심 단기가족치료와 이야기치료에 대해 알아보고 각 이론의 핵심개념을 정신건강 현장에 어떻게 적용하면 좋을지 생각해보기.

9장

지역사회정신건강 실천

<학습목표>

1. 지역사회정신건강 개념, 이념, 특징을 이해한다.
2. 지역사회 정신건강기관과 시설 현황을 살펴보고 각 기관의 기능에 대해 이해한다.
3. 지역사회 실천기술을 직업재활, 주거서비스, 인권과 권리옹호를 중심으로 살펴본다.

<키워드>

지역사회정신건강, 직업재활, 평생계획, 주거서비스, 인권, 권리옹호

1. 지역사회정신건강 개요

1) 지역사회정신건강의 개념

지역사회정신건강(community mental health)은 지역사회를 기반으로 하여 모든 주민들을 대상으로 행해지는 일련의 정신건강서비스를 총칭하며, 정신질환의 예방, 치료, 재활, 사회통합 등의 서비스를 연속선상에서 포괄적으로 제공하는 것을 의미한다.

2) 지역사회정신건강의 이념

지역사회정신건강은 대규모 수용시설로부터의 탈시설화와 항정신병약물의 발전 등의 움직임과 함께 하나의 지역사회 운동으로서 의미를 가지며, 최소한의 규제, 정상화, 사회통합 이념을 담고 있다.

(1) 최소한의 규제

최소한의 규제(the least restrictive)는 격리와 수용을 중심으로 하는 시설중심의 치료에서, 자유롭고 친근한 환경 안에서 치료와 보호를 제공하고 재활하도록 하는 것을 말한다. 즉 인간의 내면에 존재하는 존엄과 가치가 존중되는 삶을 추구하고자 하는 욕구를 인정하여, 정신질환자를 격리하거나 수용하는 등의 규제를 최소화함으로써 개인이 자신의 치료나 서비스를 받는 데 있어 자유, 자기결정권, 자율성을 최대한 보장되도록 하는 것을 말한다.

(2) 정상화

정상화(normalization)는 모든 사람이 차별 없이 동등한 대우를 받고 기회를 보장받는 것으로서 삶의 질 향상에 그 목표가 있다. 장애 및 사회적 불리로 인해 파생되는 문제를 최소화하여 정신장애인으로 하여금 최대한의 자율이 보장되는 상태에서 생활하는 것이다. 생활리듬의 정상화, 성장과정의 정상화, 정서와 욕구의 정상화, 주거의 정상화가 포함된다.

(3) 사회통합

사회통합(social integration)은 정신장애인을 특수한 증상과 어려움을 지닌 사람으로 이해하는 것이다. 사회통합은 사회적 상호작용의 달성을 의미하는 것으로서 정신장애인이 생활하는 데 익숙하고 친근한 환경에서 행해지는 것을 전제로 한다. 이는 최소한의 규제와 정상화가 전제됨으로써 가능하고 주거지 마련이 결정적이며, 지역사회 자원과의 활발한 교류도 매우 중요하게 작용한다.

3) 지역사회정신건강의 특징

지역사회정신건강의 특징은 다음 10가지로 제시할 수 있다.

① 지역사회 속에서의 실천에 그 강조점이 있다.
② 전체 지역사회나 인구집단에 강조점을 둔다.
③ 질병예방과 건강증진서비스에 강조점을 둔다.
④ 서비스의 지속성과 포괄성에 강조점을 둔다.
⑤ 직접적인 서비스보다는 간접적인 서비스에 강조점을 둔다.
⑥ 더욱 신속하고 효과적이며 효율적으로 관리하기 위한 혁신적 접근 방법을 시도한다.
⑦ 지역특성에 적합한 정신보건 프로그램을 현실성 있게 계획한다.
⑧ 지역사회 내 이용 가능한 새로운 인적자원의 활용을 모색한다.
⑨ 지역사회의 참여를 유도한다.
⑩ 개인의 정신병리 원인보다는 지역사회에서 스트레스의 근원을 규명하는 데 관심이 있다.

4) 지역사회정신건강의 목적

지역사회정신건강은 정신질환을 예방하고 치료하며, 사회적 재활과 사회통합을 이루고 지역주민의 정신건강을 증진하고자 하는 것이다. 또한 최대한으로 지역사회에서 거주하면서 정신건강서비스를 이용하도록 유도해야 하며, 그 서비스의 내용에는 정신의학, 재활, 사회복지 등을 포함하여 포괄적이어야 한다. 양옥경(2006)은 질병관리, 기술재활, 장애예방, 삶의 질 증진을 목적으로 제시하고 있다.

(1) 질병관리

자신의 증상에 관하여 가능한 한 정확히 이해하고 그 증상에 효과적으로 대처해나가는 방법을 터득하고 스스로 질환을 잘 관리하도록 한다.

(2) 기능적 기술 재활

질환으로 인해 상실했거나 손상된 일상생활기술, 대인관계기술, 직업적응기술, 여가활동기술 등의 기능을 회복할 수 있도록 한다.

(3) 장애예방

정신질환에 대한 조기개입 및 예방은 정신질환의 발생과 재발, 그리고 만성화를 줄일 수 있으며, 정신건강을 증진시킨다.

(4) 삶의 질 향상

정신장애인의 연령 및 사회적 배경에 부합하는 일반인과 비슷한 환경에서 살면서 만족스러운 삶을 살고 있는지가 관심의 초점으로 이들의 삶의 질 향상이 지역사회정신보건 접근이 추구하는 궁극의 목적이다.

5) 지역사회정신건강 전달체계

우리나라는 중앙부처인 보건복지부에서 정신건강정책을 수립하고 그 집행을 지방자치단체와 공공의료기관이나 민간의료기관이 담당하는 체제로 이루어져 있으며, 지역사회정신건강사업의 실행기관은 정신건강복지센터이다. 우리나라 정신보건전달체계는 [그림 9-1]과 같다.

아직 지역사회정신건강 전달체계 강화는 현재 진행형으로 지역사회정신건강사업 실행기관인 정신건강복지센터가 설립되지 않은 지역도 있고, 정신건강복지센터가 설립이 되어 있는 지역에서도 인력배치에 비하여 지나치게 많은 기능이 요구되고 있는 경우가 있다.

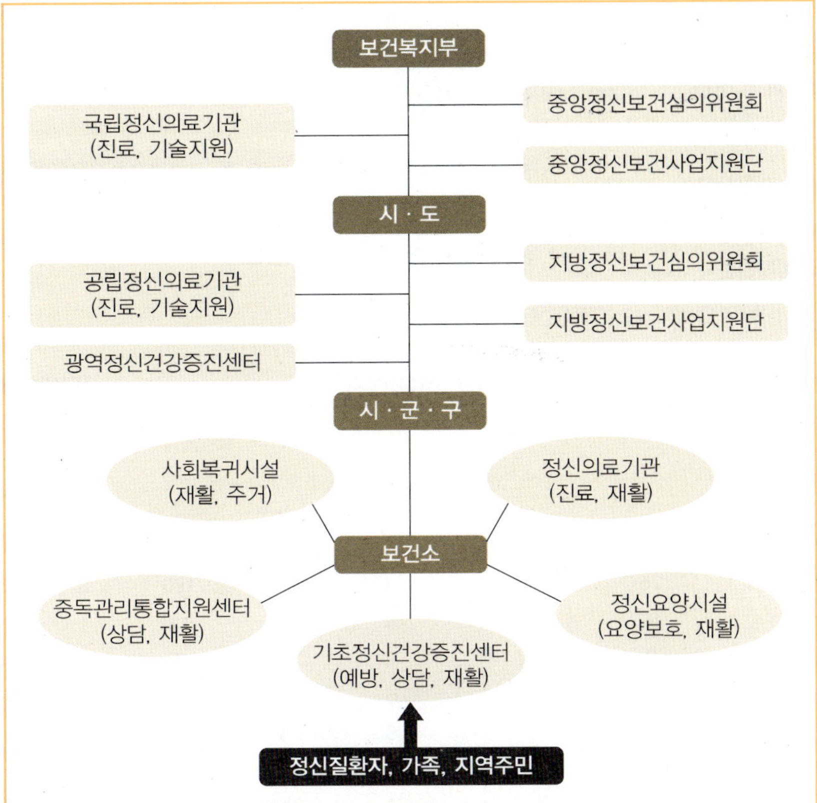

[그림 9-1] 정신보건 전달체계

출처: 보건복지부(2014), 2014, 정신보건사업안내.

(1) 정신보건 기관·시설 현황

정신보건 기관·시설은 〈표 9-1〉과 같고, 시·도별 설치 현황은 〈표 9-2〉와 같다.

〈표 9-1〉 2016년 정신보건 기관·시설 현황 (단위: 개소)

구 분	기관수	주요 기능
계	2,116	
정신건강복지센터	225	• 지역사회 내 정신질환 예방, 정신질환자 발견·상담·사회복귀 훈련 및 사례관리 • 정신보건시설 간 연계체계 구축 등 지역사회 정신보건사업 기획·조정 ※ 광역정신건강증진센터 16(국비 15, 지방비 1) 기초정신건강증진센터 209(국비 184, 지방비 25)

구 분		기관수	주요 기능
정신 의료기관	국·공립	18	• 정신질환자 진료, 지역사회정신보건사업 지원
	민간	1,431	• 정신질환자 진료
정신요양시설		59	• 만성정신질환자 요양·보호
정신재활시설		333	• 병원 또는 시설에서 치료·요양 후 사회복구촉진을 위한 훈련 실시
중독관리 통합지원센터		50	• 중독 예방, 중독자 상담·재활훈련

출처: 보건복지부(2017). 2017 정신건강사업안내.

〈표 9-2〉 2016년 시·도별 정신보건기관·시설 설치 현황 (단위: 개소)

구분 / 지역	정신건강 복지센터		자살예방[1] 센터		중독관리 통합지원 센터	정신요양 시설	정신재활 시설	정신의료 기관	
	광역	기초	광역	기초				국공립	민간
계	16	209	6	22	50	59	333	18	1,431
서울	1	25	1	2	4	3	120	2	361
부산	1	16	1		4	3	12	1	112
대구	1	8			2	3	16	1	78
인천	1	9	1	1	5	2	11		69
광주	1	5	1		5	4	10	1	51
대전	1	5			3	4	25	1	65
울산	1	5		4	2	1	2		22
세종		1			–	1	3		5
경기	1	35	1	10	7	6	43	5	300
강원	1	16	1	3	3	0	5	1	36
충북	1	12			1	4	13		42
충남	1	14		1	2	10	24	2	51
전북	1	10		1	2	4	21	1	52
전남	1	16			2	4	4	1	43
경북	1	11			2	5	16		60
경남		19			4	4	4	2	69
제주	1	2			2	1	4		15

출처: 보건복지부(2017). 2017 정신건강사업안내.

2015년 12월 대구대학교 산학협력단에서 보건복지부에 제출한 정신보건전달체계 개편을 위한 정신보건기관 기능 재조정 방안연구에서는 정

1) 지역별로 설치되어 있는 센터 현황은 <표 9-2>와 같으며, 통상적으로 정신건강복지센터에서 자살예방사업을 병행하고 있다.

신질환자의 장기입원과 장기입소 문제를 해결, 완화하여 지역사회복귀와 지역사회생활지원을 효과적으로 제공하기 위한 지역수준에서 통합적 전달체계를 구축하는 방안을 위한 시범사업안을 [그림 9-2]와 같이 제안하고 있다.

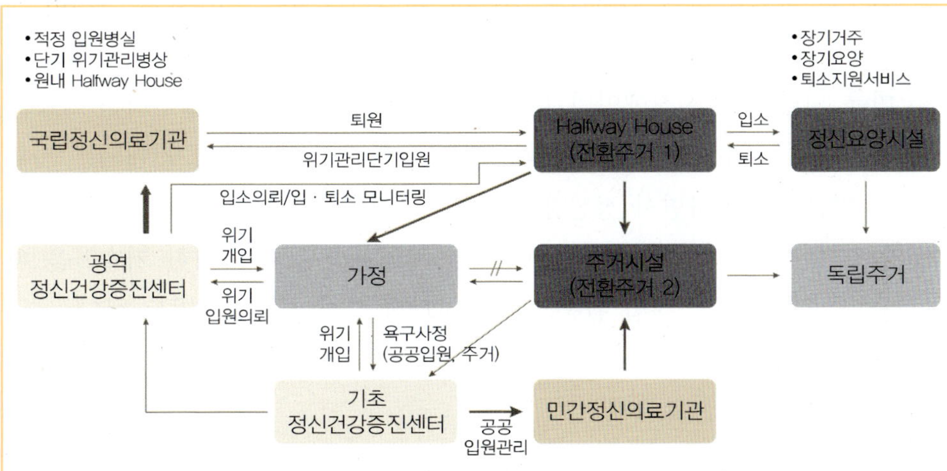

[그림 9-2] 통합적 정신보건 전달체계 시범안

출처: 대구대학교 산학협력단(2015). 정신보건전달체계 개편을 위한 정신보건기관 기능 재조정 방안연구, p.29 재구성.

2. 지역사회정신건강 실천

지역사회정신건강 프로그램은 예방, 치료, 재활에 이르는 서비스의 연속성을 유지하면서 지역사회 내에서 정상적인 삶을 영위할 수 있도록 다양한 내용의 포괄적인 포함하여 구성해야 한다. 지역사회정신건강 프로그램은 지역사회지지 프로그램이라고도 불린다.

지역사회정신건강 프로그램은 직업재활, 주거서비스, 평생계획, 인권과 권익옹호 등이다.

1) 직업재활서비스

직업재활이란 정신장애인 개인의 잠재력을 최대한 개발하고 적절한 직업상의 원조를 하여 취업과 직업유지, 나아가 직무에 만족감을 느끼며 지역사회에 통합하도록 하는 것이다. 직업은 단순히 경제적 목적 이상의 의미를 지니며, 정신장애인의 회복과 사회적 통합을 위한 필수적인 요소로 직업재활을 이해해야 할 것이다. 직업을 통하여 자신에게 기대되는 사회적 역할을 수행하면서 정신장애인의 자아존중감도 높아진다. 또한 직업을 얻고 유지하기 위해 사회적 기술이나 직업기술 등의 다양한 기술들을 배울 수 있게 되며, 직업 활동으로 정신과적 증상이 감소되기도 한다.

(1) 취업 전 프로그램

취업 전 단계에서는 정신장애인이 전문가와 함께 취업을 목표로 준비하는 과정에서 이루어지는데, 우선 직업적성검사와 평가를 통하여 정신장애인의 직업적인 욕구와 흥미, 관심 등의 내용이 무엇이고, 직업능력이 어느 정도인지를 알아보는 중요하다. 직업능력 평가의 내용은 신체적·정신적 운동능력, 지적능력, 정서적 안정도, 직업적인 흥미와 태도, 사회력과 직업력, 교육정도, 직업적 성취, 직업수행능력과 정도, 직업습관 등이다.

직업훈련 프로그램은 직업과 관련된 구체적인 작업 기술을 습득하도록 돕는 프로그램과 직업수행과 관련된 심리사회적 능력을 강화시키는 프로그램으로 나누어 볼 수 있다. 작업 기술을 습득하기 위해서는 정신장애인의 욕구에 맞추어 직업계획을 세우는 것이 중요하며, 이를 토대로 구체적인 작업 기술을 반복하여 훈련함으로써 익히도록 하는 것이 중요하다. 취업 전에 해당 직업과 직장의 조직이나 체계, 업무 내용 등에 대한 전반적인 이해가 가능하도록 교육하는 것이 중요하다. 심리사회적 능력을 강화시키는 프로그램은 대인관계나 문제해결 능력, 스트레스 관리 능력을 강화하여 잘 적응할 수 있도록 지원하는 것을 말한다.

(2) 취업 프로그램

① 보호 작업장

임시취업이나 독립취업을 할 만큼 회복되지 않은 정신장애인을 대상으로 별도의 공간을 마련하여 보호적인 환경에서 작업을 할 수 있도록 지원하는 프로그램이다. 외부 산업체에서 작업이 필요한 물품을 작업장으로 가져와 직업재활전문가의 지도감독 아래 작업하고 업무량에 따라 급여를 받게 된다. 정신보건서비스를 제공받으면서 작업을 통한 직업경험을 할 수 있는 기회를 제공한다는 측면에서 의미가 있다.

- 근무시간이 짧고 일이 단순하며, 지지적인 환경으로 부담이나 압박감을 덜 느끼며 일을 경험할 수 있다.
- 사회의 작업환경과 비슷하게 모방하여 운영하면 장애인의 작업 기술과 직업적응수준을 평가해 볼 수 있다.

② 임시취업

미국의 클럽하우스 모델에서 유래된 취업 프로그램으로 독립취업을 하여 경쟁단계에 들어가기 전에 수개월 동안 전문가의 지도를 받으면서 직업경험을 하는 것이며, 정신장애인이 장애로 인한 심리사회적 어려움에도 불구하고 일할 수 있는 기회와 권리를 가지도록 해야 한다는 것이 이 프로그램의 중요한 철학이다.

우리나라는 미국의 클럽하우스 모델을 적용하여 운영되고 있는 태화 샘솟는집에서 시작하였고, 이후 클럽하우스 모델을 적용한 전국의 사회복귀시설뿐만 아니라 대부분의 지역사회정신보건기관에서 임시취업 프로그램을 운영하며 지원하고 있다.

③ 독립취업

임시취업을 성공적으로 수행하게 되면 독립취업을 하게 된다. 이 단계부터는 직업을 유지하여 사회적·직업적으로 독립할 수 있도록 하는 것이 매우 중요하다. 이를 위해 독립취업한 정신장애인이 직장 내에서 업무로 인한 어려움이나 대인관계, 금전관리, 증상관리 등으로 인한 어려움이 없는지 모니터링하면서 필요한 도움을 주어야 한다. 따라서 작업장을 직접 방문하고, 개별적인 개입과 함께 자조모임을 활성화하며, 사회기술이나 직업적응훈련 등의 프로그램을 개별적 또는 집단적으로 제공하는 것이 도움이 된다. 독립취업은 취업기회를 제공을 통한 현장취업훈련의 중요성을 강조한다.

④ 지원고용

보호 작업장과 임시고용의 중간 형태의 취업으로 중증 장애인을 대상으로 지역사회 내의 취업장에서 일하며 장기간 전문가의 도움을 받는 프로그램이다. '선 배치-후 훈련'을 실시하여 지역사회 사업장에서의 고용기회를 확대하고 직업능력을 향상시켜 안정적인 고용상태를 유지하도록 지원한다. 지원고용의 목표는 다음과 같다.

첫째, 고용을 통한 사회구성원으로서 역할을 수행할 수 있다

둘째, 직업생활을 통해 직업 적응능력이 향상되고 성취감과 만족감을 느낀다.

셋째, 직업과 관련된 다양한 경험으로 정신장애인의 삶의 질을 향상시킬 수 있다.

넷째, 정신장애인에 대한 통찰력을 가지고 능력향상을 위한 적절한 원조를 할 수 있다.

다섯째, 기업체는 안정적인 노동력을 확보하고 정신장애인 복지에 대한 연대책임을 실현한다는 측면에서 기업에 대한 이미지를 개선할 수 있다.

⑤ 사회적 기업

사회적 기업은 일반기업과 달리 이윤의 창출에 목적을 두지 않고 공익을 목적으로 설립되어 운영되는 기업으로 1970년대 사회적 경제(social economy)에 대한 인식에서 출발하여 기업의 형태로 나타났다. 우리나라는 사회적 일자리에 대한 관심이 늘면서 사회적 기업이 출현하였고 기존의 자활공동체가 사회적 기업으로 발전되는 형태에 대한 관심이 많았

다. 2006년 사회적 기업 육성법이 시행된 이후 양적으로 증가하고 있다. 사회적 기업이 처음 시작될 당시 많은 사회복지 기관들이 프로그램의 일환으로 사업을 시작하였다. 정신보건 분야에서는 정신장애인들이 복사나 인쇄사업, 쿠키가게(과자점)를 운영하거나 약물남용 프로그램의 하나로 레스토랑, 제과점을 운영하였으며, 발달장애 프로그램으로 카페운영, 사무실 청소대행 등의 사업을 시작하였다. 그러나 대부분 적자를 내어 어려움이 있었고, 일부 성공적인 사업은 오랫동안 유지함으로써 사회복지영역에서 사회적 기업 정착에 기여하기도 하였다.

(3) 취업 후 프로그램

취업을 한 이후에도 정신장애인이 직업을 유지할 수 있도록 지원하는 프로그램이다. 잔존하는 증상으로 인한 심리적인 어려움을 겪을 수도 있고, 직장 상사나 동료와의 대인관계 갈등이 나타날 때 문제해결을 하는 과정에서 어려움을 겪기도 하며, 사회적인 편견으로 낙인감을 느낄 수도 있다. 취업 후 프로그램은 이러한 어려움들을 해결하면서 직업을 유지하도록 돕는 목적으로 수행된다.

취업 후 프로그램은 개별적으로 또는 집단으로 실시하게 되며, 직업수행과정에서의 다양한 심리사회적 어려움에 대한 전문가의 개입과 지지가 제공된다. 또한 일자리 제공기관과 전문가 또는 기관이 협력관계를 유지하는 것이 중요하다. 이러한 관계를 통하여 취업 중인 정신장애인의 직업유지와 직업재활에 참여하여 구직활동을 하고 있는 정신장애인의 취업장 개발이 용이하게 된다. 취업자 자조모임은 취업자들로 구성되며, 이 모임을 통해 동료 지지와 정보교환 등으로 직업을 유지하는 데 도움을 받게 된다.

정신장애인의 취업 프로그램을 취업 전, 취업, 취업 후의 3단계로 나누어 살펴보았다. 이러한 일련의 프로그램을 도식화하면 [그림 9-3]과 같다. 직업재활은 개별 프로그램들이 성공적으로 수행되기 위해서는 일련의 과정으로 지속적이고 연속적인 형태의 프로그램을 제공되어야 하며, 정신장애인의 재활요소에 초점을 맞춘 지원방안과 프로그램 개발되고 이를 수행할 공공전달체계의 확충이 필요하다.

직업재활과정	직업상담	직업평가	직업훈련	직업알선	사후관리
내용	심리사회적 사정 재활목적 및 계획수립	직업력 직업사정도구 현장관찰 직업적응평가 직업적성평가	취업 전 교육 보호작업 스트레스 대처 대인관계훈련 기술훈련	직업배치 - 지원고용 - 임시취업 - 경쟁취업 - 직업재활	직업유지 문제해결

[그림 9-3] 직업재활과정

출처: 이용표·강상경·김미영(2006). 정신보건의 이해와 실천 패러다임. 도서출판 EM커뮤니티. p.398 재구성.

2014년 12월 말 현재, 보건복지부에 등록현황은 장애인 총 2,494,460명 중 정신적 장애로 등록된 96,963명이다. 2014년 한국장애인고용공단에서 발표한 기업체 장애인 고용실태조사를 살펴보면 〈표 9-3〉과 같다. 전체 장애인 근로자 중 정신적 장애인 전체 고용현황은 8,560명으로 4.9%, 정신장애인은 1,774명으로 1%를 차지하고 있어 정신장애인의 고용 비율은 장애인 중에서 가장 낮은 상황이다.

정신장애인의 직업재활이 성공하기 위해서는 직업재활에 대한 욕구를 파악하여 적성에 맞는 직업을 탐색하는 것이 매우 중요하고, 전문성을 향상시킬 수 있는 현장중심의 교육이 필요하다. 또한 직업적응능력 향상을 위한 개별상담, 사회기술훈련, 직무역량강화 프로그램 등이 필요하며 취업 후에도 지속적인 사례관리를 통한 직업유지와 자립생활에 대한 지원도 필요하다. 그러나 정신장애인에게도 직업과 관련하여 다양한 욕구와 능력이 있음에도 불구하고 정신장애를 가지고 있다는 것만으로 취업의 문턱이 좁아지고, 업무활동에 흥미가 없어도 재취업이 어렵기 때문에 대부분 단순 업무 또는 일용직에 종사하고 있는 게 현실이다. 정신장애인이 취업을 통해서 보다 나은 삶을 살아가고 직업을 유지할 수 있도록 정신장애인의 능력에 맞는 다양한 분야의 직종이 개발되어야 하고, 취업의 질 향상을 위한 정책적·제도적 지원이 뒷받침되어야 한다.

〈표 9-3〉 장애유형별, 산업별 장애인 근로자 고용현황 (단위: 명, %)

구분		산업별									
		전 체		제조업		서비스업 1		서비스업 2		기 타	
		근로자 수	비 율	근로자 수	비 율	근로자 수	비 율	근로자 수	비 율	근로자 수	비 율
신체외부	지체	116,084	67.3	41,220	66.6	14,107	63.0	56,013	68.7	4,744	71.1
	뇌병변, 안면	3,414	2.0	946	1.5	415	1.9	1,932	2.4	121	1.8
감각	시각	15,316	8.9	4,152	6.7	1,561	7.0	9,011	11.1	591	8.9
	청각, 언어	14,160	8.2	7,284	11.8	1,835	8.2	4,675	5.7	366	5.5
정신적	지적, 자폐성	6,786	3.9	4,089	6.6	1,464	6.5	1,200	1.5	33	0.5
	정신	1,774	1.0	854	1.4	380	1.7	531	0.7	9	0.1
신체내부		3,859	2.2	1,000	1.6	711	3.2	1,835	2.3	313	4.7
국가유공		11,076	6.4	2,333	3.8	1,923	8.6	6,329	7.8	492	7.4
전 체		172,469	100.0	61,878	100.0	22,396	100.0	81,526	100.0	6,669	100.0

주) 제조업: 제조업만 포함
서비스업 1: 도매 및 소매업, 숙박 및 음식점업
서비스업 2: 하수·폐기물처리, 원료재생 및 환경복원업, 운수업, 출판, 영상, 방송통신 및 정보서비스업, 금융 및 보험업, 부동산업 및 임대업, 전문, 과학 및 기술 서비스업, 사업시설관리 및 사업지원 서비스업, 교육 서비스업, 보건업 및 사회복지 서비스업, 예술, 스포츠 및 여가관련 서비스업, 협회 및 단체, 수리 및 기타 개인 서비스업
기타 산업: 농업·임업 및 어업, 광업, 전기·가스·증기 및 수도사업, 건설업

출처: 한국장애인고용공단(2014). 2014년 기업체 장애인 고용실태조사.

2) 주거서비스

주거서비스는 정신장애인이 지역사회 내에서 자연스럽게 어울려 살면서 자유롭고 독립적인 삶을 누릴 수 있도록 지원하는 다양한 주거형태의 서비스를 말한다. 이는 지역사회정신건강의 이념인 최소한의 규제 원칙으로 정상화를 이루게 하는 서비스이다.

「정신건강복지법」 제27조 및 「동법 시행령」 제16조에 따른 정신재활시설의 종류는 생활시설과 재활훈련시설, 그 밖에 대통령령으로 정하는 시설(중독자재활시설, 생산품판매시설, 종합훈련시설, 그 밖에 정신질환

자등의 정신건강복지를 위해 보건복지부령으로 정하는 시설)이 있다. 정신재활시설의 시설기준 및 수용인원, 정신재활시설의 유형별 종사자 수와 자격기준 등은 다음과 같다.

(1) 정신재활시설의 시설기준 및 수용인원

구 분		시설기준 및 수용인원
1. 공통사항		가. 대중교통수단을 통한 접근이 편리한 곳에 설립할 것 나. 입소자·이용자의 건강·안전 및 생활편의에 적합한 시설을 갖출 것 다. 「화재예방, 소방시설 설치·유지 및 안전관리에 관한 법률」이 정하는 바에 따라 소화설비 등 소방시설을 갖추고, 비상구를 설치하는 등 화재 예방, 소화 및 비상대피에 필요한 조치를 할 것 라. 겨울에도 상당한 시간의 일조량을 확보할 수 있을 것 마. 적당한 냉방장치·난방장치 및 통풍장치를 갖출 것 바. 상담실, 사무실, 식당, 조리실 및 화장실을 갖출 것 사. 정신재활시설의 종류별 규모에 적합한 시설면적·부지면적을 확보할 것 아. 제2호에 따른 생활시설, 제3호에 따른 재활훈련시설 중 지역사회전환시설, 제4호에 따른 중독자재활시설 및 제6호에 따른 종합시설이 남·녀 공용시설인 경우에는 침실 및 목욕실을 남성용과 여성용으로 구분하고, 제3호에 따른 재활훈련시설 중 공동생활가정의 경우에는 남성 또는 여성만으로 운영할 것
2. 생활시설		가. 시설: 다음 시설을 갖출 것. 이 경우 입소자가 24시간 휴식, 취침 등 일상생활을 할 수 있는 공간으로서 응접실과 침실을 말하는 거실(복도·통로, 관리인 침실, 사무실, 상담실, 다락, 식당, 조리실, 화장실, 목욕실, 세탁장, 건조장 등은 제외한다)의 면적(이하 이 표에서 "거실면적"이라 한다)은 입소자 1명당 4.3제곱미터 이상이어야 한다. 1) 응접실(독립된 방이 아닌 개방공간을 포함한다) 2) 침실 3) 목욕실 4) 재활훈련실 5) 자원봉사자 및 보호자 대기실 또는 휴게실 6) 세탁장 및 건조장 나. 정원: 입소정원 50명 이하
3. 재활훈련시설	가. 주간재활시설	1) 시설: 다음 시설을 갖출 것 가) 재활훈련실(면적은 이용자 1명당 3.3제곱미터 이상이어야 한다) 나) 휴게실 다) 집단활동실

구 분		시설기준 및 수용인원
3. 재활훈련 시설	나. 공동생활 가정	1) 시설: 다음 시설을 갖출 것. 이 경우 거실면적은 입소자 1명당 4.3제곱미터 이상이어야 한다. 가) 응접실(독립된 방이 아닌 개방공간을 포함한다) 나) 침실(입소정원 4명인 시설은 1실당 2명 이하, 입소정원 5명 이상인 시설은 1실당 3명 이하여야 한다) 다) 목욕실 라) 세탁장 및 건조장 마) 상담실 및 사무실(상담실 및 사무실은 같은 공간을 함께 사용할 수 있다) 2) 정원: 입소정원 4명 이상 6명 이하
	다. 지역사회 전환시설	1) 시설: 다음 시설을 갖출 것. 이 경우 거실면적은 입소자 1명당 4.3제곱미터 이상이어야 한다. 가) 응접실(독립된 방이 아닌 개방공간을 포함한다) 나) 침실 다) 목욕실 라) 재활훈련실 마) 자원봉사자 및 보호자 대기실 또는 휴게실 바) 세탁장 및 건조장 2) 정원: 입소정원 25명 이하
	라. 직업재활 시설	1) 시설: 다음 시설을 갖출 것 가) 직업재활훈련실(면적이 이용자 1명당 3.3제곱미터 이상이어야 한다) 나) 재활상담실, 사무실 및 휴게실(재활상담실, 사무실 및 휴게실은 같은 공간을 함께 사용할 수 있다) 다) 근로활동을 위한 시설
	마. 아동·청소년 정신건강 지원시설	1) 시설: 다음 시설을 갖출 것 가) 제1호에 따른 공통사항의 시설(식당 및 조리실은 제외한다) 나) 휴게실 다) 프로그램실(면적은 이용자 1인당 3.3제곱미터 이상이어야 한다)
4. 중독자재활시설		가. 시설: 다음 시설을 갖출 것. 이 경우 거실면적은 입소자 1명당 4.3제곱미터 이상이어야 한다. 1) 응접실(독립된 방이 아닌 개방공간을 포함한다) 2) 침실 3) 목욕실 4) 집단활동실 또는 직업재활훈련실 5) 휴게실 6) 세탁장 및 건조장 나. 정원: 입소정원 50명 이하
5. 생산품판매시설		가. 시설: 다음 시설을 갖출 것 1) 판매장(면적이 33제곱미터 이상이어야 한다) 2) 상담실 및 사무실(상담실 및 사무실은 같은 공간을 함께 사용할 수 있다)

구 분	시설기준 및 수용인원
6. 종합시설	가. 시설: 다음 시설을 갖출 것 1) 강당 또는 회의실 2) 2개 이상을 결합한 각각의 정신재활시설이 갖추어야 하는 시설

비 고

1. 정신재활시설(제3호에 따른 재활훈련시설 중 공동생활가정 및 지역사회전환시설은 제외한다)의 장은 입소정원 또는 이용정원의 100분의 10 범위에서 특별자치시장·특별자치도지사·시장·군수·구청장이 인정하는 경우에는 정신질환자등을 추가로 입소 또는 이용하게 할 수 있다.
2. 위 표 제5호에 따른 생산품판매시설은 이용자와 종사자가 이용하거나 일을 하는데 불편함이 없도록 그 규모를 적정히 유지하여야 한다.
3. 위 표에 따른 시설기준 및 수용인원에 관한 세부 사항에 관하여는 보건복지부장관이 정하여 고시한다.

출처: 정신건강복지법 시행규칙 제17조제1항제3호 관련 별표 7.

(2) 정신재활시설 종사자의 수 및 자격

① 정신재활시설의 유형별 종사자의 수

구 분		종사자의 수
가. 생활시설		1) 시설의 장: 1명 2) 정신건강전문요원, 재활활동요원, 재활활동보조원: 입소정원 15명당 각 1명을 두되, 그 끝수 인원이 8명 이상인 경우에는 각 1명을 추가한다. 3) 조리원: 1명(입소인원이 15명 이상인 시설에만 해당한다) 4) 영양사: 1명(상시 1회 50명 이상에게 식사를 제공하는 시설에만 해당한다)
나. 재활훈련시설	1) 주간재활시설	가) 시설의 장: 1명 나) 정신건강전문요원: 이용인원 15명당 1명을 두되, 그 끝수 인원이 8명 이상인 경우에는 1명을 추가한다. 다) 재활활동요원: 이용인원 20명당 1명을 두되, 그 끝수 인원이 11명 이상인 경우에는 1명을 추가한다. 라) 재활활동보조원: 이용인원 30명당 1명을 두되, 그 끝수 인원이 16명인 이상인 경우에는 1명을 추가한다. 마) 영양사: 1명(상시 1회 50명 이상에게 식사를 제공하는 시설에만 해당한다)
	2) 공동생활가정	가) 시설의 장: 1명 나) 시설의 장은 같은 특별자치시·특별자치도·시·군·구에서 3개까지 공동생활가정을 함께 관리할 수 있다. 다) 시설의 장이 3개의 공동생활가정을 관리하는 경우에는 재활활동요원 1명을 둔다.

구 분		종사자의 수
나. 재활훈련시설	3) 지역사회전환시설	가) 시설의 장: 1명 나) 정신건강전문요원, 재활활동요원, 재활활동보조원: 입소정원 15명당 각 1명을 두되, 그 끝수 인원이 8명 이상일 경우에는 각 1명을 추가한다. 다) 조리원: 1명(입소인원이 15명 이상인 시설에만 해당한다) 라) 영양사: 1명(상시 1회 50명 이상에게 식사를 제공하는 시설에만 해당한다)
	4) 직업재활시설	가) 시설의 장: 1명 나) 정신건강전문요원: 1명 다) 재활활동요원: 이용인원 15명당 1명을 두되, 그 끝수 인원이 8명 이상일 경우에는 1명을 추가한다. 라) 재활활동보조원: 이용인원 30명당 1명을 두되, 그 끝수 인원이 16명 이상일 경우에는 1명을 추가한다.
	5) 아동 · 청소년 정신건강지원시설	가) 시설의 장: 1명 나) 정신건강전문요원: 이용인원 15명 당 1명을 두되, 그 끝수 인원이 8명 이상일 경우에는 1명을 추가한다. 다) 재활활동요원: 이용인원 20명 당 1명을 두되, 그 끝수인원이 11명 이상인 경우에는 1명을 추가한다. 라) 재활활동보조원: 이용인원 30명 당 1명을 두되, 그 끝수인원이 16명 이상인 경우에는 1명을 추가한다.
다. 중독자재활시설		1) 시설의 장: 1명 2) 정신건강전문요원, 재활활동요원, 재활활동보조원: 입소정원 15명당 각 1명을 두되, 그 끝수 인원이 8명 이상일 경우에는 각 1명을 추가한다. 3) 조리원: 1명(입소인원이 15명 이상인 시설에만 해당한다) 4) 영양사: 1명(상시 1회 50명 이상에게 식사를 제공하는 시설에만 해당한다)
라. 생산품판매시설		1) 시설의 장: 1명 2) 재활활동요원, 관리인 또는 사무원: 1명 이상
마. 종합시설		1) 시설의 장: 1명 2) 정신건강전문요원 가) 이용인원 15명당 1명을 두되, 그 끝수 인원이 8명 이상인 경우에는 1명을 추가한다. 나) 입소자가 있는 경우에는 입소인원 15명당 1명을 추가 배치하되, 그 끝수 인원이 8명 이상인 경우에는 1명을 추가한다.

구 분	종사자의 수
바. 종합시설	3) 재활활동요원, 재활활동보조원 가) 이용인원 30명당 각 1명을 두되, 그 끝수 인원이 16명 이상인 경우에는 각 1명을 추가한다. 나) 입소자가 있는 경우에는 입소인원 10명당 각 1명을 추가 배치하되, 그 끝수 인원이 6명 이상인 경우에는 각 1명을 추가한다. 4) 조리원: 1명(입소인원이 15명 이상인 시설에만 해당한다) 5) 영양사: 1명(상시 1회 50명 이상에게 식사를 제공하는 시설에만 해당한다) 6) 이용인원과 입소인원은 중복 계산할 수 없다.

비 고

1. 지역적 인력수급 여건에 따라 위 표에 따른 정신건강전문요원 채용이 곤란한 경우에는 정신건강전문요원 인원수 중 1명은 재활활동요원 1명으로 대체하여 채용할 수 있다.
2. 정신재활시설의 장은 나목에 따른 재활훈련시설 중 공동생활가정을 2개 이상 관리하는 경우를 제외하고는 상근이어야 한다.

출처: 정신건강복지법 시행규칙 제17조제1항제4호 관련 별표 8.

② 정신재활시설 종사자의 자격

가. 정신재활시설의 장은 다음의 어느 하나에 해당하는 사람으로 한다.
  1) 정신건강의학과 전문의
  2) 정신건강전문요원
  3) 정신건강증진시설 및 정신재활시설에서 5년 이상 근무한 경험이 있는 자로서 사회복지법인이나 그 밖의 비영리법인의 대표
  4) 나목에 따른 재활훈련시설 중 공동생활가정의 경우에는 간호사, 사회복지사 또는 임상심리사 면허 또는 자격을 취득한 후 정신건강증진시설 및 정신재활시설에서 5년 이상 근무한 경험이 있는 사람
  5) 나목에 따른 재활훈련시설 중 직업재활시설의 경우에는 「장애인복지법」 제58조제1항제3호에 따른 장애인직업재활시설에서 5년 이상 근무한 사회복지사 또는 5년 이상 그 시설의 장으로서 운영한 경험이 있는 사람

나. 재활활동요원은 다음의 어느 하나에 해당하는 사람으로 한다. 다만, 제1호나목2)에 따라 공동생활가정에 두는 재활활동요원은 간호사, 사회복지사 또는 임상심리사의 자격이 있는 사람으로 한다.
  1) 간호사, 사회복지사 또는 작업치료사 자격을 취득한 사람
  2) 「국가기술자격법」에 따른 임상심리사 자격을 취득한 사람

다. 재활활동보조원은 정신질환에서 스스로 회복하여 다른 사람을 돌볼 수 있는 사람 또는 정신질환자의 재활 및 사회적응을 위한 지식과 경험을 갖춘 사람으로 한다.

라. 영양사는 「국민영양관리법」에 따른 영양사 면허를 취득한 사람으로 한다.

출처: 정신건강복지법 시행규칙 제17조제1항제4호 관련 별표 8.

2013년 12월말 기준으로 우리나라 정신재활시설(구, 사회복귀시설)은 318개소이고, 그중에서 주거서비스 제공기관(정신질환자 생활시설, 공동생활가정, 단기보호시설, 정신질환자 종합시설 포함)은 210개소로 지역별로 보면 〈표 9-4〉와 같다.

〈표 9-4〉 주거서비스 제공기관 현황(단위: 개소)

지역 / 시설수	서울	부산	대구	인천	광주	대전	울산	경기	강원	충북	충남	세종	전북	전남	경북	경남	제주
318 (210)	111 (65)	12 (4)	16 (7)	10 (5)	12 (6)	21 (16)	2 (0)	45 (34)	5 (4)	11 (8)	21 (20)	1 (1)	20 (20)	7 (7)	16 (8)	4 (3)	4 (2)

출처: 보건복지부. 사회복귀시설현황(2013년 12월 말 상황).

정신재활시설(구, 사회복귀시설) 설치·운영은 시설 소재 지방자치단체에서 예산을 지원해야 하기 때문에 필요성을 인식하면서도 재정자립도가 낮은 지방자치단체에서는 운영을 회피하기도 한다. 이는 중증정신질환자의 장기재원 문제해결이나 탈원화 및 지역사회 복귀촉진을 위한 전제조건인 안정적인 주거환경 구축에 부정적이며, 주거서비스를 제공하는 기관이 서울과 경기도 등 일부 지역에 집중되어 있고 전국적으로 확대되지 못하는 중요한 요인으로 작용하고 있다.

주거서비스 제공 주거시설의 입소기간이 최대 3년(1년, 2회 연장)으로 입소기간 제한이 있어 주거시설을 퇴소한 정신장애인들이 고시원, 쪽방촌 등 열악한 환경에서 살아가거나 주거시설 간 회전문 현상도 발생하고 있어, 주거시설 이후 다음 단계 이행의 구체적인 연계방안이 구축되어야 한다.

3) 평생계획

평생계획(permanency planning)이란 일차적 보호자가 더 이상 아동이나 장애인을 보호할 수 없을 때를 대비하여, 가족이나 전문가가 그들의 특수한 욕구에 적합한 지속적인 보호를 계획하는 과정을 의미한다. 이는 정신장애인을 돌보는 보호자가 없더라도 계속적이며 전문적인 보호와 개입이 이루어질 수 있도록 미리 계획하는 일련의 모든 과정과 내용을 말하는 것으로 이해할 수 있다. 만성 정신장애인을 돌보는 보호자는 대부분 부모들로 자신들이 질병이나 사망으로 인해 자녀들을 돌볼 수 없는 상황을 걱정하고 있으며, 제도적인 측면에서의 전문적이고 지속적인 관리와 개입을 원하고 있다. 일반적으로 평생계획 서비스의 내용에는 주거계획, 재정계획, 법적 계획이 포함된다.

(1) 주거계획

정신장애인의 안정적인 삶을 위해 주거계획(residential planning)은 필수적이다. 일차적 보호자로부터 더 이상 보호받지 못하게 될 때 어디에서 거처하며 누구의 보호를 받아야 것인가에 대한 문제이다. 많은 정신장애인은 지역사회 내 독립주거를 원하나 정신재활시설(구, 사회복귀시설) 중 주거서비스를 제공하는 시설, 형제나 친구와 함께 거주하는 가족형태의 주거, 지역사회 내 제3의 인물이 돌보는 주거형태인 성인위탁보호, 정신장애인이 혼자 지내면서 전문가의 정기적인 방문으로 도움을 받는 독립주거, 공동생활가정의 형태에서 거주하면서 전문가의 보호와 관리를 받는 그룹홈 등으로 나누어 볼 수 있다.

주거계획은 정신장애인 본인을 포함하여 가족, 정신건강전문가 등이 협력하여 장기적인 차원에서 계획하는 것이 중요하며, 재정계획과 밀접한 관련이 있기 때문에 다양한 고려가 필요하다. 재정계획이 수립되어야만 안정적인 주거공간을 확보할 수 있기 때문이다. 지역사회 내에서 정신장애인이 재활서비스를 성공적으로 수행해 나가면서 점차적으로 독립생활이 요구되는데, 다양한 정신장애인의 욕구를 반영한 주거서비스가 개발될 필요가 있으나 정부의 주거시설에 대한 규제, 부족한 자원 등으로 인해 주거시설조차 활성화되지 못하고 있는 것이 현실이다.

(2) 재정계획

재정계획(financial planning)은 일차적인 보호자가 정신장애인이 무슨 돈으로 살아갈 것인가에 대한 계획으로 재정지원이 불가능할 때, 정신장애를 가진 클라이언트가 재정문제로 곤란을 겪지 않도록 정신장애인이 소유한 재산이나 부모로부터 물려받은 재산을 효율적으로 관리하는 자산관리와 정신장애인의 일정 소득을 제도적으로 보장해 주는 소득보장 그리고 정신장애인이 일을 통하여 사회적 역할을 수행함은 물론, 근로소득을 통하여 재정적인 안정을 이루도록 하는 직업재활을 통한 안정적 수입의 확보 등을 충분히 계획하여 제공하는 것이 매우 중요하다.

그러나 대부분 만성 정신장애인은 자산이나 유산도 적거나 없고, 정신장애인에게 주어지는 소득보장만으로 생활하는 것이 어려우며, 단순한 작업을 하는 직업재활 소득 또한 매우 열악한 상황이다. 또한 재정계획을 통해 얻어지는 재정의 규모가 정신장애인이 안정적인 삶을 영위하는 데 매우 부족할 수 있다. 재정계획은 노후를 대비하는 데 필수적이나 안정적인 수입이 없는 상태에서의 재정계획은 의미가 없어 지역사회적응과 안정적인 정착을 위해서는 법적·제도적 지원이 필요한 실정이다.

(3) 법적계획

정신장애인의 평생계획을 법적·제도적으로 뒷받침하는 법 규정을 토대로 법적계획(legal planning)이 이루어진다. 법적계획은 정신장애인에 대한 인적·물적·재정적·직업적·주거적 차원의 포괄적인 보호와 지원과 관련되어 있다. 정신장애인에게 법적 지원과 제도에 대한 정보를 자주 제공하여 심리적 거리감을 줄이기 위해 정신장애인들을 위한 다양한 교육과 홍보가 필요하다.

2013년 7월 도입된 성년후견제는 개시 사유와 본인의 행위능력, 후견인의 권한 등에 따라 네 가지 유형으로 구분되는데, 가정법원의 판결에 의해 후견인이 선임되는 법정후견(성년후견, 한정후견, 특정후견)과 후견을 받을 본인과 후견인이 될 상대방의 계약에 의해 성립되는 임의후견으로 나뉜다. 개인의 의사결정을 최대한 존중한다는 정신을 고려한다면 평소 신뢰할 수 있다고 평가했던 사람에게 위탁한 후 공정증서로 계약을 체결해 등기하고, 법원이 후견감독인을 선임하는 제도인 임의후견이 가장 바람직한 제도라고 할 수 있다. 성년후견제도를 통해 정신장애인이 권리를 보장받으며, 후견인을 지정해 재산관리 등 법률관계는 물론 치료 및 일상생활에 대한 폭넓은 보호와 지원으로 보다 나은 삶을 살아갈 수 있도록 지원하는 제도이고 피후견인의 남아 있는 능력을 활용하고 개발하고자 하는 제도이다. 하지만 일각에서는 자기결정권을 가로막아 인권침해와 보호의 필요성을 두고 논쟁이 있다.

(4) 평생계획 모형

서미경(2006)은 뉴질랜드의 정신보건전달체계와 정신장애인에 대한 평생계획제도를 바탕으로 [그림 9-4]와 같이 성인정신장애인의 평생계획 모형을 제시하고 있다.

이 평생계획 모형에 따르면, 정신건강복지센터(구, 정신건강증진센터)가 의료기관과 연계되어 임상적이고 치료적인 서비스를 제공하고, 정신재활시설은 사회적 서비스를 제공하거나 재활측면을 강조하는 개입을 해야 한다는 것이다. 또한 평생계획의 세 요소인 주거, 재정, 법적측면에서 제도화가 필요하다. 안정적인 주거를 위해서는 정신장애인과 그 가족에 대한 저가의 주택분양과 임대정책이 필요하며, 정신장애인에 대한 기본적인 생계비용과 장애수당을 현실화하고 소득보장정책도 강화해야 할 것이다.

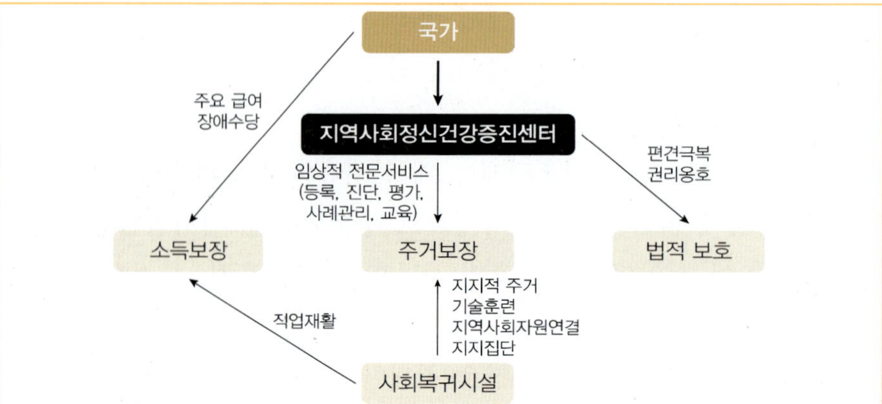

[그림 9-4] 평생계획 모형

출처: 서미경(2006). “성인 정신장애인의 평생계획 모형: 뉴질랜드 정신보건서비스를 중심으로” 한국사회복지학 제58집 제2호, p.52 인용.

4) 정신장애인 인권과 권익옹호

(1) 인권의 개념

인권(human rights)이란 인간의 권리, 즉 인간으로서 당연히 가지는 권리이다. 인권은 인종, 성별, 사회적 신분 등에 구애받지 아니하고 모든 인간이 누려야 한다는 점에서 보편성, 인간이 타고난 고유의 권리이지 국가나 「헌법」에 의해 창설된 권리가 아니라는 점에서 천부성, 일정 기간 동안에만 보장되는 것이 아니라 미래의 국민에게도 적용된다는 점에서 항구성, 국가권력도 인권을 최대한 존중하고 보장해야 하고 그 본질적 부분에 대해서는 절대로 침해할 수 없다는 점에서 불가침성을 그 특질로 한다.

(2) 인권의 변화

구 분	분 류	내 용	특 성
1세대 인권	시민·정치적 권리(자유권)	신체의 자유, 사상의 자유, 참정권 등	자유, 보호차원 강조 소극적(negative) 권리
2세대 인권	경제·사회·문화적 권리(사회권)	노동권, 사회보장, 교육, 의식주 등	평등, 사회적 지원 포함 적극적(positive) 권리
3세대 인권	연대의 권리, 공동체로서 전체 지역사회	자결권, 발전권, 환경권, 평등권	박애, 사회와 국가의 권리, 국제적 협력의 중요성

(3) 정신장애인 인권

정신질환자는 신체적 질병을 가진 환자와 달리 강제입원, 자격취득과 취업제한 등 사회적 배제의 대상이 되고, 그러한 사회적 배제는 견고한 법·제도적 장치들이 뒷받침하고 있다. 정신장애인도 비장애인과 마찬가지로 기본적 인권을 보장받아야 하고, 국가든 단체든 아니면 개인이든 누구라도 정신장애인의 인권을 침해해서는 안 되지만 자유권, 사회권, 평등권 등에서 많이 취약한 것이 현실이다. 정신질환을 가진 사람들의 인권 보장을 위한 법과 제도를 살펴보면 세계인권선언, 정신장애인 보호와 정신보건의료 향상을 위한 원칙(MI원칙), 시민적 및 정치적 권리에 관한 국제협약, 장애인 권리협약 등이 있으며, 국내 법으로는 「헌법」, 「정신보건법」(전부 개정안, 「정신건강증진 및 정신질환자 복지서비스 지원에 관한 법률」), 「인신보호법」, 「국가인권위원회법」, 「장애인차별금지 및 권리구제에 관한 법률」 등이 있다.

① 국내 정신장애인 인권침해 현황

2013년 정신건강증진시설(구, 정신보건시설)에 수용되어 있는 총 80,462명 중에서 비자의입원이 73.1%로 유럽선진국의 평균 비자의입원율 12~15%보다 월등이 높고, 정신보건시설에서 발생하는 인권침해(차별)를 이유로 하여 국가인권위원회에 2001년부터 11월 1일부터 2016년 2월 29일까지 제기된 진정사건은, 같은 기간 제기된 전체 장애인관련 진정사건 24,312건 가운데 15,357건을 차지한다. 특히 15,357건 가운데 입원절차와 입원과정에서의 인권침해를 주장하는 진정사건은 같은 기간 7,290건으로서 정신보건시설에서 제기되는 진정사건의 47.4%에 이른다. 국가인권위원회 실태조사 결과 입원 및 치료과정과 퇴원 등에서 많은 인권침해가 확인되었다.

〈표 9-5〉의 정신건강증진시설 관련 진정사건은 국가인권위원회가 2001년 개소한 이후 서서히 증가하다가 2011년 이후 급격하게 증가하고 있는데, 2017년 5월 30일 「정신건강증진 및 정신질환자 복지서비스 지원에 관한 법률」이 시행되면서 비자의입원 절차가 강화되고 입원적합성심사위원회의 설치운영으로 입원단계에서의 권리구제도 강화되었다.

〈표 9-5〉 정신건강증진시설 인권침해 진정사건 추이 (단위: 건)

연도	2001년	2004년	2008년	2011년	2012년	2013년	2014년	2015년
진정 수	8	112	591	1,186	1,845	2,142	2,604	3,281

출처: 국가인권위원회(2016). 정신보건 의무교육 강사단 자료집.

정신건강증진시설에서 발생하는 인권침해나 차별을 이유로 하여 인권위원회에 2001년 11월 1일부터 2016년 2월 29일까지 제기된 진정사건은 15,357건, 특히 15,357건 중에서 입원절차와 입원과정에서의 인권침해를 주장하는 진정사건은 7,290건으로 47.4%를 차지하며, 〈표 9-6〉의 2015년 정신보건시설 인권침해 진정사건 유형별 현황에서도 입원관련 진정사건이 1,626건(약 50%)으로 가장 많고, 퇴원관련 진정사건이 417건(약 13%), 격리·강박 및 폭력행위 등 393건(약 12%)이다.

〈표 9-6〉 2015년 정신보건시설 인권침해 진정사건 유형별 현황 (단위: 건)

유형 / 진정 수	입원	퇴원	가혹(폭력)	통신·외부소통	치료·작업	사생활	시설 등	진정방해	알권리	종교자유	기타
3,281	1,626	417	393	219	193	86	43	34	18	4	248

출처: 국가인권위원회(2016). 정신보건 의무교육 강사단 자료집.

입원치료가 필요한 정신질환자에 대하여는 항상 자발적인 입원이 권장되어야 하지만 〈표 9-7〉을 보면 여전히 자의입원보다는 비자의입원이 차지하는 비율이 서서히 낮아지고는 있으나 여전히 높고, 이는 정신장애인의 입원기간이 길어지는 요인이 되기도 하며, 자기결정권과 신체의 자유 등 인권침해의 소지가 많다.

〈표 9-7〉 정신의료기관 입원유형별 입원현황 (단위: 명, %)

내용 / 연도	총 입원 환자 수	자의입원	비자의입원		
			보호의무자에 의한 입원	시장·군수·구청장	응급입원
2011년	67,223	15,931 (23.7)	50,919 (75.7)	323 (0.5)	50 (0.1)
2012년	69,425	18,416 (26.5)	50,736 (73.1)	230 (0.3)	43 (0.1)
2013년	69,511	20,170 (29.0)	49,026 (70.5)	262 (0.4)	53 (0.1)
2014년	70,932	22,974 (32.4)	47,785 (67.4)	147 (0.2)	26 (0.0)

출처: 김춘진(19대 국회의원) 국회의원실.

2017년 5월 30일부터 시행된 「정신건강증진 및 정신질환자 복지서비스 지원에 관한 법률」에서는 정신질환자에 대해서는 입원 또는 입소가 최소화되도록 지역사회 중심의 치료가 우선적으로 고려되어야 하며, 정신건강증진시설에 자신의 의지에 따른 입원 또는 입소가 권장되어야 한다고 명시되고, 보호의무자에 의한 입원요건과 절차가 강화되었다. 특히 입원적합성심사위원회가 설치·운영되어 보호의무자에 의한 입원과 특별자치시장·특별자치도지사·시장·군수·구청장에 의한 입원인 경우 입원단계에서의 권리구제가 강화되었다.

(4) 정신장애를 가진 사람의 인권 쟁점

인권은 국가, 인종, 지역, 종교를 초월하여 모든 사람에게 보편적으로 인정되는 권리이므로 인권에 관한 모든 쟁점은 정신장애인에 대하여도 동일하게 적용된다. 정신장애인의 인권에 관하여 깊이 검토되어야 할 인권을 중심으로 개념과 쟁점을 살펴본다.

① 자기결정권

자기결정권은 모든 사람은 일정한 사적 사안에 관하여 국가로부터 간섭 받음 없이 자신에 대하여 스스로 결정할 수 있는 권리를 가진다. 우리 사회는 정신장애인을 '독자적인 자유를 누릴 능력이 결여된 자'로 인식한 나머지 정신장애인의 자기결정권을 제한하는 것은 불가피하다는 통념이 남아 있는 것이 사실이다.

정신장애인의 자기결정권과 관련하여 가장 문제가 되는 것은 비자의 입원제도이다. 특히 보호의무자에 의한 입원제도는 보호의무자 동의와 정신건강의학과 전문의의 진단에 따라서 비자발적으로 입원시키도록 규정하고 있다. 이는 정신장애인의 자기결정권을 인정하지 않는 전제에 기초한 것이다. 법적으로 정신장애인이라는 이유만으로 치료에 관한 결정능력을 부인할 근거는 없으며, 의학적으로도 정신질환자라고 하여 예외적인 경우를 제외하고는 치료 여부를 결정할 능력이 없다고 단정할 수 없다. 원칙적으로 정신장애인에게도 치료를 거부할 권리가 인정되어야 하고, 그 제한은 적법절차에 따라 엄격하게 적법한 한도에서 이루어져야 한다.

② 신체의 자유 및 적법절차 원리

신체의 자유는 신체의 안정성이 외부로부터 물리적 힘이나 정신적 위험으로부터 침해당하지 아니할 자유와 신체활동을 임의적이고 자율적으로 할 수 있는 자유를 말한다. 「헌법」 제12조제1항은 신체의 자유와 관련하여 적법절차의 원리를 규정하고 있다. 적법절차의 원리는 공권력에 의한 국민의 자유와 권리 침해는 반드시 실체법상 또는 절차법상 합리적이고 정당하다고 인정되는 절차에 의해서만 행할 것을 요구한다.

정신장애인이 정신건강증진시설에 입소할 경우, 특히 정신의료기관에 비자발적으로 입원될 경우 적법한 절차를 지키지 않으면 신체의 자유를 침해한 것이 된다. 비자발적 입원은 인신구속이다. 다만, 「정신건강복지법」이 일정한 요건하에 이를 허용하고 있을 뿐이다. 항상 자발적 입원이 권장되어야 하며, 적법한 절차를 거치지 않고 비자발적 입원을 시킨 경우 이는 인권침해에 해당함은 물론 보호의무자나 정신건강의학과 전문의가 형법상 감금죄로 처벌될 수 있다.

③ 사생활의 자유

사생활의 자유란 소극적으로는 개인의 사생활 내용이 함부로 공개 당하지 아니할 권리(사생활의 비밀)와 사생활의 자유로운 형성과 전개를 국가기관 등 타인으로부터 방해받지 아니할 권리(사생활의 자유), 적극적으로는 자신에 대한 정보를 스스로 통제할 수 있는 권리(자기정보 권리통제권)를 포함한다. 현대사회는 고도로 정보화되어 가고 있으며, 특히 인터넷 등 정보통신의 발달로 개인의 신상에 관한 정보가 수집되거나 유통될 가능성이 매우 커지고 있다. 이 때문에 많은 법률에서 사생활의 비밀과 자유를 보하기 위한 규정을 포함하고 있다. 정신장애인의 경우, '본인이 원하지 않는 정신장애에 관한 신상정보나 공공기관이나 시설에서 수집 유통되는 경우', '치료를 이유로 사생활의 비밀이 침해되는 경우', '정신건강증진시설 등에서 CCTV로 정신장애인의 일상생활을 촬영하는 것' 등이 문제될 수 있다.

④ 거주이전의 자유

거주이전의 자유는 외부의 간섭을 받지 않고 자신이 원하는 곳에서 거소나 주소를 정하고, 그곳으로부터 자유로이 이동하며, 자신의 의사에 반하여 거주지와 체류지를 옮기지 아니할 자유를 말한다. 정신의료기관에 입원되거나 시설에 수용된 정신장애인의 경우 입·퇴원이나 입·퇴소가 제한된다면 이는 거주이전의 자유가 침해될 수 있다.

⑤ 정신장애인과 사회권

정신장애인의 사회권은 성공적인 재활 및 사회복귀를 위하여 매우 중요하다. 다음의 권리들이 문제된다.

첫째, 근로 및 적정한 보수를 받을 권리이다. 현재 정신건강증진시설에서 치료나 재활이라는 명목으로 정신장애인에게 시설 내 장시간 강제노역을 시키거나 작업치료비 명목으로 최저임금에도 미치지 못하는 소액만을 주는 경우가 발생하고 있다.

둘째, 휴식과 여가에 관한 권리이다. 정신건강증진시설에서는 자유로운 여가생활의 보장 및 프로그램 제공, 외부 문화교류, 체육활동을 위한 시설 구비 등이 이루어져야 한다.

셋째, 건강 및 행복에 필요한 생활수준을 누릴 권리와 사회보장을 받을 권리이다. 정신장애인은 시설에서 퇴소할 경우, 기본적인 의식주를 스스로 해결해야 하고 사회보장에 필요한 절차도 해결해야 한다. 지역사회 보장시스템이 제대로 작동하지 않을 경우, 정신장애인은 지역사회복귀를 꺼리는 현상이 생기기도 한다.

넷째, 교육을 받을 권리이다. 민주국가에서 인간다운 생활의 보장을 위해서는 모든 개인인 이에 필요한 최소한의 교육을 받을 권리가 보장되어야 한다. 정신장애인은 사회적 약자이므로 교육을 받을 권리가 더욱 보장되어야 하는데, 현실은 교육을 받을 수 있는 여건이 이루어지지 못하여 많은 정신장애인이 교육의 기회를 박탈당하고 있고, 결국 낮은 취업률과 저임금 등으로 빈곤계층이 되는 악순환이 반복되고 있다.

다섯째, 결혼 및 가족형성의 권리이다. 이는 인간의 존엄권의 핵심적 요구이다. 정신건강증진시설에서 정신장애인 간 이성교제에 대하여 부정적인 태도를 가지고 이성교제가 발생하면 다른 시설로 보내거나 불임시술 및 낙태 수술을 강요하는 경우 등이 문제될 수 있다.

⑥ 정신장애인에 대한 차별금지

평등권이란 국가로부터 차별적 대우를 받지 아니할 뿐만 아니라 국가에 대하여 평등한 처우를 요구할 수 있는 권리이다. 우리 「헌법」상 평등권은 상대적 평등을 의미하는 것으로, 절대적 평등이 아니라 자의적 차별, 즉 합리적인 이유 없는 차별을 금지하는 것이다. “같은 것은 같게, 다른 것은 다르게” 다루어져야 한다는 것이다.

(5) 정신장애인 인권강화와 권익옹호

지역사회에서 살아가고 있는 정신장애인의 인권에 대한 최대의 문제는 정신장애인에 대한 차별과 편견의 문제이다. 차별과 편견은 정신재활시설을 지역사회에 설립하는 데 어려움을 가져오며, 정신장애인이 퇴원한 후에 개인상황에 따라 적절한 기관에서 필요한 서비스를 받고 살아갈 수 없는 이유가 되기 때문에 이는 인간으로의 권리와 생존권에 위배되는 것이다.

정신건강영역에서 일하는 정신건강사회복지사로서 차별과 편견으로 인해 정신장애인의 회복을 방해하거나 인권을 침해하는 일은 없어야 하고, 나아가 정신장애를 가진 사람의 인권옹호자이자 인권실천가 역할을 감당해야 한다. 그렇게 하기 위해서는 인권에 기반을 둔 가치와 지식, 기술을 배우고 익히며, 인권에 기반을 둔 실천을 해나가야 한다.

그러나 문제는 인권이란 것이 결코 쉬운 개념이 아니라는 점이다. 누구나 인권에 대한 개념을 간단히 설명할 수 있지만 현실의 삶 속에서 만나는 다양한 자극이나 사건에 대하여 매우 작은 요소에서도 인권적인 요소를 발견하고 적용하면서 인권을 고려하는 인권 감수성을 바탕으로 삶의 현장에서 인권을 실천하는 것은 성찰과 훈련이 반드시 동반되어야 한다. 보고 들어서 되는 것이 아니라 행할 때 비로소 체계화되는 것이다.

생각해보기

1. 지역사회 정신건강서비스전달체계에서의 문제점과 개선되어야 할 사항은 무엇인지 생각해보기.

2. 정신장애인에게 있어 직업의 의미와 직업재활의 현황과 문제점을 살펴보고, 향후 개선방안에 대해 생각해보기.

3. 정신건강복지센터, 정신재활시설, 중독관리통합지원센터, 정신의료기관 중에서 어느 기관에 근무하고 싶은지 그 이유를 생각해보기.

4

정신건강 실천 이슈

10장

생애주기별 정신건강 문제

<학습목표>

1. 생애주기별 발달단계에 대한 이해와 각 발달단계별 정신건강을 위협하는 요인을 인지하고 대처할 수 있는 방법을 학습한다.
2. 생애주기별 발달단계별로 발생하는 정신이상행동에 대해 학습한다.

<키워드>

생애주기별 발달단계, 정신건강, 정신장애, 이상행동

1. 생애주기별 발달단계

생애주기별 발달단계는 시간의 흐름에 따라 나타나는 인간의 특징적인 발달을 근거로 하여 일련의 과정을 세분화한 것으로 발달단계는 학자에 따라 연령 구분의 차이가 있다. 이러한 차이는 엄격한 구분은 아니며, 단지 구분된 연령에 따라 특징적인 발달전환이 이루어진 것을 의미한다. 따라서 인간의 발달단계를 이해하기 위해서는 생물학적 요소와 환경적인 요소를 동시에 고려하여야 하며, 발달단계에 따른 적응 양식의 이해를 통해 각 단계별 정신건강과 이상행동을 이해하여야 한다.

생애주기별 발달단계의 개념을 학자들의 견해에 따라 살펴보면 〈표 10-1〉과 같다. 이 장에서는 인생주기를 해비거스트(Havighurst, 1970)의 발달단계 구분을 따르되 전반적인 심리발달단계를 참조하여 아동 초기를 영아기와 유아기로 세분하고, 성인 초기와 중기를 구분하지 않고 성인기로 분류하여, 영유아기(0~6세), 아동기(7~12세), 청소년기(13~18세), 성인기(19~64세), 노년기(65세 이상)로 구분하였다. 생애주기별 정신건강문제는 나동석 등(2015)의 연구에서 다음과 같이 발췌하여 제시하였으며, 보건복지부(2016) 홈페이지 보도 자료에 있는 우수사례도 함께 제시하였다.

〈표 10-1〉 발달의 구분 및 단계별 발달과업

구 분	발달단계명	연 령	발달과제	인성발달
Erikson (심리 사회적 발달)	유아기	출생~2세	기본적 신뢰감 형성	희망/공포
	초기 아동기	2~4세	자율성 형성	의지력/불신
	후기 아동기	4~6세	주도성 성취	목적의식/용기 없음
	학령기	6~12세	근면성 성취	능력/무력감
	청소년기	12~22세	정체성 확립	성실성/불확실성
	초기 성인기	22~34세	친밀성 확립	사랑/난잡함
	중·장년기	34~60세	생산성	배려/이기주의
	노년기	60세 이상	통합성	지혜/인생의 무의미
Freud (정신성적 발달)	구강기	생후 18개월	타인신뢰, 자신감	구강수동·공격적 성격
	항문기	18개월~3세	자주적 판단, 자존심	항문보유적·공격적 성격
	남근기	3~5세	성 주체성 확립	죄책감·양심 발달
	잠복기	6~12세	적응력 향상	사회성 발달
	생식기	12~18세	일과 성공적인 사랑	책임감·이타주의 발달
Piaget (인지 발달)	감각운동기	0~2세	대상영속성	감각적·동작적
	전조작기	2~7세	상징놀이, 물활론적사고	직관적, 자아중심적
	구체적 조작기	7~11세	보존, 분류개념 형성	탈중심적
	형식적 조작기	11~15세	형식적 사고, 추상적 사고	논리적 사고

1) 영아기의 발달

영아기는 출생 이후부터 만 2세까지의 시기이다. 생후 1년이 인생에서 가장 중요한 시기로 신체적인 성장이 급격히 이루어지고, 운동과 감각기능이 빠르게 발달한다. 이 시기에는 기본적인 운동능력을 습득하고, 언어 및 개념형성이 가능해지기 시작하며, 타인과의 정서적 유대관계를 형성할 수 있는 기초가 된다.

(1) 신체적 발달

신생아의 평균 신장은 50~52cm 정도, 체중은 3.2~3.4kg 정도이며, 신체비율이 성인의 1/3 정도이다. 개인에 따라 차이가 있긴 하지만 만 2세가 되면 신장은 약 1.5배, 체중은 약 3배 정도로 급격한 신체적 성장을 하며 3주가 되면 여아에 비해 남아가 키가 더 크고 몸무게가 많이 나가는 것이 특징이다. 운동발달은 신체, 뼈, 근육, 신경계의 성숙의 결과로 엎드린 상태에서 머리 들어올리기(2개월), 혼자서 앉기(6개월), 붙잡고 서기(7개월), 붙잡고 걷기(9개월), 혼자서 서기(11개월), 혼자서 걷기(12개월), 손잡고 계단 오르내리기(16개월), 혼자서 계단을 오르내리거나 달리기(24개월) 순으로 발달한다.

(2) 심리적 발달

① 감각 및 지각의 발달

감각기능 중 시각, 미각, 촉각의 발달은 매우 빠르게 진행되는 반면 청각의 발달은 점진적으로 반응한다. 시각의 발달은 신생아는 출생 후 2일이 되면 동공반사를 할 수 있게 되며, 15일이 지나면 색채 식별이 가능하다. 생후 2~3개월이 되면 색채를 근거로 물체를 구분할 수 있고, 생후 4개월이 지나면 시각조절 능력이 성인 수준에 달한다. 생후 6개월이 되면 색채감, 세밀한 시각, 약간의 입체감을 획득하고 안구 조절이 용이하게 되며, 생후 1년이 되면 물체의 다양한 색채와 삼차원 입체감을 완전히 지각할 수 있다.

여러 가지 소리에 대한 청각반응은 태내기에 이미 나타나서 엄마의 심장박동소리와 목소리, 음악, 소음, 주변의 음성 등 다양한 자극을 느낄 수 있으며, 생후 5개월 정도에는 소리가 나는 방향으로 반응할 수 있게 되고, 생후 1년 정도가 되면 작은 소리에도 예민하게 반응하고 소리의 고저도 식별이 가능해진다. 미각이나 후각은 출생 초기에 대부분 완전히 발달되며, 영아기 동안 점진적으로 분화된다.

② 인지발달

영아기에는 지각과 환경을 탐색하여 개념 형성이 기초를 구축하고, 운동기능이 활발해 짐에 따라 세상을 이해하고 조작하기 위한 감각운동 유형이 복잡해진다. 영아는 반복적 경험과 실험을 통해 관계를 학습하게 되는데, 이를 여섯 단계로 구분하고 있다. 첫 번째, 반사기로 타고난 반사행동이 환경과의 접촉에서 적응적인 방향으로 수정된다. 두 번째, 1차 순환반응의 성립단계(생후 1~4개월까지)로 영아가 어떤 행동을 하여 좋은 결과를 얻었을 때 이 행동을 반복하고 대상의 요구에 따라 반응을 수정해 나간다. 세 번째, 2차 순환반응의 성립단계(생후 4~8개월까지)로 자신의 행동과 그에 따른 결과를 예측할 수 있게 되어 의도적으로 자신의 욕구충족을 위해 행동하는 시기이다. 네 번째, 2차 도식의 협응단계(생후 8~12개월까지)로 친숙한 행동이나 수단을 사용하여 새로운 결과를 얻으려고 하며, 의도적이고 목적적인 행동을 하게 된다. 다섯 번째, 3차 순환반응의 성립단계(생후 12~18개월까지)로 친숙한 행동으로 목표에 달성할 수 없을 경우 전략을 수정하여 사용하며, 도식 자체가 크게 변화하게 되고, 능동적으로 새로운 수단을 발견할 수 있게 된다. 여섯 번째, 통찰기(생후 18~24개월)로 행동하기 전에 사고를 하여 행동의 결과를 예측하며, 수단과 목적의 관계에 대한 정신적 조작이 가능해진다.

③ 정서발달

유아의 정서발달은 출생 시 미분화 상태에서 성숙과 학습경험을 통해서 점차 분화되어 간다. 생후 2개월경에는 불쾌감을 울음으로 표현하고 즐거움은 미소를 짓는 방법으로 표현할 수 있으며, 3개월이 되면 분노의 감정이 분화되고, 6개월이 되면 공포감이 분화되며 출생 직후 아기는 소위 배냇짓이라 하여 반사적으로 웃거나 찡그리고 생후 6~8주가 되면 자신을 돌보는 사람들에게 반응하는 웃음을 보이며, 8주 이후에는 엄마의 얼굴에 대해 특별히 반응하여 웃기도 하는데, 이러한 애착 발달로 인하여 구체적이고 분화된 인간관계 형성능력이 발달한다.

(3) 사회적 발달

다른 사람과 효율적인 인간관계를 맺을 수 있는 능력을 갖추기 위해서는 영아기에 모성인물과의 애착관계 형성과 대상불변성의 확립이 요구된다. 애착관계의 형성을 네 단계로 구분하여 보면 첫 단계는 생후 3개월까지로, 젖 찾기, 빨기, 파악반사 등을 통해 계속해서 대상에 머물러 있으려고 한다. 두 번째 단계는 6개월까지로, 애착 형성의 가장 결정적인 시기가 된다. 이 단계에서 영아는 친숙한 사람에게만 선택적으로 반응을 보이는데, 낯선 사람에 대한 낯가림도 이 시기에 시작된다. 세 번째 단계는 걸음마 시기까지로, 영아가 능동적으로 타인과의 신체적 접근을 추구하며 9개월이 되면 부모와 분리되기 싫어하는 분리불안이 나타난다. 애착형성의 마지막 단계인 걸음마기 이후에는 부모의 애착행동을 유발하기 위한 다양한 행동들을 시도한다. 만 24개월 정도가 되면 대상이 눈에 보이지 않아도 그 대상이 존재한다는 사실을 인식할 수 있는 대상항상성이 형성된다.

안정된 애착관계가 형성되면 영아는 환경을 능동적으로 탐색하며, 낯선 사람과도 상호작용을 할 수 있게 되며, 기본적인 신뢰감이 형성된다. 그러나 이 시기에 모성결핍이나 엄마에 대한 애착관계에 어려움이 있을 경우 성장하여 어른이 되어도 타인과의 공감대 형성이나 친밀하고 신뢰 있는 상호관계 형성에 어려움을 경험할 가능성이 매우 높다.

(4) 영아기의 정신건강

이 시기의 정신건강에서 가장 중요한 것은 어머니와의 애착관계 형성이다. 애착이란 부모 또는 자신을 돌보는 양육자에게 느끼는 강한 감정적 유대관계로서, 수유과정과 편안한 보살핌을 통해 아이와 어머니의 기본적인 신뢰감이 형성된다. 현대사회에서 맞벌이 가족이 증가하면서 어머니와 떨어져 있는 시간이 많아지고 직장생활과 육아스트레스로 인하여 어머니의 양육이 방임되어 애착이 원만하게 형성되지 못하면 정서적인 문제나 신체 발육의 지연이 나타날 수 있으며, 경우에 따라서 분리불안이 표출되거나 부모와 접촉을 회피하는 경우도 있다. 또한 생후 1년이 지나면서 사회성이 발달하기 시작하여 자아의식이 발달하며 어머니로부터 독립하고자 하는 시기로 반항적 성격이 나타나며 자기주장이 강해져 자신의 욕구를 충족시키기 위해 시간과 장소를 가리지 않고 떼를 쓰기도 하는데 영아기 초기에는 의사소통이 불가능하여 안아주고 달래주도록 하여야 한다. 그러나 어느 정도 의사소통이 가능할 경우에는 욕구불만을 말로 표현하도록 하여 적당한 적응양식을 기르도록 훈육하여야 한다. 애착관계 문제뿐만 아니라 모성박탈문제로 인해 발달지체, 언어장애, 영양장애, 정신병리적 측면을 살펴볼 수 있으며, 이중 무정동적 정신병질은 영·유아기에 돌봐주는 어른이 자주 바뀐다든지 어머니나 특정인에 대해 애착을 이루지 못한 사람에게 일어나는 이른바 애착형성의 실패로 이들은 법을 지키지 못하고 죄악감이 결여되어 타인과의 어떠한 정서적 관계도 이룰 수 없다는 특징이 있으며, 살인, 강도까지도 죄책감 없이 해내는 부류이다(이영실 외, 2008). 이 외 모자관계의 이상문제, 뇌손상문제(뇌성마비, 경련성 질환, 소두증, 기타 뇌손상아 등), 행동상의 문제에서는 엄지손가락 빨기, 호흡정지 발작, 식욕부진, 이식증, 비만증, 폭식단신증 등이 있다. 따라서 영아기의 정신건강을 위하여 충분한 애착형성을 할 수 있도록 지역사회 중심의 부모교육과 엄마와의 애착증진프로그램과 아동양육프로그램의 실시가 선행되어야 하며, 영아에 대한 조기진단과 치료, 부모에 대한 상담 및 심리치료를 실시하도록 하여 영아기에 발생할 수 있는 정신질환을 예방하도록 하여야 한다.

2) 유아기의 발달

유아기는 만 2~6세까지 초등학교 입학하기 이전의 시기를 말하며 이 시기의 아동들은 자기주장과 지배에 대한 욕구가 강하고 자아의식을 갖게 됨으로써 자율적이고 독립적인 존재가 되어간다. 유치원을 입학하게 되면서 생활환경이 확대되고 또래집단과의 접촉을 통하여 본격적으로 사회적 기술을 습득하게 된다.

(1) 신체적 발달

신체적 발달은 만 2세부터는 둔화되기 시작하면서 점점 머리의 비율이 작아지고 운동능력이 정교화되어 달리기와 뛰기 등의 운동능력이 발달하고 다른 신체적 동작도 접하게 된다. 6세경이 되면 모든 근육의 기능이 좀 더 높은 수준까지 발달하여 삼각형과 사각형을 그릴 수 있게 되고, 장난감보다 자신의 몸을 이용한 활동 등을 선호하게 된다.

(2) 심리적 발달

① 인지발달

유아기의 인지발달을 위해서는 감각기관을 통해 들어온 정보를 조직하고 해석할 수 있는 지각이 발달하여야 하는데, 이 시기에는 주로 감각적 경험을 통해 얻어진 인지능력을 시작으로 하여 대상영속성(object permanence)을 습득하게 된다. 또한 사물을 만지거나 보지 않아도 사물의 이미지를 만들 수 있게 되는데, 이러한 추상능력의 발달로 인하여 모방이나 상징놀이, 언어기술이 습득된다. 또한 이 시기의 인지발달은 수와 종류에 대해서는 이해하지만 상위개념과 하위개념을 완전히 구분하지 못하고, 전체 상황 중 하나의 차원이나 측면에만 주의를 기울이게 되며, 논리나 사건을 원래 상태로 역전시킬 수 없고, 타인의 관점과 역할을 고려하지 않고 자신의 입장에서만 세계를 지각하기도 한다.

② 정서발달

유아기 초기에는 자신의 내부 상태에 따라 감정상태가 결정되어 오다가 점차 성장하면서 정서가 분화되기 시작하여 자기 주장적이고 반항적 행동을 통해 자율성이 발달되기 시작하면서 사랑, 분노, 공포, 좌절감 등의 여러 감정을 느끼고 이를 표현하고, 충동과 사회적 요구 간의 균형을 유지할 수 있는 방법을 습득하게 된다. 이 시기에는 호기심이 많이 발달하는데, 이를 강력하게 제지할 경우 죄책감이 형성되고 특정한 대상이나 상황에 대해 공포감으로 발전되는 경향이 있다.

(3) 사회적 발달

유아기에는 부모 특히 엄마와의 관계에서 형성되는 특수하고 긍정적인 정서적 유대를 통해 사회적 애착이 형성되고, 돌보는 이의 일관성 있는 태도와 편안하고 적절한 반응을 통해 신뢰감을 형성하게 된다. 이 시기의 유아는 타인의 요구에 일치하려는 능력과 상황에 따라 행동을 수정하고, 타인의 지시를 받지 않고 사회적 요구에 순응하여 행동을 조절하거나 지연하는 바람직한 행동을 하는 자아통제감이 발달된다.

또한 이 시기에는 성과 관련된 사회적 관계에 관심을 나타내고 동성의 친구들과 어울리면서 성에 따라 옷차림이나 놀이문화 등을 통해 성 역할을 학습하게 된다. 5~6세경의 유아들은 가정을 떠나 처음으로 집단놀이를 접하게 되면서 협동과 상호작용의 쾌락을 경험하고 역할관계의 상호성을 학습하게 되어 어느 정도 자아중심성이 완화된다.

(4) 유아기의 정신건강

이 시기의 유아들은 애착형성과 자율성과 자아통제 능력을 형성하고 사회적 역할을 학습하는 발달과제를 성취하여야 한다. 이러한 발달과제를 성취하기 위해 양육자의 따스하고 편안한 보살핌과 훈육, 원만한 부부관계 형성, 충분한 놀이 경험 등의 환경적 요소들이 잘 갖추어져야 하는데, 이 요소들이 적절히 갖추어지지 않을 경우 발달지연, 반응성 애착장애, 분리불안장애, 청소년 비행이나 품행장애, 반사회적 인격장애 등의 원인이 되기도 한다. 또 이 시기의 유아들은 공격적 충동과 자기주장이 매우 강해져 자신의 뜻대로 되지 않을 경우 분노발작을 일으키기도 한다. 하지만 이 경우 무조건 요구를 들어주게 되면 이러한 방식으로 욕구를 충족시키는 방식이 습관화될 우려가 있으므로 부모는 일관성 있는 행동 통제와 감독을 함으로써 유아의 공격적 감정을 조절해 주고, 아이의 주장과 고집을 적당히 수용·제지하면서 유아로 하여금 행동의 범주를 습득하도록 해야 한다. 또한 과잉보호적인 경우에는 유아의 정서, 행동발달상에 장애가 나타날 수 있다. 유아기의 특징적 정신건강문제는 주의력결핍 및 과잉행동, 손톱 물어뜯기, 자위행위, 분노발작, 유아학대, 유아자폐증 장애 등이 있다. 따라서 유아가 왜곡된 성격으로 고착되지 않도록 조기에 발견, 지도해야 한다(이근후 역, 1995; 민성길, 2006).

미국에서는 이미 유아기에 NFP(Nurse-Family Partnership: 가정방문간호사의 영유아 정신보건자문 제공, 영유아와 가족에 대한 직접적인 정신보건서비스 제공), PBP(Parent Behavior Progression: 관계형성에 초점을 둔 부모교육프로그램), Tulane/JPHSA Infant Team(위탁보호아동을 위한 소년법정선임 영유아정신보건프로그램), ECSS(Early Childhood Supports and Service: 어린 아동과 가족을 위한 지역사회 네트워크 구성을 통한 정신보건서비스프로그램)를 실시하여 좋은 성과를 보고하고 있다. 또한 호주에서는 부모훈련인 “Triple P” 프로그램과 고위험가정을, 우리나라에서도 유아기의 정신건강을 위해서 부모의 양육기술을 증진시키고 가족기능을 향상시키도록 지원하여 부모와 아동 간의 충분한 애착을 형성시킬 수 있도록 애착증진프로그램을 실시하며, 지역사회 중심의 훈육방식에 대한 부모교육이나, 고위험가정에 대한 사례관리 등 영유아 정신건강프로그램을 확대·실시하여 정신질환을 예방하도록 하고 한다.

3) 아동기의 발달

아동기에는 공식적인 학교교육을 통해 기본적 기술을 습득하는 단계로 초등학교 입학부터 졸업까지 만 7~12세까지를 말한다. 이 시기의 어린아이의 관심은 가정으로부터 친구에게로 옮겨지게 되고, 아동은 학교를 통해 가족 이외의 외부로부터의 평가, 성공과 실패의 기회, 또래집단과의 경험 등을 통해 사회적 의무나 구속 없이 자유로운 상태에서 기본적인 기술과 능력을 습득하게 된다.

(1) 신체적 발달

이 시기는 신체적 성장과 발달이 비교적 원만하게 진행되는 시기로 아동의 키가 120~145cm 정도까지 자라며, 몸무게는 22~38kg 정도에 이르며, 초등학교 입학 당시에는 남아의 신체적 성숙이 빠르고, 11~12세경에는 여아의 신체적 성숙이 더 우세해진다. 아동기의 신경계 발달은 12세경이 되면 뇌중량이 성인의 95% 정도에 이르게 되며, 림프선의 발달로 편도 크기가 최대 크기가 되며, 폐의 발달은 10세까지 완만한 발달을 보인다. 운동기능의 발달은 유아기에 비해 속도나 정확성, 안정성, 역량 등이 더욱 정교해지며, 장난감을 이용한 놀이보다는 달리기, 던지기, 뛰기 등의 조직적인 단체놀이와 스포츠에 관심을 보인다.

(2) 심리적 발달

① 감각 및 지각 발달

유아기 때 발달된 운동지각은 아동기에는 공간개념이 형성되기 시작하여 6~7세경에는 친척집, 이웃집, 다른 나라, 우주 등에 대한 정확한 공간개념이 형성되고, 9세경에는 한두 번 가 본 곳이면 혼자서 교통수단을 이용하여 찾을 수 있게 된다. 시간지각은 8세경이 되면서 과거, 현재, 미래를 정확히 구분하고, 9세경에는 시간표에 따라 규칙적으로 계획된 일을 실행에 옮길 수 있으며, 초등학교 고학년이 되면 성인과 유사한 수준의 시간의식을 지닐 수 있게 된다.

② 인지발달

아동기 전기에는 부모로부터 습득한 가치가 자신의 사고에 통합되는 과정을 통해 사회적 규칙이 내면화되고, 후기에는 다양한 사고를 통하여 대상에게 행동을 수행할 수 있게 되면서 보존기술(물체의 형태가 변화하거나 담는 그릇이 달라져도 대상에게 수행할 수 있는 것), 유목화 기술(대상들을 그들이 공유하는 속성에 따라 분류하거나 위계에 따라 분류할 수 있는 능력), 조합기술(보존능력 중에서 숫자에 대한 보존능력을 획득한 후에 어린이가 갖게 되는 개념적 기술) 및 기초적인 연산이 가능해진다. 이러한 개념이 습득되면서 인과관계에 대한 추론이 가능해지고, 물리적 세계의 규칙과 대상 간의 관계를 지배하는 원리에 대한 통찰력을 갖게 되고, 자기중심적인 사고에서 타인의 입장을 고려할 수 있을 만큼 인식이 성숙된다.

③ 정서발달

아동기는 비교적 정서적으로 안정된 시기로서 정서적 통제와 분화된 정서표현이 가능해진다. 특히 비현실적이고 초자연적인 것에 대한 공포가 많아지고, 부모나 선생님의 기대를 충족시키지 못할 경우 질책이나 벌에 대한 불안이 많아지게 된다. 또한 사회적 관계가 가정에서 학교로 확대되면서 욕구가 좌절되고, 행동에 방해를 받거나 놀림이나 무시, 꾸중을 듣는 경우 분노의 감정이 빈번하게 발생되며, 분노의 감정을 표현할 수 있게 되며, 경우에 따라 통제도 가능해진다. 이 시기의 애정은 가족구성원에서 또래친구들로 변화해 가며 이성 친구보다는 동성 친구에게 많은 애정을 보인다.

(3) 사회적 발달

아동기 전기에 성역할에 대한 인식이 생기고 전체적인 자아개념에 자신의 성을 연관시키게 된다. 이 시기에는 아직 학습을 통해 갖게 된 기준에 입각해서 판단하게 되기 때문에 개인적인 사고나 가치관의 차이를 고려할 만큼 융통성은 없다. 또한 자신에 대해 자기가 갖고 있는 이미지, 즉 스스로에 대한 평가가 자아개념이 되며, 이는 주로 친구들과의 놀이를 통해 형성하게 된다. 아동기 후기에는 사회적 관계가 가족에서 이웃과 학교로 확대되면서 학교나 이웃의 또래 친구들과의 횡적인 대인관계 속에서 집단생활의 규범을 준수하고, 상호 협력하면서 자신의 욕구를 통제할 수 있는 기본적인 사회적 기술과 태도를 습득하게 된다.

성장하면서 학교에서는 선생님보다는 급우집단과의 상호작용을 통해 자아중심적 관점이 감소되고, 협동, 경쟁, 협상의 원리를 터득하게 되고 사회적 규칙이나 압력에 반응하는 방법들을 학습하게 된다. 또한 스포츠를 통해 집단의 목표를 개인의 목표보다 상위에 놓는 것을 배우고, 팀 성원 간의 상호의존과 협동의 중요성을 터득하고 승리와 패배의 경험을 통해 경쟁의 본질과 승리의 중요성을 학습하게 된다.

(4) 아동기의 정신건강

아동기의 정신건강은 교우관계가 매우 중요하다. 이 시기에는 교우관계나 학습에 대한 실패의 경험이 정신건강에 매우 큰 영향을 미치게 되며, 학업성적이 불량한 아동은 또래집단에서 소외되고, 거부, 고립, 열등감 등 바람직하지 못한 영향을 받게 된다. 따라서 학교생활에 원만히 적응하기 위해 지나친 통제나 규제를 지양하고, 어린이의 개성을 존중하여 스스로 생각하여 행동할 수 있는 자율성을 부여하여야 한다. 한편 교사의 정신건강은 학생의 성격 발달에 직접적인 영향을 주는 요인으로 교사 자신의 정서적인 안정과 아동에 대한 이해심을 갖추어 지나치게 학업성적에 집착하지 않고 학생들의 개인차를 이해하며 지도하여 건전한 교우관계를 형성할 수 있도록 하여야 한다. 부모 또한 아동을 부모의 틀에 끼워 맞추려 하지 않고 아동의 개성을 존중하고 스스로 선택하여 행동할 수 있도록 지도하여야 한다. 지나친 통제나 규제는 아동의 자율성을 저해하므로 어린이를 위한 전인적인 교육을 통해 인간적인 환경을 조성해 주도록 해야 한다.

아동기의 특징적 정신건강문제는 신경발달장애(지적장애, 의사소통장애, 자폐스펙트럼 장애, 주의력결핍 및 과잉행동장애, 특정학습장애, 운동장애), 파괴적 충동통제 및 품행장애(적대적 반항장애, 간헐적 폭발성 장애, 품행장애), 배설장애(유뇨증, 유분증) 등으로 설명할 수 있다.

아동기의 정신건강을 위해서는 학교뿐만 아니라 지역사회를 기반으로

한 사회성 발달을 위한 프로그램이나 원만한 대인관계를 위한 집단상담 프로그램 등이 요구되는 바이다.

4) 청소년기의 발달

청소년기는 12~22세까지로 아동기에서 성인기로 전환하는 과도기이다. 청소년기에는 급속한 신체적 변화와 인지적 발달을 경험하게 되며, 부모로부터 심리적인 이유(離乳)가 이루어지면서 자아정체감이 형성되지만 정서적 변화가 급격히 일어나는 질풍노도의 시기이며 제2의 반항기로 사회적으로는 주변인에 머물러 있는 특징을 지닌다.

(1) 신체적 발달

청소년기의 신체적 발달은 성인에 가까운 신체가 형성되며, 2차 성징이 발달하고 성적 성숙이 이루어지는 시기로 신체적 성숙이 완성되면서 이 시기에 신체적으로 활기, 힘, 건강의 최고 수준으로 나타난다. 청소년기의 성적 성숙은 생식기관의 발달과 관련되어 일어나는 사회적·심리적 적응과정 모두를 의미하는 것으로 소녀는 초경을 경험하게 되면서 여성이 되었다는 자부심과 동시에 많은 불편감과 당혹감을 경험하기도 하며, 소년의 성적 성숙은 12세경 고환과 음낭이 확대되면서 14~15세 정도 사정이 가능하게 되고, 사정에 대한 불안과 자신의 성적 성숙에 대한 기대감을 동시에 경험하게 된다.

급격한 신체 발달과 아울러 근육 및 신경계의 발달에 따라 운동능력의 발달도 현저하게 나타나게 되는데, 청소년기의 운동능력과 성적 발달, 신체적 발달에 따라 자신감을 갖기도 하고, 발달이 지연될 경우 긴장감, 열등감과 같은 부정적 정서를 경험하기도 한다.

(2) 심리적 발달

① 인지발달

청소년기에는 자신의 지각과 경험보다는 논리적 원리에 의해 지배를 받기 때문에 추상적인 사고가 가능해지며, 경험하지 못한 사건에 대한 가설을 설정하여 미리 예측할 수도 있게 된다. 따라서 미래에 일어날 일에 대한 불안정한 예측으로 과도한 불안을 경험하기도 하며 자기비판이나 자기성찰이 지나칠 경우 열등의식으로 나타날 수도 있다.

② 정서발달

청소년기에는 감정이 매우 강하고 그 변화가 매우 극심한 단계로 극단적인 정서경험을 하게 된다. 자아정체감이 형성되는 과정에서 정서적 불안정, 고독한 정서에 빠져들기 쉽다. 급격한 정서 변화를 과도로 억압하게 되거나 부정적으로 인식하게 되면 사회적 고립이나 우울증을 경험하기도 한다. 또한 타인과 비교해서 부족하다고 느끼고, 타인 앞에서 위축되는 느낌이 강화되어 열등감에 사로잡히기도 하고, 정서에 대한 통제가 이루어지지 않고 충동적으로 반응하게 되어 비행행동에 빠져들기도 한다.

③ 자아정체감의 발달

청소년기는 가정과 가정 밖에서 경험과 가치관·도덕관·인생관들이 갈등과 방황, 통합의 과정을 거쳐 자신의 고유의 주체의식으로 확립된다. 점차적으로 여러 방면으로부터 새로운 가치관을 받아들여 절충을 시도하게 되며 이때 자신이 누구인지, 장차 어떤 직업을 가질 것인가 의문을 갖게 되면서 자아정체감이 확립된다. 자아정체감의 확립은 자신의 신념이나 가치관 등에 대한 고통스러운 의문이 제시되어야 하는데, 이 과정에서 혼란을 가져오기도 하고 개인적 신념체계를 확립하지 못하여 자기 자신의 능력에 대한 회의를 갖기도 한다.

마르샤(Marcia, 1980)는 자아정체감 형성이 이루어지지 않는 유형을 네 가지로 나누었다.

㉠ 정체감 유실(identity foreclosure): 자아정체감 형성을 위한 위기의 과정 없이 부모나 사회의 정체감을 자신의 것으로 받아들인 경우로 의사결정을 쉽게 하지만 독립적인 의사결정을 못한다.

㉡ 부정적인 자아정체감(negative identity): 부모나 사회가 요구하는 정

체감과 정반대가 되는 자아개념을 의미하는 것으로 부모나 사회로부터 부정적 낙인에 의해 더욱 강화되는 경우이며 비행청소년에게 잘 드러난다.

㉢ 유예(moratorium): 정체감 위기상태에 처하여 정체감을 확립하기 위하여 다양한 역할 실험을 수행하고 있는 상태로서, 대학시절을 인위적으로 연장된 청소년기로서 심리사회적 유예기간이라고도 한다.

㉣ 정체감 혼란(identity diffusion): 자신에 대한 이미지가 혼란스럽게 혼재하여 어떤 이미지도 확고하게 받아들이지 못하는 경우로 자기 자신의 능력에 대해 회의를 품고 있으며, 직업역할을 제대로 수행하지 못한다(김동배 외, 2003).

(3) 사회적 발달

청소년기에는 부모나 가족으로부터 독립되어 친구나 자기 자신에게 의존하는 경향이 높아지며, 부모의 통제를 받지 않으려 하며 부모의 지시를 논리적으로 비판하거나 반항하며 부모의 보호로부터 벗어나 자신의 판단에 의해 독립적으로 행동하려는 성향을 지닌다. 또한 호르몬 분비의 변화를 통해 이성에 대한 관심을 갖게 되지만, 우리나라 청소년의 경우 이성교제에 대해 부정적인 시각들이 많고 학업부담으로 인한 시간부족과 이성교제의 기회가 상대적으로 제한되어 있어 동성의 친구들과 대부분의 시간을 보낸다. 그러나 최근에는 청소년의 이성교제를 유연하게 받아들이고 있는 경향이 늘어나고 있으며 성 개방 풍조의 확산으로 이성 간의 신체적 접촉도 빈번하게 늘어나고 있다.

(4) 청소년기의 정신건강

청소년기는 인간의 발달과정 중 가장 혼돈과 혼란을 경험하는 시기로, 한 인간으로서 인격을 완성해 나가고 사회인으로서 기능을 성취하기 위한 마지막 준비단계이다. 이 시기에는 기분의 변화가 심하여 우울이나 불안감, 절망감을 보이기도 하고 부모에 대한 압박감, 기성세대에 대한 분노, 적대감정, 자살에 대한 공상을 하기도 한다. 이 시기의 발달과제인

자아정체감 형성, 자율성 확립, 친숙한 또래관계 형성 등의 발달과업을 적절히 수행하지 못할 경우 역기능적인 가정(특히 학대적인)에서 도피와 학교의 부적응으로 인해 충동적인 행동, 가출, 약물 오남용, 자살의 문제가 빈번히 발생한다. 또한 신경성 식욕부진, 학교 거절증, 정체성 장애와 지연장애, 반항성 장애, 성도착행위, 불안장애, 공황장애, 광장공포증, 사회공포증, 특정 공포증, 강박장애, 외상 후 스트레스장애, 급성 스트레스장애, 범불안장애, 우울장애, 조현병, 성문제, 외상성 뇌손상, 주의력 결핍 및 과잉행동장애, 품행장애 혹은 청소년 비행, 이외에도 부모와의 갈등, 거식증, 폭식증과 같은 식이장애, 오토바이나 속도에 집착하는 위험한 행동 혹은 사고로 인한 뇌손상, 무분별한 성행동, 지나친 자위행위, 성기능장애, 그리고 성인기 신경증이나 양극성 장애(조울증) 시작 등이 있다. 우리나라에서 청소년기의 정신건강을 위해서는 청소년지원센터 등 관련기관에서 자아성장, 분노조절, 인성개발, 학습기술프로그램, 진로탐색, 성 가치 교육, 비행청소년프로그램, 약물예방교육 등의 프로그램을 실시하고 있으며, 청소년의 고민이나 위기상황에서 도움을 받을 수 있도록 1366 전화상담을 실시하고 있다.

5) 성인기의 발달

성인기는 고등학교를 졸업하는 18세 이후부터 노년기 이전의 65세 미만을 말하며 이 시기에는 직업 준비를 포함하여 결혼을 통한 완전한 독립을 하여 경제적·직업적으로 비교적 안정되는 기간이기도 하다. 동시에 배우자로서의 역할, 직업적 역할수행의 몰두, 자녀를 양육하고 사회화시키는 부모로서의 역할 등 다양한 역할을 수행하기도 하며, 성인기 후기에는 새로운 위기가 시작되는 시기이기도 하다.

(1) 신체적 발달

성인기 초기에는 신체적 건강의 정점에 달하며, 전 생애에 있어 활기, 힘, 건강이 최고수준을 유지하는 시기이며 근육과 내부기관의 기능도 최고조에 달하는 시기이며, 중년기 건강수준이 쇠퇴할 때까지 이러한 건강상태는 지속된다. 성인기의 건강상태를 유지하기 위해서 규칙적인 운동과 적절한 영양공급이 필요하며, 과도한 스트레스에 노출되거나 흡연과 음주, 약물사용은 건강유지에 매우 유해한 요소가 된다.

(2) 심리적 발달

이 시기의 인지적 발달은 기계적 암기나 지적 과제의 수행속도는 청소년기에 비하여 쇠퇴하기도 하지만, 언어적 이해력이나 귀납적 추론능력과 교육과 경험의 축적을 통한 습득능력 등은 더욱 발달하며, 연령 증가에 따라 향상된다. 그러나 성인기 후기에는 특정 인지능력(단기기억능력, 단순 암기나 새로운 정보의 처리)이 감소되지만 전반적인 인지능력에 큰 변화는 없으며, 언어적 이해력이나 숫자처리, 추론적 사고와 같은 결정성 지능과 문제해결능력은 오히려 증가된다.

(3) 사회적 발달

성인기 초기에는 결혼, 자녀출산과 양육, 직업적 측면에서 많은 변화가 오는 시기이다. 결혼은 친밀감과 성숙한 사회적 관계를 성취하는 데 매우 중요한 요인이 되며, 대부분이 결혼으로 인한 긴장과 갈등을 예상치 못하기 때문에 결혼 초기의 몇 년간은 매우 힘든 기간을 보내기도 한다. 또한 자녀의 출산과 양육은 이 시기의 매우 중요한 사건으로 부부의 삶의 방식과 결혼생활을 전반적으로 변화시킨다. 또한 직업을 선택하고 유지함으로써 생계를 유지하기도 하고 자아실현을 할 수 있는 기회가 주어지기도 한다. 이러한 과정을 거쳐 성인기 후반에는 안정된 가족 생활환경을 조성하고 아동의 성장에 따른 적절한 자녀교육과 훈육을 경험하면서 자녀에게는 지나친 간섭이나 통제보다는 스스로 판단하여 행동할 수 있도록 하는 동시에 적절한 한계를 규정지음으로써 가족관계를 재구성하여야 한다. 또한 직업적 성취가 최고조에 달하거나 또는 새로운 직업으로 전환을 하기도 하면서 직업적 위기가 초래되기도 한다.

현대사회에서는 자녀수가 감소하면서 상대적으로 자녀양육기간이 축소되고 조기퇴직으로 인한 여가시간의 증가는 성인기 후기의 중대한 위기를 경험하기도 하는데, 효율적인 여가시간을 적절하게 사용하는 것이 매우 중요하며, 사회교육프로그램이나 여가선용기술을 습득하여 성인기 후기를 유용하게 보내고 앞으로 다가오는 노년기에 대비하여야 한다.

(4) 성인기의 정신건강

성인기에는 결혼, 자녀의 출산과 양육, 구직에 따른 다양한 역할들이 부여되기도 하며, 이혼이나 실업, 건강의 악화로 인한 어려움을 겪기도 한다. 성인기의 정신건강에서 가장 중요한 것은 원만한 인간관계 형성으로 고부간 또는 부부간의 갈등이나 직장이나 직업상의 인간관계에서 나타나는 갈등이나 예기치 않은 사건과 상황에서의 갈등, 근친자의 사망이나 경제적 타격 등에서 오는 신경증을 슬기롭게 극복하여야 한다.

성인기의 정신건강을 위협할 수 있는 또 다른 요인은 이혼이다. 이혼이 가져오는 스트레스를 극복하기 위하여 새로운 사회적 역할을 그대로 받아들이고 이혼자로서의 새로운 정체감을 형성하여야 하며, 이혼에 관련된 부정적 감정을 표현하고 취직이나 자립을 하고자 노력하고, 변화된 가족구조에서 새로운 삶에 적응하기 위해 가족과 관련된 활동을 열심히 수행하는 것이다. 또한 가정적·사회적 책임에 따르는 과로와 승진이나 실직의 두려움으로 인한 스트레스는 성인병의 주원인이 되며, 이로 인하여 '과로사', '돌연사'가 발생할 수 있다. 스트레스의 해소 수단으로 술이나 담배를 습관적으로 하게 되는데, 이는 알코올남용이나 알코올의존 또는 각종 질병을 일으키는 원인이 되기도 한다.

또한 중년기 이후 발생되는 신체적·생리적인 쇠퇴현상으로 여성은 약 35세 전후, 남성은 약 45세 전후로 쇠퇴현상을 보인다. 당뇨병, 고혈압, 심장병, 담석증, 암 등 건강위협의 신호가 나타난다. 불임, 실업, 성욕, 중년기 위기, 갱년기, 빈둥지증후군 등이 있으며, 성인기의 특징적 정신건강문제는 우울장애, 질병불안장애, 물질관련 및 중독성장애 등이 있다. 여기서 갱년기 증상은 남성과 여성 모두에게 찾아오며, 여성의 경우에는 폐경기를 맞아 생식능력의 상실을 통해 노화를 실감하여 이제 늙었다는 불안감에 휩싸이게 되며, 육체적 매력의 상실로 인해 인간으로서의 가치가 줄어들고 여성으로서의 가치가 줄어들었다고 느낀다. 또한 신체적 기능 저하와 함께 기분이 우울해진다. 남성의 경우, 여성보다는 긴장감이 훨씬 적은데 이것은 갱년기가 여성보다 불명료하고 훨씬 늦게 나타나며, 생산능력의 중요성이 여성만큼 크지 않기 때문이다. 그러나 남성적인 매력이의 상실은 때로 장애를 일으키기도 한다. 자식이 성장하여 부부 두 사람만이 남게 되면 심리적 공허감이나 소외감이 원인이 되어 자신의 존재가치가 떨어지고 스스로 무가치함을 갖기도 한다. 이로 인해 심리적 괴로움이 신체적으로 연관되어 자신의 건강상태에 과민한 반응을 보이는 '건강염려증'으로 나타나 병원이나 한의원 또는 민간요법 등으로 과도한 지출을 하기도 한다. 따라서 성인기 건강을 유지하기 위해서는 나이에 맞는 적절한 운동과 균형 잡힌 영양공급이 중요하며, 특히 정신건강을 위해 부부간에 즐길 수 있는 여가활동을 개발하고, 취미생활에 몰두하거나 타인을 위한 봉사활동 등의 활발한 사회활동으로 보람과 가치를 느낄 수 있도록 하여야 한다.

6) 노년기의 발달

노년기는 인생의 마지막 단계로 일반적으로 65세 이상을 일컫는데, 아직은 건강하고 활동이 가능한 노년기 전기(65~75세)와 신체적 능력이 약화되어 일상생활을 타인에게 의존해야 하는 노년기 후기(75세 이후)로 구분할 수 있다. 현대에는 노년기를 100세 시대로 구분하기도 한다. 노년기에는 신체적 능력이 쇠퇴하고 노화와 만성질환으로 건강문제가 발생되고, 사회적 지위와 역할의 상실로 사회적 관계가 축소되고 사회경제적 지위가 하락되는 쇠퇴적인 발달이 주로 일어난다. 따라서 이 시기에는 쇠퇴한 신체적 변화에 적응하고, 역할을 재조정하고, 여가시간을 적절히 활용하고 죽음에 대한 대비를 하는 등의 발달과업을 수행하고, 노후생활에 적합한 생활환경을 조성하여야 한다(Havighurst, 1953).

(1) 신체적 발달

생물학적인 노화는 모든 인간에게 일어나는 보편적 현상으로 운동능력이 감소되고, 면역체계도 크게 약화되어 만성적인 질환을 가지고 생활하게 된다. 노화가 진행되면서 신체 내부의 모든 기능들이 약화되는데, 이러한 변화에 적응하는 것이 매우 중요하다. 신체적 건강상태에 맞는 동작을 조절하고 최적의 기능 유지를 위해 규칙적인 육체적 활동을 시도하는 것이 바람직하다.

(2) 심리적 발달

① 감각 및 지각 발달

노년기에는 신체의 내적·외적 변화와 상태에 대한 정보를 수집하여 뇌에 전달하는 감각기관의 기능도 저하되어 시각, 청각, 미각, 후각 등 모든 감각들이 제 기능을 하기 어려워진다. 또한 연령이 증가함에 따라 수면시간이 감소되어 수면장애를 경험하는 경우도 많으며, 생식기능이 상실되나, 성교나 성욕이 상실되는 것은 아니며 70대에도 성적인 관심과 성적인 활동을 유지하기도 한다.

② 인지발달

65세 이후 거의 모든 인지능력에서 서서히 쇠퇴하게 되고, 운동반응, 반응시간, 문제해결, 기억력, 정보처리과정에서 반응속도가 둔화되고, 기억이 감퇴되면서 자기중심적 사고가 강화되는 경향이 있으며, 환경 변화에 즉각적으로 대처할 수 없게 되어 안전사고도 빈번히 발생된다.

③ 정서발달

노년기에 퇴직, 은퇴, 사회적 고립, 수입 감소로 인해 불안을 야기할 수 있다. 자신이 쓸모없는 존재라고 자책, 자기비하를 하기도 하여 지속적인 우울감을 갖기도 한다.

(3) 사회적 발달

노년기에는 배우자의 사망, 은퇴로 인한 경제적 어려움 등으로 인해 역할 상실이 일어나며, 동시에 조부모의 역할, 퇴직자로서의 역할, 미망인으로의 역할 등 새로운 역할을 부여 받기도 한다. 또한 노년기에는 자신의 지나온 삶에 대한 평가를 하게 되는 과정에서 자신의 성취한계를 깨닫고 자신에 대한 실망을 하게 되는 것이 불가피하게 되는데, 이를 어떻게 받아들이는가가 매우 중요하다. 자신의 성취한 것과 자신의 삶에 대한 실망감을 수용하면서 균형 있게 받아들이는 태도가 중요하다.

(4) 노년기의 정신건강

의학의 발달과 함께 평균수명의 연장으로 인하여 노인인구는 고령화 사회로 접어들면서 노인의 정신건강 문제에 관한 관심이 더욱 증가되고 있는 추세이다. 노년기의 주요문제들은 세대 차이와의 갈등, 고부관계갈등, 불면증, 신체질환 등이 있다. 노년기에는 퇴직으로 인하여 일이 상실되고 경제적으로 어려워짐에 따라 노년기의 삶에 많은 변화를 초래하게 된다. 따라서 노인들은 심리적 상실감과 심리적 위축감을 갖게 되고, 직장생활에 전념하며 지내오던 부부가 퇴직 후 함께 시간을 보내는 경우가 많아지게 됨에 따라 사소한 일이 발단이 되어 마음의 상처를 입히게 되는 경우가 빈번히 발생하게 된다. 또한 노년기에는 배우자 또는 오랫동안 같이 생활을 하던 주위의 친지와 친구들의 죽음으로 인해 큰 충격과 함께 외로움과 쓸쓸함을 경험하게 되고 앞으로 다가올 자신의 죽음에 대한 실감과 현실적 상황을 접하게 되면서 정신건강의 위협을 초래하게 된다.

노년기의 특징적 정신건강문제는 신경인지장애, 조현병, 양극성장애, 노인우울증, 신경증장애, 수면장애 등을 볼 수가 있다. 노인의 우울은 남편과의 사별, 자녀의 독립, 경제적 손실, 좌절 등 상실이라는 유발인자가 뚜렷한 경우가 많으며 증상이 주기적이지 않고 지속적이다. 특히 초조, 격정, 심한 건강염려증, 후회, 죄책감, 절망감, 편집성 경향, 우울 망상이 뚜렷하고 기분이 가라앉음, 절망감 우울감 등 마음의 고통뿐만 아니라 두통, 복통이나 위장장애 등의 신체적 증상으로 나타나는 경우가 많다.

결국 다양한 증상으로 나타나기 때문에 우울증을 진단하지 못하고 지나치기 쉬우며, 따라서 빈도가 낮게 나타난다. 하지만 실제로는 그보다 높은 빈도를 보이는 것으로 이해해야 할 것이다.

퇴직, 사별, 경제적 어려움, 우울에서 오는 스트레스를 극복하기 위한 지역사회 내의 다양한 교육프로그램 등의 적극적인 사회활동의 참여가 요구되고 있다. 그러나 무엇보다도 노년기를 건강하게 보내기 위한 긍정적인 태도를 갖고 생활하며, 노인대학이나 복지관 등의 시설을 이용해 꾸준히 평생교육을 받거나 취미, 운동, 종교, 자원봉사활동 등을 통해 인생의 즐거움을 찾으며 정신적 건강을 유지하는 것이 우울증 예방에 많은 도움을 줄 수 있다고 본다(민성길, 2006; 이영실·임정문, 2005). 또한 다가오는 죽음에 대해 긍정적으로 수용할 수 있는 태도를 갖추는 것이 중요하다고 할 수 있다.

생애주기별 정신건강 우수사례

생애주기별 정신건강 우수사례는 보건복지부 홈페이지 보도자료 중에 부산 수영·경기 남양주·전남 해남 등 23개 우수지자체 선정된 내용에서 일부 발췌하여 제시하였으며(출처: http://www.mohw.go.kr/front_new/al/sal0301vw.jsp?PAR_MENU_ID=04&MENU_ID=0403&CONT_SEQ=334132&page=1) 또한 굿네이버스 온주종합사회복지관, 충남사회복지공동모금회 지원사업인 회상 활용 노인자아통합프로그램의 일환으로 '나'를 찾아 떠나는 수학여행을 제시하였다(종합뉴스충남, 2016.06).

1. 테마별 희망찾기 취약계층 전수조사

- 복지통장, 사례관리사, 희망플러스단, 사회복지관 등 참여
  민관협력을 통한 복지사각지대 발굴과 지원을 위한 테마별 전수조사 실시
- 1차 전수조사 → 2차 심층조사 → 민관통합사례회의 → 복지서비스 연계지원

▶ 추진성과와 실적 ※ 4개분야 4,032세대 주민참여 高 지역 내 자원발굴 多

차상위 전수조사	폐지수거노인 전수조사
▪ 2015.2월~6월(4개월) / 1,443세대 ▪ 복지통장, 동 사회복지담당자 ▪ 복지서비스 연계 1,409건	▪ 2015.6월~8월(3개월) / 201세대 ▪ 고물상 15개소, ㈜한성모터스 후원 ▪ 복지서비스 연계 96세대 152건
독거노인 우울증예방 전수조사	**저소득 아동가구 전수조사**
▪ 2015.3월~7월(5개월) / 1,889세대 ▪ 복지통장, 희망플러스단, 건강증진센터, 해운대 백병원, 대동간호대학 ▪ 복지서비스 연계 300건, 집중관리45명	▪ 2015.7월~9월(3개월) / 499명(0세~12세) ▪ 드림스타트 전문요원, 수영아이네트워크 참여기관 ▪ 복지서비스 연계 222건, 사례관리 294명

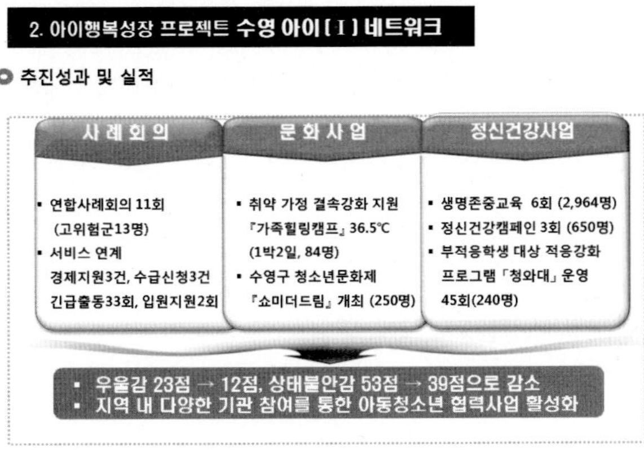

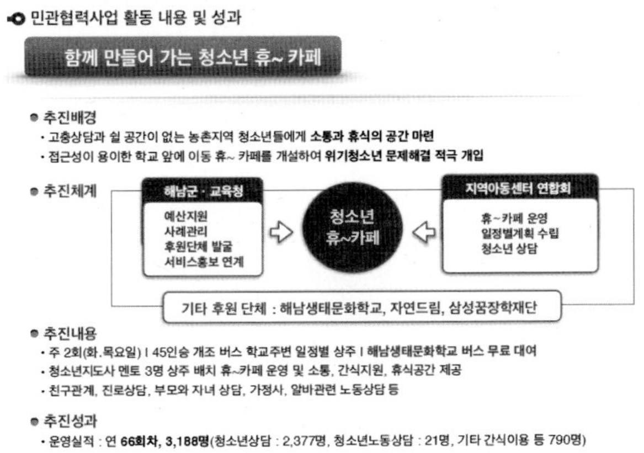

굿네이버스 온주종합사회복지관 충남사회복지공동모금회 지원사업인 회상 활용 노인자아통합프로그램의 일환으로 '나'를 찾아 떠나는 수학여행(종합뉴스충남, 2016. 06)

생각해보기

1. 각자 자신이 가장 중요하다고 생각하는 인간발달단계에 대해 생각해보기.

2. 인간발달단계에 따른 정신건강에 대해 생각해보기.

11장

중독과 사회복지

<학습목표>

1. 중독의 개념과 특성에 대해서 명확하게 이해한다.
2. 알코올중독의 원인과 진행과정 및 치료과정을 명확하게 이해한다.
3. 도박중독의 원인과 진행과정 및 치료과정을 명확하게 이해한다.
4. 인터넷중독의 원인과 진행과정 및 치료과정을 이해한다.

<키워드>

중독, 알코올, 인지행동치료, 동기강화, 12단계치료, 성인아이, 단도박모임, 공동의존

중독의 사전적 의미는 "생체가 음식물이나 약물의 독성에 의하여 기능장애를 일으키는 일"또는 "술이나 마약 따위를 지나치게 복용한 결과, 그것 없이는 견디지 못하는 병적 상태"를 말한다. 중독의 대상에 따라 일중독, 운동중독, 약물중독, 알코올중독, 도박중독, 섹스중독, 인터넷중독, 관계중독, 쇼핑중독 등 중독문제를 야기하는 매체는 다양하다. 중독의 유형을 중독되는 대상에 따라 약물이나 알코올 등의 물질중독과 도박, 인터넷, 섹스 등 행위중독으로 구분하고, 행위중독은 다시 무형과 유형으로 구분된다.

이와 같이 다양한 중독의 문제들 중 4대중독(알코올·마약·도박·인터넷)으로 약 618만 명이 중독자로 추정되고 있으며, 중독으로 인한 폐해는 중독자뿐만 아니라 그 가족 및 사회 전반에 심각한 영향을 미치고 있다. 이 장에서는 심각한 폐해를 야기하는 알코올, 도박, 인터넷의 중독과 사회복지에 대해 알아보고자 한다.

1. 알코올중독

1) 개념

알코올남용 또는 알코올의존은 흔히 알코올중독(alcoholism)으로 불리고 있으나, 미국정신의학회의 정신장애진단통계편람(DSM-5)에서 알코올중독이란 의미는 Alcohol Intoxcation으로 최근 알코올섭취로 인하여 심각한 행동 및 심리적 변화가 발생되는 것을 말한다. 흔히 사용되는 알코올남용과 알코올의존의 의미인 알코올중독은 물질관련 및 중의 하나로서 알코올관련 장애에 속하며, DSM-5에서는 알코올사용장애(Alcohol Use Disorder), 알코올중독(Alcohol Intoxication), 알코올 금단(Alcohol Withdrawal), 기타 알코올로 유발된 장애, 명시되지 않은 알코올관련 장애로 구분된다.

이전의 DSM-IV-TR과는 달리 알코올사용장애를 알코올의존과 남용으로 구분하지 않고, 심각도에 따라 경도, 중등도, 고도로 구분하였다. 흔히 사용되는 알코올중독이라는 개념은 알코올사용장애 중 고도에 해당되는 것으로 알코올의존이라고도 한다. 즉, 개인의 일상적인 생활기능에 영향을 미칠 정도로 복용하는 것으로 일반사회에서 허용되는 영양적 또는 사회적 용도 이상의 주류를 과량으로 계속해서 마심으로써, 신체적·정신적·사회적 기능을 해치는 만성적인 행동장애로 내성과 금단증상이 특징적 증상이다.

〈표 11-1〉 알코올사용장애의 진단기준(DSM-5)

- 알코올을 종종 의도했던 것보다 많은 양, 혹은 오랜 기간 동안 사용함
- 알코올 사용을 줄이거나 조절하려는 지속적인 욕구가 있음. 혹은 사용을 줄이거나 조절하려고 노력했지만 실패한 경험들이 있음
- 알코올을 구하거나, 사용하거나 그 효과에서 벗어나기 위한 활동에 많은 시간을 보냄
- 알코올에 대한 갈망감, 혹은 강한 바람, 혹은 욕구
- 반복적인 알코올 사용으로 인해 직장, 학교 혹은 가정에서의 주요한 역할 책임 수행에 실패함
- 알코올의 영향으로 지속적으로, 혹은 반복적으로 사회적 혹은 대인관계문제가 발생하거나 악화됨에도 불구하고 알코올 사용을 지속함
- 알코올 사용으로 인해 중요한 사회적·직업적 혹은 여가 활동을 포기하거나 줄임
- 신체적으로 해가 되는 상황에서도 반복적으로 알코올을 사용함
- 알코올 사용으로 인해 지속적으로, 혹은 반복적으로 신체적·심리적 문제가 유발되거나 악화될 가능성이 높다는 것을 알면서도 계속 알코올을 사용함
- 내성은 다음 중 하나로 정의됨
  - 중독이나 원하는 효과를 얻기 위해 알코올 사용량의 뚜렷한 증가가 필요
  - 동일한 용량의 알코올을 계속 사용할 경우 효과가 현저히 감소
- 금단은 다음 중 하나로 나타남
  - 알코올의 특징적인 금단 증후군(알코올 금단의 진단기준 A, B 참조)
  - 금단 증상을 완화하거나 피하기 위해 알코올(혹은 벤조디아제핀 같은 비슷한 관련 물질)을 사용

〈현재의 심각도를 명시할 것〉

- 305.00(F10.10) 경도: 2~3개의 증상이 있다.
- 303.90(F10.20) 중등도: 4~5개의 증상이 있다.
- 303.90(F10.20) 고도: 6개 혹은 그 이상의 증상이 있다.

2) 원인

알코올중독의 원인은 아직 충분히 밝혀지지 않았으나 다른 정신장애와 마찬가지로 단일요인에 의한 것이기보다는 심리적·사회적 그리고 생물학적 요인이 복합적으로 상호작용하여 일어나는 것으로 생각되고 있다. 이러한 요인들의 상호작용은 임상적 경과에 다양한 영향을 미치며 알코올중독의 치료과정에서 특정한 치료적 개입보다는 환자의 개인적인 정신적·사회적·생물학적 배경 및 입원 당시의 상태 등 치료 이전의 특성들이 치료 결과에 강한 영향을 끼친다고 보고되고 있다.

(1) 생물학적 원인

알코올중독의 생물학적 원인 중 유전이 가장 강력한 소인으로 알려져 있는데, 알코올중독자의 아들일 경우 알코올중독자 부모에게 양육되었는지 정상적인 양부모에게 양육되었는지에 상관없이 알코올중독자가 되는 비율이 일반인보다 네 배가 높다는 보고가 있다. 이와는 대조적으로 딸일 경우 알코올중독자가 되는 비율이 일반인에 비해 별로 높지 않다고 한다. 알코올중독에 대한 여러 가지 쌍생아 연구에서는 일란성 쌍생아가 이란성 쌍생아보다 두 명 모두 알코올중독을 나타내는 비율이 유의미하게 높으며, 알코올중독의 증상이 심각할수록 이 비율의 차이가 더 커지는 것으로 나타나 있다. 또한 유전학적 기전에 대한 연구의 하나로, 음주에 의해 얼굴이 붉어지고 심계항진과 기타 반응이 나타나는 현상은 알코올분해효소의 부족으로 아세트알데히드(acetaldehyde)가 증가했기 때문이며, 이것이 유전적이라는 연구가 있어 주목을 받고 있다. 그러나 최근의 연구에서는 유전인자는 알코올중독의 여러 가지 생물학적 원인의 일부에 지나지 않으며, 유전인자는 개인이 알코올중독자로 발전할 수 있는 가능성을 높여주는 잠재적 인자에 불과하다. 또한 알코올남용은 뇌의 보상체계와 관련되며, 이는 도파민, 노르에피네프린, 세로토닌과 같은 신경전달물질과도 관련이 있다는 보고도 있다.

(2) 심리적 원인

알코올중독의 심리적 원인은 정신역동적 입장에서 발달단계상 구강기에서의 고착을 알코올중독의 촉발요인으로 보았다. 아이가 출생 직후부터 1년 반까지 입, 입술, 혀의 자극에서 쾌락을 추구하고 만족을 구하게 되는데, 이 단계를 적절하게 보내지 못하였을 경우 어머니와 아이의 상호작용에서 어머니가 아이의 의존욕구를 좌절시키거나, 지나치게 충족시키는 것이 구강기 고착을 일으키고 이런 성향을 가진 사람들이 알코올 문제를 일으킨다고 보았다.

나이트(Knight, 1971)는 남성 알코올중독자의 경우 어렸을 때 지나치게 감싸고도는 어머니일 경우가 많고, 이렇게 과보호하는 어머니와의 경험으로 인해 계속해서 누군가에게 의존적인 욕구를 만족시키지 못하고 좌절될 때 분노를 느끼고, 이런 분노에 대해 죄의식을 느끼며 죄의식을 줄이기 위해 술을 마시게 된다. 또한 페니켈(Fenichel, 1945)은 어머니에 의해 무시되는 경험이 남자아이로 하여금 아버지에 대해 무의식적인 동성애 충동을 일으키고, 이는 스스로에게 용납되지 않는 충동이므로 억압을 하게 되고, 억압된 충동을 해결하기 위해 술을 마시게 되고, 이른 통해 정서적 만족을 대신 얻고자 한다. 이 외에도 알코올중독과 관련된 성격특성은 반사회적 성격으로 충동적이며 자아존중감이 저하되고 정서적으로 미숙하며, 사소한 자극에도 과민하게 반응하며, 좌절을 인내하지 못하는 경향이 있다.

(3) 사회문화적 원인

알코올중독은 술에 대한 생각과 태도가 중독의 원인으로 작용한다고 보는데, 술에 대해 지나치게 관대하고 허용적인 우리나라의 경우, 유태인이나 중국인처럼 전통적인 윤리를 강조하는 문화에서 알코올중독의 비율이 매우 높게 나타나 있다. 또한 지적 수준이 높고, 사회·경제적 수준이 높으며 도시에 거주하는 사람일 경우, 미혼이거나 이혼과 별거 등의 어려움이 있는 경우에 알코올 문제의 빈도가 높은 것으로 알려져 있다.

3) 알코올중독의 단계

(1) 알코올중독 전 단계(prealcoholic phase)

알코올을 통해 고민을 해결하고, 마음을 진정시키고, 스트레스와 불안감의 일시적인 대응을 음주를 효과적인 수단으로 음주하는 단계로, 술자리가 잦아지고 양과 횟수가 증가하면서 자주 폭음을 한다. 내성이 생기기 시작하지만 음주행위에 대해 자기조절능력이 가능하다.

(2) 알코올중독 전구단계(prodromal phase)

술을 이용하여 기분의 변화를 일으키는 단계로 유쾌함이나 기분전환을 위해 술을 사용하면 틀림없다고 터득한 후 시작되며 술이 필요해서 마시는 단계이다. 음주에 대해 비난이나 질문을 받게 되고, 덜 마시도록 압박을 받으며 금주하려는 노력을 하게 되고 술 문제를 감추려고 부정기제를 사용하기도 한다. 술에 취해 일시적인 의식상실이 나타나게 되면 전구단계로 이행되는 것이 분명해진다.

(3) 위중한 단계(crucial phase)

사회적 압박감에서 회피하기 위하여 음주를 하며, 술 이외의 다른 문제는 점차 흥미를 잃어가면서 음주가 일상생활의 중심이 되고, 술 문제로 인하여 사회적 압력이나 직장문제에 곤란을 초래하게 된다. 음주조절능력이 상실되어 가족이나 친구들을 회피하고 자기과장적인 행동을 하며, 성격변화도 점점 심해져 안절부절못하고 화를 잘 내며, 공격적이고 무책임하고 신경과민과 우울감이 흔하게 나타나게 되어 점점 더 자기혐오, 죄책감, 혼돈, 분노를 느끼고 자존감이 매우 낮아지는 상태이다.

(4) 만성적 중독단계(chronic phase)

만성적인 단계의 알코올중독환자는 밤에 수면 후 경험되는 금단의 불편감을 완화시키기 위해 아침부터 술을 마시게 된다. 막연한 두려움과 강박적인 음주로 인해 사회의 가장 밑바닥에서 기능을 하게 되며, 신체적·정서적·사회적·영적인 모든 영역에서 황폐화가 일어난다. 결국 환자의 내성이 낮아지고 몇 잔의 술로 혼미상태에 빠지게 되어 마지막 결과는 뇌손상이나 알코올성 정신병, 죽음에 이르게 된다.

4) 치료

알코올중독의 치료는 다른 정신과적 치료와 마찬가지로 치료적 동맹을 형성하는 것이 매우 중요하다. 알코올중독환자는 스스로 자신의 문제에 대해 솔직하지 않고 금주의 필요성을 잘 느끼지 않으며, 성격적 특성상 의존적이고 적대감이 많고 자기중심적이며 우울이나 불안 등의 심리적 문제가 동반되어 치료에 어려움을 보인다. 알코올성 금단 섬망의 징후가 있거나 심한 우울증, 자살의 우려가 있을 경우, 자해 및 타해의 우려가 있는 경우, 치료에 대해 비협조적인 경우, 정신증상이 보이는 경우에는 입원치료가 필요하며, 입원치료 시에는 신체적인 상태를 호전시키는 해독치료와 더불어 약물치료, 정신치료, 가족치료, 심리극, 사회적 지지체계 및 자원 활용 등 다각적인 치료적 접근이 필요하다.

(1) 약물치료

대다수의 알코올의존환자들은 단주 시 금단증상을 경험하게 되는데, 해독치료 시 금단증상을 치료하고 예방하기 위해 벤조디아제팜(benzodiazepine)계의 약물과 충분한 영양공급 및 티아민(thiamine)을 포함한 비타민을 처방하게 된다. 이때 벤조디아제팜계 약물은 장기간 복용 시 내성을 가질 수 있어 증상이 호전되면 약물을 서서히 감량 혹은 중단하거나 내성이 생기지 않는 다른 약물로 대체하기도 한다. 해독치료 후 그동안 알코올의존 치료에 대표적으로 사용되어져 왔던 약물은 디설피람(disulfiram)으로 이 약물은 알코올의 신진대사를 차단하여 음주 시 신체에 불편한 반응을 일으키게 하는 일종의 혐오치료이다. 그러나 최근에는 이 약물복용으로 인해 심장질환이나 당뇨병, 혈전증 등의 치명적인 부작용을 야기할 수 있으므로 처방을 기피하고 있다. 1990년 이후 날트렉손(naltrexone)과 아캄프로세이트(acamprosate)가 알코올의존환자의 단주기간을 연장시키고, 음주량을 감소시킨다는 사실이 임상실험을 통해 보고되고 있다.

(2) 입원치료

알코올의존환자들에게 근본적인 치료를 위해 선행되어야 할 것은 술로부터 격리하고 해독을 하는 것이다. 술을 갑자기 끊게 되면 심각한 금단증상이 생길 수 있기 때문에 해독치료는 입원상황에서 치료하는 것이 가장 안전하다. 환자의 입원치료는 신체적 해독기간을 거쳐 집단치료, 동기강화치료, 인지행동치료, 12단계치료, 사이코드라마(심리극), 시청각교육 등 집중프로그램에 참여하게 된다.

(3) 재활치료

알코올의존환자의 재활치료는 환자로 하여금 단주에 대한 동기를 반복적으로 고취시키는 동시에 일상생활에서 술의 힘을 빌리지 않고 적절하게 적응할 수 있도록 도와주는 것이다. 재활의 단계는 크게 세 가지로 구분된다. 첫째, 단주에 대한 동기를 부여하고, 강화해 주는 것이다. 둘째, 술을 마시지 않는 새로운 생활습관을 형성하도록 하는 것이다. 셋째, 재발을 예방하는 것이다. 따라서 알코올의존환자의 재활을 위하여 인지행동치료, 사회기술훈련, 동기강화치료, 개인 및 집단정신치료, 가족치료, 자조집단 등이 사용된다.

(4) 단주친목

단주친목(alcoholic anonymous: AA)은 미국의 알코올의존환자들이 결성한 민간 금주운동단체로서 알코올중독으로 인하여 절망적이었던 사람들이 술을 끊고 마음의 평화와 가정의 안정을 되찾아 정상적인 생활을 유지하는 것을 목표로 하고 있다. 주로 회복된 알코올의존자들이 집단모임을 통해 다른 회원들을 돕는 형식으로 진행되며, 알코올에 무력하고 자신의 생활을 혼자 처리할 수 없음을 인정하고 회원끼리 서로 조언하고 의지하며 회복을 위하여 노력하는 과정이다. 우리나라에서도 많은 회원들이 전국적으로 활발하게 활동하고 있다. 이 외에도 알코올의존환자의 배우자들이 공동문제들을 해결하기 위하여 서로 간의 경험과 힘과 희망을 함께 나누기 위한 자조모임인 Al-Anon과 자녀들의 모임인 Al-Ateen도 있다.

5) 알코올중독 가족에 대한 개입

알코올중독자의 회복에 있어 가장 큰 영향을 미치는 요인은 가족이다. 특히 가족이 중독자의 회복을 위하여 어떠한 역할을 하는가 하는 것보다는 회복 후에 내가 돌아갈 가족이 있는가 하는 지지체계의 여부가 성공적인 회복을 위해 매우 중요한 것으로 나타났다.

또한 가족이 있는 경우에는 가족이 지지체계로서 가족이 회복의 디딤

돌이 되어 주기도 하며, 때로는 걸림돌이 되는 경우도 있다. 알코올중독 가족들은 알코올문제로 인한 갈등이나 부적절한 지지로 인해 재발하기도 하며, 중독질환에 대한 이해가 부족하여 적절히 대처하지 못하는 경우가 많이 있다.

알코올중독은 흔히 가족병으로 알려져 있다. 중독자 자신의 삶뿐만 아니라 가족 내의 갈등을 야기하기도 하고, 가족구성원의 건강을 위협할 수 있는 가족병이다. 알코올중독상태가 되면 성격의 변화로 인하여 자신의 문제를 가족 탓으로 돌리는 경향이 흔하다. 중독자들의 투사와 합리화로 인하여 가족들은 자신이 알코올중독에 대한 책임을 갖게 되어 자신이 비난받아야 마땅하다는 죄책감을 갖게 되기도 하며, 중독행동을 수치스럽게 생각하여 외부와의 접촉을 꺼리고 문제를 부인하기도 한다.

알코올중독자의 자녀는 다른 또래 아동보다 낮은 자존감, 혼란, 죄의식, 긴장, 불안, 분노 등 정서적인 문제를 경험하고 부모의 음주는 자신 때문이라는 생각에 과도한 죄의식을 갖기도 한다. 이런 심리정서적 문제뿐만 아니라 공격성, 과잉행동, 약물남용 등 사회적 문제행동을 하기도 하며, 중독이 세대 전이의 우려도 있어 역할 전이 현상이 나타나 자신의 욕구에 민감하지 못하고, 자신의 욕구충족에 대한 죄의식을 갖기도 한다.

(1) 알코올중독 가족의 역기능적인 특징

알코올중독 가족에서는 전형적인 역기능적 가족규범이 만들어지는데, 그 특성은 다음과 같다(Hussong & Chassin, 1997; 이상균, 2003; 대전복지재단, 2014 재인용).

① 알코올중독 가족은 매우 경직되어 있다

가족들은 중독자가 술을 마신 후 어떠한 행동을 할지 예측이 힘들고 술 마신 후의 행동을 통제하기 힘들고, 예측할 수 없는 행동은 불안을 유발시키며, 불안에 대처하기 위해 나름대로 엄격한 행동규칙을 가족에게 부여하게 된다. 따라서 가족규칙이 매우 엄격하고 경직되어 자녀들의 행동을 통제하게 된다.

② 알코올중독 가족은 침묵의 규범을 갖는다

중독자로 인해 받은 상처에 대해 함구하고 부모는 자녀의 고통을 확인하는 것이 두려워 이를 묻지 않으며, 자녀는 부모를 힘들게 하는 것이 두려워 침묵하게 된다. 감정을 표현하지 않으며 부정적인 감정을 품고 살아가며 이를 표현하지 않게 된다.

③ 알코올중독 가족은 부정의 규범을 갖는다

가족 내 중독의 문제가 있다는 것을 인정하는 것이 가족 모두에게 고통을 주기 때문에 이른 부인을 하게 되며, 자녀는 진실을 외면하게 되고 현실을 회피하게 된다.

④ 알코올중독 가족은 고립의 규범을 갖는다

알코올중독자 가족은 다른 사람들은 자신의 경험을 이해하지 못할 것이라 생각하고 다른 사람을 신뢰할 수 없다는 규범을 암묵적으로 발달시키게 된다. 또한 가족구성원 간에도 서로 간에 감정을 표현하지 않는 폐쇄적인 구조 속에 고립되는 경향이 있다. 이러한 폐쇄성은 알코올중독의 문제로부터 벗어나게 하는 자원을 차단하는 결과를 낳는다.

(2) 알코올 공동의존의 문제

대부분의 알코올중독 가족들은 공동의존되어 중독자와 비슷하게 자신의 삶을 조절할 수 없고, 문제처리를 건강하게 하지 못하는 경향을 보이며 다음과 같은 특징을 보인다.

① 알코올중독자가 술을 마시기 위해 혹은 술로 인해 문제를 일으키면 돈을 대신 갚아준다거나 숙취로 인해 결근을 하면 대신 거짓말을 해주는 등 일일이 다니면서 다 해결을 해 준다.

② 대부분 가족들은 알코올중독자가 술을 억제하지 못하는 것을 이해하지 못하고 가족들이 다양한 노력을 통해 술문제를 해결하려 하나 제대로 되지 않아 분노감과 좌절감으로 스트레스가 심해진다.

③ 가족들은 술로 인한 문제를 인정한다는 것이 너무 힘들고 고통스

럽기 때문에 이 정도는 문제가 아니라고 부인하거나 자신들이 느끼는 부정적 감정을 억압한다.

④ 어떤 가족은 가족 내에서 알코올중독자가 있다는 사실을 받아들이는 것에 심한 저항을 하기도 한다.

⑤ 어떤 가족은 중독자가 술을 조절할 수 없다는 많은 증거가 있음에도 불구하고 내 남편과 아내는 술을 조절할 수 있다는 믿음에 집착한다.

⑥ 알코올중독자들은 자신의 왜곡된 성격으로 인해 부정, 비난, 짜증으로 가족을 공격하거나 가족들은 중독자가 내는 짜증이나 비난을 자신의 잘못으로 생각하고 죄책감을 느끼고 자신을 쓸모없는 사람이라고 생각한다.

⑦ 중독자 가족 중 상당수는 정신적인 고통이 신체화 증상으로 나타나는데, 이는 가족의 어려움을 자신의 탓으로 돌리려는 경향과 이에 따른 스트레스 때문이다.

(3) 공동의존 유형

① 순교자적 유형

가장 대표적이고 일반적인 알코올중독 환자의 배우자에게 나타나는 양상으로 음주가 자신의 탓으로 여기며 배우자의 술문제를 병으로 인식하지 못하고 배우자 자신의 문제라 여기며 죄책감을 느끼고 희생과 헌신으로 문제를 해결하려고 하는 유형이다. 이 유형의 배우자의 경우에는 병원에서 치료가 시작되면 불안을 경험하여 신경적인 반응을 나타낼 수 있다.

② 박해자적 유형

순교자적 유형의 반대유형으로 자신의 행동이 통제력을 잃고 있음에도 타인을 탓하고 분노와 죄의식을 처리하기 위해 무의식중에 남을 조정하려는 패턴을 보이며, 자신의 불행을 직접 처리하기보다는 외면하고 극대화하면서 이러한 불행에 대해서는 남을 비난한다.

③ 공모자적 유형

알코올중독자가 단주를 결심하고 단주를 유지하려는 노력을 지속적으로 방해하며, 중독자가 음주상태에서 형성된 가족 내 규칙이나 주체성에 익숙해져 있어 단주를 통한 가족의 구조 변화에 불안을 느끼며, 단주로 인한 변화보다는 공모자 또는 협조자가 된다.

④ 술친구 유형

음주문제가 있는 남편과 좋은 관계를 유지할 수 있는 방법이 함께 음주하는 것이라 생각하며 배우자와 함께 알코올중독자가 될 위험이 많다. 남편과 같이 음주를 따라갈 수 없을 때 공동의존에서 벗어나기도 한다.

⑤ 냉담한 동반의존자 유형

알코올중독자를 돕는 것을 포기해 버리고 용기를 잃어서 감정적인 무감각 상태가 되는데, 이러한 경우 냉담함이 가족의 평화를 가져다 줄 수 있으나 가정에 자녀들이 있을 때 자녀에게 더 괴로움을 준다.

공동의존자는 건강한 가족의 기능을 방해하게 되어 가족 내에서 술문제를 개방적으로 표현하지 않는 경향이 있으나, 가족의 가장 큰 희생자인 자녀의 감정을 다루어 주는 것이 필요하다.

(4) 알코올중독 자녀

알코올중독 자녀들은 자신의 감정을 솔직하게 표현하거나 다른 사람들을 신뢰하기 어렵고, 자신의 감정을 인식하고 다루는 것보다 잊으려고 하는 경향이 있다. 중독가정의 적응패턴에 의해 형성되는 자녀들의 특성을 살펴보면 다음과 같다.

① 가족영웅 혹은 위대한 아이

외적으로는 모범적이고 매사 적극적인 태도로 가족들에게는 자랑스러움을 가져다주지만 내면적으로는 혼란, 죄책감, 두려움, 낮은 자존감을 가지고 있다. 성인이 되어 자기통제요구가 과도하여 일중독자가 되거나 의존적인 배우자와 결혼하여 과도한 책임을 떠안고 살아간다. 이런 유형이 전문적인 도움을 받을 경우 책임감이 강하고 능력이 많은 조직적인 사람으로 성공할 수 있다.

② 희생양 혹은 문제아

외적인 특성으로 적대감, 반항, 위축, 부정적 관심을 받으며 말썽군의 특성이 있고 내적인 특성으로 분노, 부적절감, 낮은 자존감, 버려진 느낌의 경향성을 보이며, 가족들에게는 부정적인 행동으로 가족의 주목을 받는다. 이러한 유형의 아이가 성장해서는 법적문제를 야기하는 경우가 많다. 도움을 받을 경우에는 회복, 현실수용, 타인을 도우며 살아간다.

③ 잊혀진 아이

잊혀진 특성은 존재감이 드러나지 않는 조용한 아이 느낌, 내적으로는 외로움, 버려진 느낌, 자신이 중요하지 않다는 느낌의 경향성을 보이지만 근심 걱정을 일으키진 않는다. 성인이 되어 우유부단, 무기력, 즐거움이 없고 혼자서 지내고 무절제한 성생활을 하기도 한다. 도움을 받을 경우에는 독립적이고 창조적이며 상상력이 뛰어나다.

④ 마스코트형

외적인 특성으로는 미성숙, 과다행동, 집중력부족, 학습장애로 인해 늘 보호가 필요한 아이이다. 내적으로는 낮은 자존감, 외로움, 공포심, 부적절감의 경향성을 보이며 가족들에게는 즐거움, 유머를 가져다준다. 이 유형의 자녀가 성장하면 충동적이거나 히스테리적 성격이 되기 쉽다. 도움을 받고 성숙해 지면 독립적이고 기지를 발휘하며 유머를 지닌 매력적인 유형으로 성숙된다.

알코올중독 가족들이 중독자의 회복을 위해서 가족들이 술로 인해 발생된 문제들을 해결하거나 도움을 주어서는 안 되고 문제들이 가족들의 노력으로 해결하기 어려우므로 전문가의 도움을 받도록 하여야 한다. 또한 가족들이 술을 스스로 조절하지 못하는 질병이라는 점을 받아들일 수 있도록 교육에 참여하도록 하고, 술로 인해 파생된 문제와 그로 인해 생긴 부정적 감정들을 표현하도록 도움을 주어야 한다.

2. 인터넷중독

1) 개념

한국정보화진흥원(2012)에서는 인터넷중독을 '인터넷을 과다 사용하여 인터넷 사용에 대한 금단과 내성을 지니고 있으며, 이로 인해 일상생활의 장애가 유발되는 상태'라고 정의하였다. 그러나 인터넷중독에 대한 개념이나 정의는 학자들마다 다양하게 사용하고 있어 학술적 정의가 확고히 정립되지 못한 상황으로 '사이버중독', '인터넷의 과다사용', '인터넷 과몰입', '인터넷증후군' 등으로 지칭되기도 한다. 그러나 현재까지 인터넷중독은 정신과 진단체계 내의 한 장애로서 정식으로 인정받고 있지는 못하고 있다.

최근 발표된 DSM-5에서는 인터넷중독의 경우 증상, 정의, 유병률, 경과, 치료와 더불어 국가별 연구상황, 연령층별 연구 결과 등이 미흡하다는 이유로 '연구를 위한 진단기준'에 포함되었고, 인터넷중독의 여러 가지 유형 중에서 게임중독만 '인터넷 게임장애(internet gaming disorder)'라는 진단명으로 진단기준에 포함되었다.

인터넷중독의 최근 연구에서 인터넷중독자들을 몇 개의 집단으로 분류하여 중독의 하위유형으로 메신저중독, 게임중독, 검색중독, 음란물중독, 쇼핑중독, 인터넷도박중독 등이 있다. 이 중 연구를 위한 진단기준으로 포함되어 있는 게임중독을 중심으로 살펴보고자 한다.

인터넷게임중독이란 부정적인 결과가 초래되는 데도 불구하고 게임 이용을 지속하게 되고, 현실과 가상세계의 구분이 모호하며, 결과적으로 심리적·사회적 기능상의 부적응을 초래하는 것을 말한다(이형초, 2011).

〈표 11-2〉 인터넷게임장애

〈제안된 진단기준〉
게임을 하기 위해, 그리고 흔히 다른 사용자들과 함께 게임을 하기 위해 지속적이고 반복적으로 인터넷을 사용하는 행동이 임상적으로 현저한 손상이나 고통을 일으키며, 다음 중 5가지(또는 그 이상) 증상이 12개월 동안 나타난다. 1. 인터넷게임에 대한 몰두(이전 게임 내용을 생각하거나 다음 게임 실행에 대해 미리 예상함. 인터넷게임이 하루 일과 중 가장 지배적인 활동이 됨) • 주의점: 이 장애는 도박장애 범주에 포함되는 인터넷 도박과 구분된다. 2. 인터넷게임이 제지될 경우에 나타나는 금단증상(이러한 증상은 전형적으로 과민성, 불안 또는 슬픔으로 나타나지만, 약리학적 금단 증상의 신체적 징후는 없음) 3. 내성 - 더 오랜 시간동안 인터넷게임을 하려는 욕구 4. 인터넷게임 참여를 통제하려는 시도에 실패함 5. 인터넷게임을 제외하고 이전의 취미와 오락 활동에 대한 흥미가 감소함 6. 정신사회적 문제에 대해 알고 있음에도 불구하고 과도하게 인터넷게임을 지속함 7. 가족, 치료자 또는 타인에게 인터넷게임한 시간을 속임 8. 부정적인 기분에서 벗어나거나 이를 완화시키기 위해 인터넷게임을 함(예: 무력감, 죄책감, 불안) 9. 인터넷게임 참여로 인해 중요한 대인관계, 직업, 학업 또는 진로 기회를 위태롭게 하거나 상실함 • 주의점: 이 장애의 진단은 도박이 아닌 인터넷게임만 포함한다. 업무 및 직업상 요구되는 활동으로서 인터넷 사용은 포함하지 않으며, 그 외의 기분전환이나 사회적 목적의 인터넷 사용 또한 포함하지 않는다. 마찬가지로 성적인 인터넷 사이트도 제외한다.
〈현재의 심각도를 명시할 것〉
인터넷게임장애는 일상적 활동의 손상 정도에 따라 경도, 중등도, 고도로 나뉜다. 인터넷게임장애가 덜 심각한 사람은 증상이 더 적고 일상생활에서의 손상도 더 적을 것이다. 심각한 인터넷게임장애가 있는 사람은 컴퓨터 앞에서 더 많은 시간을 보내며, 대인관계 또는 진로 및 학업기회에 있어서도 상실이 더 클 것이다.

2) 인터넷사용자의 심리적 특성

인터넷사용자는 대체로 여성보다 남성이 중독자 비율이 높은 것으로 나타나 있으며, 청소년층이 중독자 비율이 높은 것으로 나타나 있다.

(1) 정서적 특성

① 우울

인터넷중독과 관련한 연구에서 가장 높은 관련이 있는 것이 우울로서 중독자들이 현실의 대인관계에서의 불만족, 소속감의 부재로 기인한 높은 우울성향을 나타내고 있다. 인터넷을 과다 사용한 결과로 우울한 상황에 처하게 되는 경우도 있으며, 현실에서 우울한 사용자가 인터넷을 과다하게 사용하게 되는 경우도 있다.

② 사회불안

높은 사회불안이 현실세계에서 사람들을 대하기 어려워하며, 사람들의 주목을 받을 경우 불안이나 신경증, 또는 평가에 대한 지나친 두려움과 걱정 등의 불안 반응을 보이는데, 그 불안감을 해소하기 위한 수단으로 인터넷을 이용하는 경우에 심한 중독에 빠질 수도 있다.

③ 충동성

청소년의 경우 아직 자기조절력이 발달되지 않는 시기이기 때문에 이 시기의 인터넷중독은 자기통제력이 저하되고 위험이나 불이익을 예측함에도 불구하고 이를 중단하거나 조절하지 못하는 충동적인 특징이 있다.

(2) 인지적 특성

인터넷 과다 사용자들은 과잉일반화, 이분법적 사고, 부정적 사건의 극대화, 선택적 추상 등과 같은 인지적 왜곡의 경향이 있다. 특히 왜곡된 사고에서 기인한 불편한 감정을 피하기 위해 가상의 공간에서 자신감과 긍정적인 평가를 얻으려고 하는 것이다.

(3) 대인관계능력

자아존중감이 낮아 현실생활에서 대인관계에 불만족할 경우 낮은 자존감을 회복하기 위해 가상의 공간에서 익명성으로 대인관계에서 보상을 받으려고 하며 그로 인하여 인터넷에 더욱 탐닉하는 것이다.

(4) 문제해결능력

인터넷중독자들은 비중독자에 비해 스트레스 대처능력, 특히 문제중심적 대처능력이 떨어지며, 문제해결에 대한 부정적인 자기평가와 문제해결 상황에서의 부정적인 감정과 문제해결 유능성이 매우 부족하기 때문에 문제 상황에 대해 수동적인 대처를 많이 사용하는 것으로 나타나 있다.

3) 인터넷중독의 실태

한국정보화진흥원의 2016년 인터넷(스마트폰) 과의존 실태조사의 결과에 따르면 전체 인터넷 수준은 17.8%로 2011년 이후 지속적인 증가 추세에 있으며, 유아동 및 청소년 고위험군의 경우 감소 추세이나 잠재적 위험군의 경우에는 유아동은 6.0% 증가 추세이나 청소년의 경우에는 감소 추세에 있다.

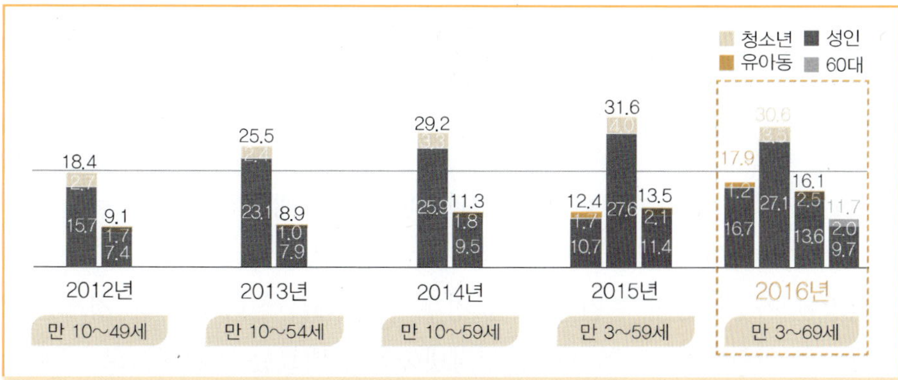

[그림 11-1] 연도별·대상별 인터넷(스마트폰) 과의존군 비율

출처: 한국정보화진흥원

4) 원인

이 장애의 원인은 학자에 따라 다양한 견해를 가지고 있으나, 인터넷 자체의 속성과 청소년의 현실에서의 낮은 효능감, 충족되지 못하는 심리적인 욕구와 해결되지 못한 심리적인 문제 등 여러 요인이 복합적으로 작용하여 사람들을 인터넷 속의 활동에 빠지고 탐닉하도록 하는 것으로 알려져 있다. 특히 성격특성상 낮은 자아강도와 불안감, 죄책감 등을 가지고 있으며, 스트레스 상황에서 일반인에 비해서 우울감과 불안상태에 빠지기 쉬우며 감정적인 대처를 하기 쉬우며 수동적인 대처양식을 많이 사용하는 것으로 나타나 있다.

5) 임상양상

인터넷중독은 청소년기에 학습에 대한 흥미 결여로 성적이 하락하고, 잦은 지각과 조퇴, 결석, PC방 출입이 증가하면서 가족 간의 갈등이 심화되는 것이 보편적이다. 또는 경우에 따라서 우울감을 호소하면서 집중력 장애, 부산스러움, 학업능력 저하와 더불어 두통이나 복통과 같은 신체 증상 및 불안 증세를 동반하기도 하며, 학교 공포증, 등교 거부, 부모에 대한 지나친 집착, 부모와의 갈등과 언쟁이 발생되며, 충동조절의 어려움으로 폭력행동을 동반하기도 한다.

6) 치료

인터넷중독의 치료는 다른 정신과질환(충동장애, 우울장애, 불안장애 등)으로 인한 인터넷중독이 동반될 경우 원질환을 우선적으로 치료하며, 불안정한 가정환경이 주원인이 될 경우 가족치료, 심리치료 등 청소년의 긴장감을 완화시켜주도록 한다. 인터넷중독의 치료는 기본적으로는 해당 청소년의 인성을 재구축하고, 가족 간의 의사소통을 활발하게 하는 것으로 다각적인 치료프로그램을 시도한다. 약물치료로는 중독 증상을 줄여주는 선택적 세로토닌 재흡수 억제제(selective serotonin reuptake inhibitors: SSRI), 날트렉손(naltrexone), 아캄프로세이트(acamprosate) 등의 약물을 사용할 수 있으며, 인터넷중독의 경우 상당수가 주의력결핍 과잉행동장애(attention deficit/hyperactivity disorder: ADHD)와 같은 집중력 장애가 동반된 경우가 많아 집중력을 향상시키도록 도와주는 덱시드린[dextroamphetamine

(Dexedrine)], 리탈린[methyphenidate (ritalon)]의 약물을 사용하기도 한다. 정신사회 재활치료로 미술치료 등이 있으며, 폭력성을 동반하거나 분노, 등교 거부 등의 극단적인 상황에 처해져 있는 경우 일시적으로 입원치료를 한다.

7) 인터넷중독의 예방지침

(1) 청소년을 위한 예방지침

- 컴퓨터는 가족이 공유하는 장소에 둔다.
- 건강을 위해 올바른 컴퓨터 사용 자세를 유지한다.
- 방과 후 할 일을 먼저 한 후에 컴퓨터를 켠다.
- 학습이나 과제 수행을 위한 컴퓨터 활용을 늘린다.
- 하루에 사용하는 컴퓨터 시간을 미리 정해 둔다.
- 특별한 목적 없이 인터넷에 1시간 이상 머무르지 않는다.
- 컴퓨터 사용시간과 내용을 컴퓨터 사용일지에 기록한다.
- 유해정보로 의심되면 열지 말고 바로 지운다.
- 인터넷을 하면서 식사나 군것질을 하지 않는다.
- 인터넷 때문에 취침시간을 넘기지 않는다.
- 인터넷 이외의 취미생활, 운동, 문화활동을 늘린다.

(2) 올바른 인터넷 사용을 위한 자녀지도 지침

- 특별한 목적 없이 인터넷에 1시간 이상 머무르지 않도록 한다.
- 하루 중 컴퓨터를 사용하는 시간을 미리 정해두고 가급적 지키도록 한다.
- 오락 목적의 인터넷 사용에 너무 치우치지 않도록 한다.
- 혼자서 컴퓨터를 사용하는 것을 피하고 공개된 장소에서 사용하는 습관을 갖는다.
- 인터넷을 하면서 컴퓨터 앞에서 식사나 군것질을 하지 않는다.
- 인터넷 대신 관심을 가질 수 있는 다른 활동을 할 기회를 갖는다.

〈표 11-3〉 우리 아이 인터넷중독 예방법

1.	컴퓨터를 켤 때는 항상 부모님의 동의를 받는다.
2.	미리 요일과 시간을 정해 놓고 일정 시간만큼만 컴퓨터를 사용한다. 일주일에 3회 이상 하지 않도록 한다.
3.	컴퓨터를 사용한 후에는 아이 스스로 끄게 한다.
4.	컴퓨터 사용 규칙을 어기면 벌칙을 준다. 벌칙은 일정 기간 컴퓨터 이용 금지 또는 하고 싶은 일 금지 등이 가장 효과적이다.
5.	컴퓨터 이용 체크리스트를 정직하게 작성한다.
6.	유해사이트 차단 프로그램을 활용한다.
7.	게임을 한 후에 곧바로 공부하지 않도록 한다. 게임의 잔영으로 공부에 집중하기 힘들다.
8.	아이가 부모의 주민등록번호를 함부로 도용하지 못하도록 한다.
9.	휴대전화나 문화상품권을 통한 캐시충전을 원칙적으로 금한다.
10.	미디어의 통제권은 부모에게 있다고 각인시킨다.

3. 도박중독

1) 개념

도박중독이란 도박으로 인하여 본인, 가족, 대인관계에서의 갈등과 재정적·사회적·법적 문제가 발생하고 있음에도 불구하고, 자신의 의지로 도박행위를 조절하지 못하고 지속적으로 도박을 하게 되는 것을 말한다.

도박장애의 진단적인 특징으로는 '지속적으로 반복되는 부적응적인 도박행동'(APA, 1994) 혹은 도박에 대한 병적인 집착과 바라는 흥분을 얻기 위해 액수를 늘리면서 도박하려는 내성과 도박을 줄이거나 중지하려고 할 때 안절부절못하거나 과민해지는 금단현상, 줄이거나 조절, 중지하려는 노력이 반복적으로 실패하려고 하는 통제감의 상실, 문제로부터의 도피나 도박으로 잃은 돈을 만회하기 위해 추격매수(돈을 잃은 후 계속해서 더 많은 돈을 거는 것) 등이 있다. 또한 도박을 하기 위해 거짓

말을 하고, 자금을 조달하기 위해 불법행위를 하며, 결국 중요한 관계가 위태로울 때까지 도박을 하게 되어 생활부적응, 재정파탄 등의 증상과 문제를 수반하는 중독성 질환이다.

〈표 11-4〉 도박장애의 진단기준(DSM-5)

A. 지속적이고 반복적인 문제적 도박행동이 임상적으로 현저한 손상이나 고통을 일으키고 지난 12개월 동안 4개(또는 그 이상)가 나타난다.
1. 원하는 흥분을 얻기 위해 액수를 늘리면서 도박하려는 욕구 2. 도박을 줄이거나 중지시키려고 시도할 때 안절부절못하거나 과민해짐 3. 도박을 조절하거나 줄이거나 중지시키려는 노력이 반복적으로 실패함 4. 종종 도박에 집착함(예: 과거의 도박 경험을 되새기고, 다음 도박의 승산을 예견해 보거나 계획하고, 도박으로 돈을 벌 수 있는 방법을 생각) 5. 괴로움(예: 무기력감, 죄책감, 불안감, 우울감)을 느낄 때 도박함 6. 도박으로 돈을 잃은 후, 흔히 만회하기 위해 다음날 다시 도박함(손실을 쫓아감) 7. 도박에 관여된 정도를 숨기기 위해 거짓말함 8. 도박으로 인해 중요한 관계, 일자리, 교육적·직업적 기회를 상실하거나 위험에 빠뜨림 9. 도박으로 야기된 절망적인 경제 상태에서 벗어나기 위한 금전 조달을 남에게 의존함
B. 도박 행동은 조증삽화로 더 잘 설명되지 않는다.
• 경도: 4~5개 만족 • 중등도: 6~7개 만족 • 고도: 8~9개 만족

2) 도박중독의 유형

로버트 커스터(Robert Custer)의 하향 나선형 모델은 강박적 도박의 단계를 약한 수준에서부터 강박적이고 부적응적인 수준에 이르기까지 점진적인 것으로 보았다.

(1) 승리의 단계

첫 번째 단계는 사교 혹은 오락성 도박으로 시작한다. 이 단계에서는 보통사람의 3달 내지 6달치의 월급에 해당하는 대박을 경험하게 되며, 이러한 경험을 통해 어떤 사건에 대한 결과를 기대하게 되는 것으로 병적인 도박에 빠져들게 되는 것이다. 대박의 경험 뒤에 승리의 쾌감에 도취되는 승리의 단계가 된다. 손실도 일어나기는 하지만 이 단계에서부터 완전한 게임 몰입을 하게 되는 것이다.

(2) 손실단계

이 단계는 큰 승리의 경험을 계기로 승리에 대한 잘못된 기대를 갖게 되면서 완전히 몰입하게 되는 단계이다. 도박은 내성을 갖게 되기 때문에 도박에 몰입하면 할수록 더 큰 금액을 투자하게 되어 손실이 커지게 되며, 이 손실을 만회하고자 도박에 더 자주 참여하고 자신의 경제적 능력의 한계를 벗어나 많은 돈을 베팅하여 추격매수를 하게 되는 것이다. 추격매수는 도박중독 진단기준의 하나로 도박중독자의 재정적·심리적·사회적 악화를 초래하게 하는 것이다.

(3) 절망의 단계

이 단계는 도박으로 인한 손실을 감당할 수 없을 때 나타나는 거짓말, 범법행위를 하며, 가족이나 사회로부터의 소외를 경험하며 법적 소송에 연루되고, 금단현상이 나타나며, 자살을 생각하고, 시도하기도 한다.

3) 원인

도박중독의 원인은 사회적·환경적 차원과 개인적 차원으로 구분된다. 사회·환경적인 차원은 도박에 대한 사회적 태도, 사회적 통제, 접근 가능성이 도박중독과 상관관계를 갖는다는 것이다. 개인적인 차원으로는 첫째, 유전적인 요인으로 도박중독자의 부모가 도박경험이 20% 정도로 보고되고 있으며, 둘째, 생물학적인 요인으로 도박의 경험이 도파민이 크게 상승하여 그 쾌감과 즐거움에 중독된다는 것이다. 셋째, 심리적·성격적 요인으로 자극을 추구하는 성향이 높을수록, 도박활동을 통해 새로운 관계를 맺고, 그 관계에 의존하게 되면서 현실을 도피하고자 하는 심리가 도박을 지속하게 만드는 중요한 요인이 되고 있다.

4) 임상양상

병적 도박자들은 점진적인 도박에 대한 충동이 있고, 지나칠 정도로 자신만만하다. 상당히 열정적이며, 스트레스 상황이나 불안 또는 우울할 경우 돈을 낭비하는 경향이 있다. 물질남용장애와 마찬가지로 내성과 금단증상을 보이며, 시간이 경과할수록 도박에 거는 금액이 커지게 된다. 또한 도박을 못하게 할 경우 우울, 불안, 안절부절못하는 등의 증상이 나타난다. 도박자금을 마련하기 위해 거짓말, 문서위조, 사기, 공금횡령을 하기도 하고, 반사회적 행동으로 범법자가 되는 경우도 흔하다. 결국 재정적인 곤란으로 인하여 가족이나 친지, 사회로부터 신용을 잃고 직장생활을 유지하기 어려우며, 심한 경우 자살을 선택하기도 한다.

5) 경과 및 예후

도박장애의 유병률은 성인인구의 1~3% 정도로 추산되고 있으며, 전형적으로 남성은 청소년기에, 여성은 인생의 후기에 시작되는 경우가 많으며, 남성이 여성보다 많다. 병적도박은 갑작스런 발병 전 몇 년 동안 사교적 도박기간이 있었던 경우가 흔하다. 또한, 가족력이 관계 있는 것으로 남성의 경우에는 아버지의 병적도박과 여성의 경우에는 어머니의 병적도박과 관련이 많다. 도박자의 부모가 알코올의존인 경우도 많이 보고되고 있으며, 특히 도박이 합법적인 지역에서 유병률이 높은 것으로 나타나 있고, 진행성 질환으로 만성적인 경과를 겪는다.

6) 치료

도박중독의 경우 대부분 비자발적인 동기에 의하여 치료를 받으러 오는 경우가 매우 흔하며, 특정한 치료법으로 알려진 것은 없다. 중독에 대한 충동이 강하거나 심한 금단증상으로 고통을 받을 경우 입원 및 약물치료를 하여야 한다.

약물치료는 도박에 대한 충동이 강하거나 금단증상이 심할 때 항갈망제를 사용하는데, 항갈망제는 엔도르핀 수용체인 뮤-오피오이드 수용체(mu-opioid receptor)의 차단효과를 통해 간접적으로 도파민에 관여하여 충동(갈망)을 조절하기 때문에 도박중독의 충동에 도움이 된다. 또한 병적 도박인 경우 플루복사민(fluvoxamine)이 효과가 있다는 보고가 있으며 도박이 우울장애, 조증, 불안장애, 기타 정신질환과 연관되어 있는 경우 항우울제, 항불안제 등의 약물치료가 효과적일 수도 있다.

이외에 도박관련사고와 행동의 변화를 도모하기 위하여 인지행동치료, 정신역동적 정신치료, 행동치료로 혐오치료, 노출-소거전략 등이 있으며, 도박을 대체할 수 있는 적합한 대안활동을 탐색하고 바람직한 대처방식을 학습하도록 대안치료가 많이 시도되고 있다. 최근에는 약물중독과 행위중독의 비자발적인 클라이언트에게 변화 동기를 유발시키고 변화저항을 다루고 변화에 대한 양가감정을 충분히 탐색해서 내담자가 변화결심단계로 나가도록 하는 동기강화 접근법이 시도되고 있다. 또한 도박문제를 영적 프로그램인 서로의 경험과 공동체의 힘으로 도박문제를 해결하고자 하는 단도박모임(Gambling Anonymous: GA)이 있다.

〈표 11-5〉 도박중독에 대한 오해와 진실

1. 도박중독자는 사교적으로 능수능란하고 근심걱정이 없는 성격이다?
그렇지 않다. 흔히 영화나 소설에 등장하는 도박중독자의 모습은 사교적으로 능수능란하고, 천하태평인 경우가 많다. 물론 이러한 도박중독자도 있지만, 이와 달리 조용하고, 내성적인 성격의 도박중독자도 있다. 충동적이고 감각추구적인 성향의 사람들이 도박중독에 빠지기 쉽다는 연구 결과가 있지만, 그 반대 성향의 사람이라고 해서 도박중독으로부터 안전한 것은 아니다.
2. 도박중독 문제는 중년층의 남성에게만 나타난다?
그렇지 않다. 많은 연구와 조사 결과, 도박중독 문제가 중년층의 남성에게서 주로 나타나는 것은 사실이다. 하지만 나이가 많거나 적다고 해서, 여성이라고 해서, 사회적으로 명망이 높은 직업을 가지고 있다고 해서, 사회경제적으로 안정된 계층에 속한다고 해서 도박중독의 문제로부터 완전히 안전하다고 할 수는 없다. 연령, 성별, 직업, 계층에 상관없이 어느 누구든 반복적으로 도박을 하고 도박에 대하여 기대하는 효과를 경험하면 뇌신경 회로에 변화가 생겨 도박중독이 될 수 있다.
3. 도박중독은 만성질환이기 때문에 아무런 희망도 없고, 평생 불행하게 살게 된다?
그렇지 않다. 도박중독은 평생 지속되는 만성질환이기 때문에 '완치된다'는 말을 사용하지 않는다. 이러한 설명을 듣고 나면 "도박중독은 만성질환이니까 더 나아지기 위한 어떠한 노력도 소용이 없고, 이후의 삶은 불행할 수밖에 없는 것 아니냐?"고 반문하는 경우도 있다.

3. 도박중독은 만성질환이기 때문에 아무런 희망도 없고, 평생 불행하게 살게 된다?

도박중독 문제에 빠진 분들도 도박에 취약한 나의 상태와 '함께' 살아가는 법을 배우고 실천하는 과정에서 나의 내면을 더욱 세밀하게 살피고 알아차리는 능력이 생긴다. 그 속에서 삶의 새로운 의미와 가치관을 찾아가게 되는 것이 진정한 행복임을 다른 회복자들이 보여주고 있다.

4. 도박을 계속하는 이유는 오직 도박 빚 때문이므로 빚만 갚아주면 단도박을 하게 될 것이다?

그렇지 않다. 이미 도박을 조절하는 능력이 취약해진 사람에게 돈 문제를 해결해 주는 것은 다시 도박하기 쉬운 환경을 제공해 주는 것과 다르지 않다. 당분간은 도박에 손을 대지 않을 수도 있지만, 도박을 하고 싶은 마음이 사라지는 것은 아니다. 빚 문제가 '깨끗하게' 해결된 상황에서는 돈을 다시 구하기가 쉬워진다. 또한 가족이 해결해 주었던 과거 경험을 통해 돈 문제가 생겨도 가족이 도와줄 것을 기대하여 다시 도박을 하게 된다.

5. 도박만 끊게 되면 아무런 문제가 없을 것이다?

그렇지 않다.

도박중독 = 도박 + 후유증(삶에 대한 태도와 가치관:
무책임, 거짓말, 의존, 남 탓, 일확천금의 심리 등)
회　　복 = 단도박 + α(후유증에서 벗어나기 위한 노력)

삶의 방식, 태도, 가치관 등의 변화를 위한 노력이 수반되지 않은 채 도박만 끊게 되면 모든 것이 해결될까? 삶의 방식에 있어서 여전히 책임을 남에게 전가하고, 가정/사회/직장 등에서 내가 맡은 역할을 제대로 수행하지 않고, 자신이 노력한 것보다 더 많은 것을 바라며, 순간을 모면하기 위한 거짓말을 계속하고, 문제를 회피하는 등의 태도가 지속되고 있다면 이는 진정한 의미의 회복이라고 하기가 힘들다.

때로는 "당신들이 그렇게 원하는 대로 도박을 끊었으니, 내가 요구하는 이 정도는 해줘야 하는 것 아니냐."며 매우 거만한 태도를 보이고 자기중심적인 요구를 하는 것처럼 도박 문제에 가려져 있던 다른 문제가 부각되기도 한다. 이러한 상황이라면 다시금 도박에 손을 대기 쉬우며, 도박으로 재발하지 않는다고 해도 술, 인터넷 등 다른 중독의 문제가 발생하기도 한다.

6. 도박중독은 의지가 약하거나 무책임한 사람들에게 생기는 것이다?

그렇지 않다. 많은 사람들이 도박을 하다가 점차 중독에 빠지고 그만두지 못하는 것은 그 사람이 의지가 약하거나 무책임하기 때문이라고 생각한다. 그러나 도박중독은 도박을 조절할 수 있는 생물학적 능력을 잃어버린 병이다. 따라서 개인의 의지만으로 해결할 수 없다. 도박중독자들이 몇 번씩 그만두려고 마음먹지만 자꾸 번복되는 것은 그들이 의지가 약하거나 무책임하기 때문이 아니라 이러한 이유 때문이다.

출처: 한국도박문제관리센터.

생각해보기

1. 영화 〈카이지〉, 〈48+1〉, 〈라운더스〉 감상 후 영화 속 도박중독의 심각성과 도 박의 원인, 도박중독의 치유와 재활과정에 대해 생각해보기.

2. 알코올중독이나 도박중독 가정에서 자라는 아동·청소년들에게 세대 간의 전이를 예방하기 위한 지역사회 사회복지실천 전략에 대해 생각해보기.

12장

자살과 사회복지

<학습목표>

1. 청소년의 자살에 대해 학습한다.
2. 노인의 자살에 대해 학습한다.

<키워드>

청소년 자살, 노인자살

1. 청소년의 자살

청소년기, 즉 아동에서부터 성인으로 넘어가는 과도기에 나타나는 신체적·정신적·인지적·사회적인 급격한 변화로 인해 과도한 스트레스를 경험하고 이것을 해결하는 방법으로 자살을 하려고 하는 것이다. 다른 연령대보다 청소년기 자살문제가 1위를 차지하여 더 심각하다는 것을 보여준다. 여기에서는 청소년 자살의 특성, 청소년의 다양한 자살심리, 청소년 자살의 원인적 위험 요인, 청소년 자살의 예방, 자살

징후를 보이는 청소년을 도와주는 방법에 대해서 살펴보고자 한다.

1) 청소년 자살의 특성

첫째, 부모로부터 심한 꾸중이나 심리적 거절, 외모에 대한 고민, 이성 친구와의 헤어짐, 성적저하, 왕따, 입시 실패 등 대부분 분명한 동기가 있다(박광배 외, 1991).

둘째, 충동성이 강하게 작용한다. 성인의 경우 견디기 힘든 우울감, 절망감, 무기력감 등 자신의 위기 상황에 대한 신중한 평가가 자살을 결정짓는 큰 요소인데, 반해 청소년의 경우는 충동성이 매우 큰 결정 인자가 된다(박광배 외, 1991).

셋째, 피암시성이 강해 동반 자살이나 모방 자살이 많이 일어난다. 청소년의 경우, 특히 같은 처지에 있는 여학생들 사이에서 동반 자살이 흔히 일어난다. 이는 가정, 학교, 또래집단으로부터 소외된 청소년들에게서 흔하다. 또한 청소년 특유의 현상은 모방 자살이다. 과거 『젊은 베르테르의 슬픔』이라는 괴테의 소설 작품 주인공을 모방한 권총 자살이 유행했던 것처럼 청소년의 경우 친구나 TV 등 매스컴의 영향을 쉽게 받는다.

넷째, 치사율이 높은 자살 수단을 사용한다. 미국의 경우 총기, 목매달기, 약물 과다복용, 달리는 차에 뛰어들기가 흔하나, 우리나라의 경우 쉽게 구할 수 있는 약물을 복용하거나 목매달기, 고층 아파트에서 뛰어내리는 등 청소년 자신도 죽을 의도가 심각하게 없음에도 불구하고 자살 방법이 치명적이다.

다섯째, 자살을 문제 해결의 방편으로 삼아 쉽게 충동적으로 자살 행동에 옮긴다. 청소년은 겪고 있는 스트레스가 심하고 어려운 문제에 접하였을 때, 깊이 따져 보지도 않고 자살 행동에 뛰어 들고 도피와 같은 심리적 기제를 적용하여 현실의 고민에서 벗어나 사후 세계에서 해결하려는 판단 미숙과 오류가 강하게 작용한다.

여섯째, 자살 행위는 도움을 청하는 기능이 있는데, 다른 연령군에서도 그렇지만 청소년들은 특히 남에게 괴로움과 고민을 말로 알리고 도움을 청하지 못하고 행동에 옮기는 경향이 있다. 이러한 청소년의 행동화 경향과 대부분의 자살 시도자들의 죽음에 대한 양가적 감정을 고려한다면 자살 행위는 항상 도움을 청하는 울부짖음이라 할 수 있다.

2) 청소년의 다양한 자살심리

- 어려운 상황을 피하기 위한 도피성 자살
- 보복 심리에 의한 자살
- 자기 처벌로서 자살
- 욕구좌절에 의한 자살
- 죽은 가족과의 재결합을 위한 자살

3) 청소년 자살의 원인적 위험 요인

(1) 정신과적 장애

적어도 60~90%의 자살 시도자의 자살자들은 정과적인 문제를 가지고 있는 것으로 분석되고 있다(송동호 외, 1996; Pfeffer, 1986; Schaffer, 1986). 그중에 가장 흔한 것이 주요우울증, 양극성 장애, 약물남용, 품행장애 등이다(Brent et al., 1993). 청소년기에는 특히 충동성이 문제가 되는데, 비행청소년, 적대적 반항장애, 약물남용 등의 행동문제를 가진 청소년이 충동적으로 자살 시도를 하고 그것이 자살로 끝날 수 있다.

(2) 발달 및 성격적인 측면

자살 시도나 자살에 성공한 청소년 중 상당수는 발달과정에서 문제를 갖는다. 예를 들어 학습장애, 언어장애 등을 보이거나 행동적으로 매우 충동적이고 공격적인 아동이었을 가능성이 많다. 상당수의 자살 시도 청소년은 약물남용이나 성격장애를 가지고 있다. 특히, 반사회적 성격 또는 경계선 성격장애 청소년들이 반복적으로 자살 시도를 한다. 그들에게 공격성과 충동성, 그리고 자살 행동은 밀접한 관련이 있는 것으로 보인다.

(3) 생물학적인 요인

자살의 유전적 요인을 암시하는 가계 연구나 쌍생아 연구의 보고들이 있다. 자살의 유전적 요인은 아마도 자살이 흔히 수반되는 양극성장애, 정신분열증, 알코올중독과 같은 정신장애들의 유전에 연루되는 요인일 것이다. 그러나 정신장애와 상관없는 독립적인 요인일 수도 있으며, 정신장애와 관련 있는 요인일 수도 있다.

(4) 스트레스

다른 연령군에도 그렇지만 청소년기에도 자살 당시 부모 또는 친척의 죽음이나 동생의 출생, 가족의 병원 입원, 잦은 이사 등 스트레스가 높은 생활사건이 많은 것으로 보인다.

(5) 정서적 지지 기분의 약화와 버림받음

사회적인 적응 문제는 자살 행동과 밀접한 관련이 있다. 특히, 청소년기에는 더욱 두드러진다. 충분한 사회적인 지지 기반과 환경적인 안정 및 부모·친척 간의 원만한 관계에 문제가 있을 때, 가까운 친구나 자기를 이해해 줄 만한 사람이 없을 때는 문제가 생겨도 도움을 청할 사람이 없어서 자신의 문제에 대하여 무기력하고 희망이 없는 것으로 판단하여 충동적 혹은 절망적으로 자살 행동을 하게 된다.

4) 청소년 자살의 예방

- 자살하겠다고 위협하거나 과거에 자살을 시도한 일이 있었던 경우, 다시 자살을 기도할 가능성은 20~30배 높다.
- 부모나 다른 가족구성원이 자살을 시도한 경우 또는 자살 시도를 했거나 자살에 성공한 친구가 있는 경우에 가족은 조심해야 한다.
- 죽음과 관련된 말과 행동을 하는 경우는 주의해야 한다. 일기장에서나 친구에게 자살이나 죽음에 관해 자주 언급하거나, 먼저 세상을 떠난 친지나 친구에 관해 자주 말하거나, 자살에 관한 책을 읽거나

글을 쓰거나, 자살을 시도한 일이 있는 사람을 찾는 등의 언어와 행동이 관찰되면 자살을 할 생각과 의지가 있는 것으로 보고 이를 심각하게 받아들이고 적절한 조처를 취해야 한다.

- 청소년 스스로 자신을 받아들이지 못하거나 심한 열등의식에 사로잡혀 있는 경우 더욱 주의해야 한다. 자신이 신체적 결함을 가지고 있거나 이상과 현실 간에 심각한 차이를 가질 때 자살 가능성이 높다.
- 이혼이나 불화로 가정 기능이 붕괴되어 가정이 자녀에 대한 보호, 양육, 교육 기능을 다하지 못할 때, 아이들은 절망에 빠지기 쉽고 자살 행동이 증가한다.
- 학교 등교 등 평상시 해 오던 일상 활동을 거부하거나, 학업 성적이 지속적으로 떨어지거나, 낙제, 장기결석, 가출, 학교 중퇴 시 자살 시도가 급증한다.
- 행동에 큰 변화가 있을 때 주의해야 한다. 평소에 순종적이던 아동·청소년이 사소한 일로 부모에게 짜증을 내고 비난하며 도전적인 발언을 하거나, 무모한 행동을 하거나, 평상시와 다른 반항과 파괴적 행동 및 급격한 성격 변화를 보일 때 자살의 위험성을 생각해야 한다.
- 상당 기간 지속되는 우울 증상이 있을 때 특히 조심해야 한다.
- 부모 몰래 약을 사 모으거나 위험한 물건을 감추는 것이 발견되는 경우 또는 항정신성 약물(antipsychotic drugs), 담배, 알코올 섭취가 증가하는 경우
- 마음의 상처를 받았거나 자신이 귀중하다고 생각하던 것을 잃었을 때
- 갑작스러운 가족의 죽음, 친구의 죽음이나 갑작스러운 사고에 의해서 심각한 정신적인 충격을 받았을 때
- 오랫동안 불안정하고 침울해 있던 아이가 뚜렷한 이유도 없이 갑자기 평화스럽게 보이며 자기 주변을 정리하거나 평소 아끼던 소유물을 다른 사람들에게 나누어 줄 때
- 입시 실패 전후
- 자살을 모험적이고 로맨틱하게 생각하는 청소년은 특히 주의해야 한다(Gould, 2001).

5) 자살징후를 보이는 청소년을 도와주는 방법

(1) 가족의 역할

자살을 예방하기 위해서 부모나 가족은 당사자를 야단치거나 자극적인 언사를 피하고, 우선 다가가서 정서적으로 지지해 주어야 한다. 또 왜 그런지 그 동기를 이해하려는 태도를 취하는 것이 중요하다.

(2) 친구의 역할

우리나라의 경우 청소년들이 고민과 걱정거리를 상담하는 대상이 친구가 46.4%로 제일 많았다는 점을 고려하면, 청소년기에 친구 집단은 가장 중요한 수문장(gate keeper)이자 상담자 역할을 하며 영향력이 있는 집단임을 알 수 있다. 그러므로 자살의 징후를 보인 경우 친구가 도움이 되는 경우가 많다. 최근 우리나라에도 또래상담자 제도가 정착되어 실효를 거두고 있다.

- 친구의 이야기에 귀를 기울인다.
- "그것은 중요한 것이 아니야"라고 문제의 심각성을 부정하지 않는다.
- 친구의 긍정적인 측면을 지적해 준다.
- 신속한 조치를 위한다.

(3) 전문가의 역할: 위기개입

- 안전한 환경에서 손상을 입히지 않고 위기가 지나가게 한다.
- 희망이 존재한다는 것을 알게 한다.
- 자살이 여러 대안들 중의 하나인 것을 알게 한다.
- 위기에 처할 때 도와줄 자원이 있으며, 이 자원을 동원하는 방법을 알게 한다.

6) 청소년 자살을 예방하기 위한 대책

(1) 가정의 학생 자살예방 대책

- 정신적으로 건강한 아동으로 기른다.
- 평소에 자녀와 좋은 관계를 유지하고 대화를 계속한다.
- 자녀에 대한 과잉보호, 과잉기대, 무관심을 지양한다.
- 인내심과 극기심을 배양하고 긍정적 가치관과 생명의 존엄성을 고취시킨다.
- 가정의 고유 기능을 발휘한다. 자녀에 대해 세심하게 관찰하고, 성장 및 발달을 지원하며, 충분한 애정과 정서적 지지를 제공하고, 부모로서 모범적인 생활을 보여준다.

(2) 학교의 학생 자살예방 대책

- 부모, 교사, 학생들에게 청소년기의 특성과 자살에 대한 예방 교육을 실시한다.
- 청소년기의 가치관을 정립·지도한다.
- 상담 활동을 강화하고 또래상담제도를 도입한다.
- 즐거운 학교생활 풍토를 조성한다.
- 성적에 대한 중압감을 해소시켜 준다.
- 학교폭력, 왕따 등 폭력 희생자를 줄인다.
- 학생 자살예방 지도를 위한 유인물과 책자를 발간한다.

(3) 전문가와 사회의 학생 자살예방 대책

- 정신질환의 조기 발견과 치료
- 고위험군의 선별과 관리
- 지지체계의 개발과 유지
- 매스컴을 통한 자살에 대한 인식 전환
- 궁극적 자살 방지는 누군가와의 의미 있는 관계(사랑)라는 것을 인식

2. 노인의 자살

1) 노인자살의 특성

노인에서 자살 사고는 1~36%로 젊은 성인에 비해 적고 자살 시도 또한 젊은 성인에 비해 적으나, 자살 수행은 나이에 따라 더 증가하는 것으로 보고되고 있다. 특히 서구에서는 남성들의 자살률이 여성들의 자살률보다 더 높은 경향이 있다. 노인이 자살을 목적으로 하는 자해행위는 젊은 성인에 비해 더 치명적인 손상을 입는 경우가 많다. 이는 노령의 신체 특성상 취약성이 크고 대체로 혼자 사는 노인이 많아 자해행위 이후 치명상을 입기 전에 조기에 발견될 가능성도 적고, 죽고자 하는 욕구가 강해 좀 더 치명적인 자해방법을 사용하기 때문인 것으로 보인다. 노인이 젊은 성인에 비해 자살 수행률이 3~5배 정도 높지만, 노인은 사회 통념상 가치가 떨어지고 우울하고 죽음에 가까운 존재로 잘못 인식되어 있으며, 인구 구조상 젊은 사람의 자살수가 노인의 자살 수보다 많기 때문에 노인의 자살은 간과되는 측면이 있다. 하지만 인간의 존엄성, 남아 있는 가족의 슬픔, 노인 인구의 증가 추세 등을 고려해 볼 때 노인의 자살은 심각하게 다룰 필요가 있다.

2) 자살과 관련된 요인

(1) 생물학적 요인

노인에서 자살 수행률이 높기 때문에 노화에 의한 뇌의 변화가 노인의 자살률 증가와 연관이 있는지를 알아보고자 하는 연구들이 진행되고 있다. 성인에서 뇌척수액 내의 세로토닌 대사산물인 5-HIAA의 농도 감소가 공격적이고 충동적인 행동의 발생과 관련 있다는 연구가 계속되어 왔고, 이러한 연관성이 우울 증상을 가진 자살 시도자에게서도 계속 주목되어 왔다. 또한 자살을 수행한 사람들의 뇌를 부검한 연구에서 이러한 세로토닌 이상과 자해행동 간의 연관성을 뒷받침하는 보고들이 계속 되면서, 만 등(Mann et al., 1999)은 세로토닌의 활성도 감소가 우울증을 가진 사람에게서 자살 사고나 절망감이 생겼을 때 공격적이고 충동적인 행동으로 이행할 가능성을 높이게 된다고 주장하였다.

세로토닌 외에도 뇌 속의 노르에피네프린, 도파민 같은 신경전달물질, 신경내분비계 등의 생물학적 변화가 충동성 및 자살 수행과 관련성이 있을 것이라는 연구도 진행되고 있으나, 세로토닌 이외에는 일관된 결과가 나오지 않고 있다. 향후 이러한 신경생물학, 신경영상학, 유전학 등의 생물학적 연구를 통해 자살 고위험군을 미리 가려낼 수 있는 검사가 고안되리라 기대하지만 아직까지는 자살에 직접 연관된다고 보는 특이한 표식자(marker)는 밝혀져 있지 않다.

나이가 들어감에 따라 자살률이 증가하고 남성 노인의 자살률이 여성 노인의 자살률보다 높은 것이 일반적인 형상이다. 노화가 진행됨에 따라 뇌에서 생물학적인 변화가 생기게 되고 이러한 변화에서 남녀가 차이가 있다는 것이 노인의 자살률, 특히 남성 노인의 자살률을 더 높이는 생물학적인 요인이 되지 않는가 하는 가설들이 꾸준히 제기되어 왔다. 실제 여러 예비 연구에서 노화가 진행됨에 따라 전두엽에서 5-HT2수용체 결합이 감소한다고 보고하여 노화에 따른 자살의 증가를 설명하였으며, 또 다른 연구에서는 세로토닌 및 다른 신경전달물질의 변화가 생기고 이러한 변화가 남성에게서 더 두드러진다고 보고하였다. 또한 자살을 수행한 노인 우울증 환자가 자살 시도를 한 적이 없는 노인 우울증 환자에 비해 뇌척수액의 세로토닌 대사물이 감소되었다는 연구 보고도 있다. 이렇게 볼 때 생물학적 요인의 변화가 자살에 영향을 미칠 수 있다는 가설은 노인자살에 적용될 수 있다. 그러나 이러한 생물학적인 변화가 노인자살에 직접적인 영향을 줄 것이라는 결론을 내리기에는 아직까지 진행된 연구가 많지 않다.

(2) 심리학적 요인

노인자살의 심리학적 요인에 대한 연구는 전향적으로 이루어진 것은 거의 없고 주로 심리부검법에 의해 후향적으로 이루어지고 있다. 그 결과에서는 정신질환을 노인자살의 주요한 위험 요인으로 간주하고 있다. 자살한 노인의 75% 이상이 자살 당시에 적어도 하나 이상의 정신질환 상태에 있는 것으로 추정되는데, 특히 자살한 노인의 50~87%가 자살 당시에 우울증이 있는 상태인 것으로 보고되고 있다. 이러한 경향은 고연령층의 노인에게 더 많이 적용되는 것으로 보인다. 뷰트레이스(Beautrais, 2002)는 자살과 자살 시도에 대한 연구에서 우울증을 치료한다면 노인자살을 74% 정도까지 줄일 수 있을 것이라고 밝혔다. 조현병이나 망상형 장애의 경우는 이들 질환에서의 자살률이 6~17%로, 일반 노인군의 자살률인 0.1%에 비해 훨씬 높게 나타나고 있다. 알코올 의존을 포함한 약물 사용 장애도 자살률을 높이는 것으로 보고되어 있다. 최근에 이루어진 웨른 등(Waern et al., 2005)의 연구에서는 주요우울장애, 경도 우울장애, 약물 사용 장애의 경우 자살의 위험을 각각 21배, 6배, 16배 높이는 것으로 보고하였다. 불안장애의 경우 자살과 관련이 있는지는 확실하지 않다.

일반적으로 성격 유형이 자살과 어떤 관련이 있는지를 유형화하기는 힘들다. 하지만 듀버스타인과 콘웰, 케인(Duberstein, Conwell & Caine, 1994)의 연구에서는 노인자살 수행자들이 신경질적이고 폐쇄적이며 주위에 대한 흥미가 적은 것으로 보고하였다. 인지장애를 가져오는 치매 환자의 경우는 자살률이 일반 노인군의 자살률보다 높지 않으며, 우울증이 흔히 동반되는 것으로 여기는 치매 초기에서 조차 자살률이 낮은 것으로 나타났다. 이는 치매로 인한 인지기능 저하가 오히려 자살을 막는 보호 요인의 역할을 하고 있는 것으로 추정된다. 그렇지만 조짐(aura)이 있는 편두통 환자, 뇌전증 환자, 뇌경색 환자, 다발성 경화증 환자, 외상 후 뇌손상 환자, 헌팅턴병 환자에서 자살 위험이 증가하는 것을 고려해 볼 때 치매 아형에 따라 자살 위험이 다를 수 있으며, 우울증이 흔하게 동반되는 피질하 뇌경색 치매 환자에게서 자살의 위험이 더 높을 가능성이 있다. 그 외에 불면증이나 지속적인 통증이 자살의 위험을 높인다는 보고도 있다.

추 등(Chiu et al., 2004)의 보고에 의하면 자살 수행 노인은 자살 시도 경험이 있는 경우 자살 위험이 39배 높아졌으며, 특히 자살 수행 전 일주일 동안 자살 시도를 한 노인이 약 1/3에 달하였다. 따라서 최근에 자살 시도를 한 노인의 경우 집중적인 관리가 필요하다.

(3) 신체적 요인

만성 질환이나 중증질환은 노인에게 자살 사고를 가져오기는 하지만, 만성 또는 중증 신체질환 단독으로는 노인에게 자살을 유발하지는 않는다. 하지만 신체질환에 의해 우울증이나 다른 정신병리가 유발될 경우 자살에 큰 영향을 미치며, 이러한 경향은 고연령층의 노인이나 남성 노인의 경우 더 큰 영향을 받는 것으로 보고되고 있다. 특히, 75세의 고연령군인 경우 자살의 위험을 약 5배 높일 수 있다. 암환자의 경우, 특히 남성은 진단을 받은 지 2년 이내에 자살률이 증가하는 것으로 보고되고 있으며, 이들 환자의 62.5~85%가 우울장애나 불안장애 같은 정신질환을 동반하는 것으로 보고되고 있다. 그리고 실제 신체질환이 없다 하더라도 암과 같은 심각한 질환에 대한 두려움이나 걱정 자체가 우울증을 유발하여 자살의 위험도를 높이는 것으로 알려졌다. 이는 특히 남성 노인인 경우에 더 많은 영향을 받는 것으로 알려졌다. 따라서 심한 신체질환을 가진 노인인 경우, 자살을 예방하기 위해 심리학적 상태에 대해서 주의 깊게 평가하는 것이 필요하다. 더불어 자살 수행 노인의 58%가 사망 전 한 달 동안 1차 진료의를 만난다는 보고가 있었기 때문에 1차 진료의에게 우울증에 대한 교육을 하는 것은 매우 중요하다.

(4) 사회적 요인

생활사와 관련된 요인은 교정할 수 있는 경우가 많아 자살의 예방적 측면에서 중요하다. 일반적으로 자살과 관련된 사회적 요인으로는 가족이나 친구의 사망 또는 이별, 해고·은퇴 등 직업·경제적인 어려움, 가족 내 불화, 감금 등 법률적인 상황, 사회적 지지망의 부족 등이 제시되고 있다. 하지만 생활사와 관련된 각각의 요인이 노인자살에 미치는 영향에 대해서는 많은 논란이 있다.

비교적 일관성 있게 노인자살자 중 특히 남성 노인에게서 이혼 또는 사별에 의해 혼자 사는 노인이 많은 비중을 차지한다는 보고가 많다. 노년기에 빈번히 일어나는 사별은 자살을 유도하는 심각한 위험 요인으로 추정되고 있다. 특히 배우자와의 사별이거나 사별이 갑작스럽게 일어났을 때, 그리고 남성 노인이 사별을 당하였을 때 위험도가 3배 정도 높아지는 것으로 보고되는데, 사별 후 6개월 이내에 자살의 위험도가 가장 높다고 한다. 또한 남성 노인의 경우 별거, 독신에서도 자살 위험이 높아지는 것으로 알려져 있다. 그러나 여성 노인에게서는 이 효과가 뚜렷하지 않다. 그러나 샤와 디(Shah & De, 1998)의 연구에서는 여성 노인자살자에게서도 50% 정도가 혼자 사는 노인이라고 보고하였다.

이것으로 추정으로 볼 때, 젊은 연령층에 비해 노인의 경우 사회적 지지망의 감소 및 친지나 친구와의 접촉 감소가 자살에 큰 영향을 미칠 수 있다. 그러나 이러한 사회적 고립이나 생활사의 스트레스가 사별이나 신체적 질환을 제외하고는 특별히 젊은 연령층에 비해 노인 연령층에서 더 크게 작용한다는 증거가 없으므로, 노인 연령층의 높은 자살률을 설명할 만한 충분한 위험 요인으로 볼 수 없다는 반론 또한 적지 않다.

은퇴나 퇴직 자체가 노인자살의 중요한 위험 요인은 아니나, 퇴직이나 은퇴가 원하지 않은 상태에서 갑작스럽게 일어나서 이후의 새로운 생활에 적응할 수 없거나 그 변화에 대처할 융통성이 부족한 경우 노인에게는 위험 요인으로 작용할 수 있다. 그러나 경제적인 빈곤 상태는 젊은 성인과는 달리 노인의 자살에서는 의미 있는 위험 요인이 아닌 것으로 보고되고 있다.

병원이나 양로시설 등 수용기관에 입원해 있는 노인의 경우 일반 노인에 비해 자살률이 높지 않다. 이는 수용기관 자체에서 자살을 방지할 수 있는 안전한 시설과 치료진의 관찰이 이루어지고 있으며, 우울증을 조기에 발견하여 치료할 수 있는 환경이 유의한 보호 요인으로 작용하기 때문이다. 그리고 수용되어 있는 노인들의 경우 자살률이 낮은 치매 환자들이 일반 노인에 비해 의미 있게 많기 때문에 전체 수용 노인의 자살률 감소에 영향을 준다. 그러나 치료진의 잦은 교체나 혼잡한 환경이 유지되는 수용기관의 경우는 상대적으로 자살률이 높은 것으로 보고되고 있다.

종교적인 마음이나 생에 대한 만족, 지속적인 사회 활동은 자살 사고를 감소시키는 예방인자로 알려져 있다. 맥클레인과 로젠펠드, 브라이트바트(McClain, Rosenfeld, & Breitart, 2003)는 말기 암 환자 연구에서 종교적인 마음이나 생에 대한 만족이 자살 사고를 줄여 주는 것으로 보고하였다. 또한 루베노위츠 등(Rubenowitz et al., 2001)의 심리 부검 연구에서는 지속적으로 취미생활을 하는 것과 꾸준히 사회활동에 참여하는 것을 자살의 예방 인자로 보고하였다. 이러한 요인들을 고려해 볼 때, 자살 위험이 높은 노인에게 지속적인 대인관계 및 활동을 만들어 준다면 자살의 빈도를 줄일 수 있을 것이다.

3) 예방에 대한 접근

콘웰(Conwell, 2004)은 자살을 예방하기 위한 전략으로 예방의 대상에 따라 보편적 예방(universal prevention), 선택적 예방(selective prevention), 지시적 예방(indicated prevention)으로 분류하였다.

(1) 보편적 예방

보편적 예방은 연령이나 성별, 자살 위험도와 상관없이 전체 지역사회 주민을 대상으로 진행하는 것이다. 미국의 경우 자살 수행의 치명성을 높이는 원인 중 하나가 청소년부터 노인까지 총기류에 대한 접근이 쉬운 것이므로 집에서 총기류를 추방하는 운동을 벌이는 것이 자살을 감소시키는 전략의 하나가 될 수 있다.

(2) 선택적 예방

선택적 예방은 현재 긴박한 자살 위험도를 가지고 있지는 않지만 자살에 이를 수도 있는 취약성을 가진 노인을 대상으로 하는 자살예방 전략이다. 사회적 지지가 부족한 독거노인을 대상으로 다양한 지지적인 상호관계를 제공하는 아웃리치 프로그램이 선택적인 예방 전략의 하나가 될 수 있다. 미국 샌프란시스코의 노인자살예방센터(Center For Suicide prevention)에서 시행하고 있는 '우정의 전화(Friendship Line)' 프로그램은 24시간 전화서비스를 통해 노인들에게 정서적인 지지와 의뢰서비스에 대한 정보를 제공한다.

(3) 지시적 예방

지시적 예방은 자살과 관련되어 있다고 여겨지는 정신질환을 가지고 있거나 긴박한 자살 위험을 가지고 있는 고위험군 노인을 대상으로 하는 예방 전략이다. 우울증이 있는 노인에게 항우울제를 이용한 약물치료나 정신치료를 적극적으로 제공하는 것이 지시적인 예방 전략의 전형적인 예라고 할 수 있다.

4) 노인자살예방을 위한 전달체계의 구성요소

노인자살을 예방하기 위한 목적으로 구성되는 전달체계는 다음과 같이 세 가지 측면의 요소와 다섯 가지 기능으로 구성되어야 함을 제안하였다([그림 12-1]).

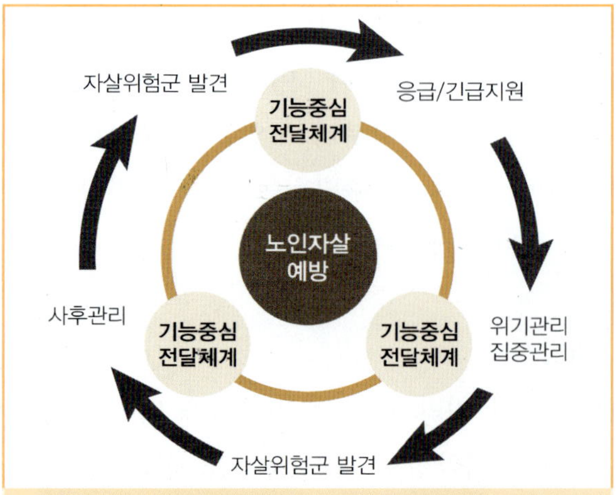

[그림 12-1] 노인자살예방을 위한 전달체계의 구성요소

출처: 한국자살예방협회(2008).

5) 노인자살의 예방을 위한 제안

(1) 연구의 활성화 필요

우리나라에서는 노인자살의 실태, 관련 요인, 사회적 구조 요인 등에 대한 자료 및 이를 분석한 연구가 아직 많지 않으며, 공식적 국가 자살 통계인 통계청의 사망 원인 통계와 경찰청의 자살 통계에서도 노인자살에 관련된 정보가 부족하다. 특히, 가족 혹은 친지를 대상으로 하는 사후추적 연구가 전무한 상태이므로 자살 당시의 심층적 요인을 파악하기는 거의 불가능하다. 따라서 향후 우리나라의 노인자살에 대한 체계적인 분석 및 현황 파악을 위해 노인자살에 대한 통계청 및 경찰청의 공식 통계 항목의 강화, 자살자의 유서, 일기, 편지 등을 통한 구체적인 사례연구의 활성화, 자살 및 자살 기도자에 대한 사후추적 연구의 시행 등을 통해 우리나라 노인과 관련된 자살 유발 요인을 파악하는 것이 우선 필요하다. 또한 자살 기도의 실패로 기도 당시에는 생존하였지만 자살 기도 후유증으로 발생한 신체적 손상에 의해 일정 시간이 경과한 후 사망하여 자살 분석에서 누락된 사망자에 대해 평가하는 연구도 필요하다. 더불어 지속적으로 식사 또는 신체질환에 대한 성실한 치료를 거부하거나 신체적 취약성이 있음에도 죽음을 목적으로 알코올 또는 약물을 소량씩 지속적으로 사용하여 사망에 이르는 것과 같이, 노인 연령층에 특히 흔하다고 알려진 간접방법으로 유도된 사망자에 대한 분석연구도 필요하다.

(2) 일반인 홍보

일반인을 대상으로 자살 및 우울증에 대한 교육과 홍보가 필요하다. 자살이 생사를 선택할 수 있는 개인의 고유한 자유에 속하는 영역이 아니라 병적인 현상이며, 자살의 주요한 원인이 우울증과 관련이 있고 우울증의 치료가 자살을 예방할 수 있는 효과적인 방법이라는 것을 일반인에게 알리기 위하여, 방송매체나 신문 등을 통하여 공익광고나 특집 프로그램 제작 등 다양한 방법을 동원하는 것이 필요하다.

(3) 1차 진료의 교육

앞서 언급하였듯이 노인자살자의 대부분이 자살 시도 전에 1차 진료의를 방문하는 것으로 보인다. 따라서 우울 증상 및 자살 사고를 자살 시도 전에 발견하기 위해 1차 진료의에 대해 정기적인 교육을 시행하는 것이 필요하다. 대부분의 의사가 각 소속 학회에서 정기적으로 받고 있는 연수교육 시간을 활용하여 주기적으로 교육하고, 진료실에서 간단하게 평가할 수 있는 한국형 우울 증상 선별도구 및 자살 위험도에 대한 선별도구를 개발·보급하는 것도 필요하다. 또한 노인병 및 노인의학 관련 전문학회에서 노인자살 및 우울증과 관련된 주제를 정기적으로 다루어야 하며, 의과대학의 의학교육 과정에서도 노인자살과 노인 우울증에 대한 교육을 강화할 필요가 있다.

(4) 자살 발견 및 예방체계 개발

현재 우리나라에서 자살을 담당하는 상담 기관은 광역자살예방센터 6개소, 기초자살예방센터 22개소에서 자살예방상담을 실시하고 있으며, 통상적으로 정신건강복지센터(구, 정신건강증진센터)에서 자살예방사업을 수행하고 있다. 또한 한국생명의 전화 자살예방센터, 경기도에는 노인자살예방센터, 한국노인의 전화, 사랑의 전화 24시간 카운슬링센터 등이 있다. 2003년 12월 사단법인 한국자살예방협회가 창립하여 「자살예방 및 생명존중문화조성을 위한 법률」이 제정·공포(2011.3.30)되어 중앙자살예방센터를 법률에 근거하여 설치·운영하고 있다. 함께 일하는 재단(구, 실업극복국민재단)은 생계형 자살을 막기 위해 24시간 상담전화를 개설하는 등 다양한 방법을 모색하고 있다. 그러나 아직은 체계적이거나 통합적이지 못하고 개별적이고 국지적인 활동에서 벗어나지 못하고 있다.

미국의 경우는 지역마다 자살예방센터가 설립되어 활동하였으나 실질적으로 노인에게 효과가 없었다. 전체 자살 관련 전화상담 건수 중 노인 상담은 1~2% 정도밖에 안 될 정도로 거의 모든 노인자살자들이 위기 시 자살예방센터에 전화 또는 도움을 요청하지 않았다. 더구나 자살예방센터에서 고위험군의 노인을 평가하거나 처치할 만한 프로그램도 마련되지 않았고, 자살예방센터 종사자의 대부분이 노인자살에 대해 교육받지 못하거나 지식이 부족하여 노인자살의 예방에 실질적인 도움이 되지 못했다. 따라서 노인을 대상으로 하는 전문 프로그램을 개발하여 노인의 접근성을 올리는 것이 주요한 과제라고 하겠다. 지역 거점별로 노인자살예방센터를 설립하여, 노인 전용 전화상담 서비스, 수문장 프로그램, 텔레헬프/텔레체크 서비스의 시행, 노인 대상 전문 교육 프로그램 개발 등을 우리나라 실정에 맞게 개발하고 적용하여야 하겠다.

현재 우리나라에서는 전국적으로 보건/보건지소, 대한노인회조직(노인 대학, 노인정), 노인복지관, 정신건강복지센터, 치매 주간보호센터 등이 지역사회에서 조직되고 있거나 확충되고 있는 중이다. 그러므로 지역 거점 노인자살예방센터가 지역에 맞는 노인 전문 서비스 및 프로그램을 개발하고 그 교육 및 자문의 역할을 담당함으로써 지역사회기관과 연계하여 노인자살예방서비스를 시행하는 것이 실현 가능한 방법이 될 것이다.

생각해보기

1. 청소년 자살이 1위로 심각한데 그 원인에 대해 생각해보기.

2. 노인자살은 여러 가지 원인이 있는데, 가장 심각한 것은 무엇인지 생각해보기.

3. 자살을 예방하려면 무슨 노력들이 있는지 생각해보기.

13장

재난과 정신건강

<학습목표>

1. 재난의 의미와 특성에 대해서 명확하게 이해한다.
2. 외상의 정의에 대해 이해하고 트라우마 생존자의 주요 특성을 알아본다.
3. 우리나라의 국가재난관리시스템에 대해 알아본다.
4. 심리적 응급처치에 대해 알고 그 과정을 명확하게 이해한다.

<키워드>

재난, 재난 피해자, 재난관리, 심리적 응급처치, 트라우마, 트라우마와 생존자, 외상후 스트레스장애, 인지행동치료

1. 재난

1) 재난의 의미

(1) 재난의 정의

재난은 예고 없이 개인의 안녕을 위협하고 삶의 터전을 파괴하여

개인과 사회에 막대한 물적·인적 손실을 야기하는 위험한 상황을 말한다. 재난(災難, disaster)이라는 용어는 라틴어에서 유래되었으며 그 어원을 분석하면, 'dis'는 어원상 '분리, 파괴'를, 'aster'는 'astrum, star'를 지칭한다. 즉, 별의 불길한 모습을 상징하며 이는 '하늘에서 비롯된 것으로, 인간의 통제가 불가능한 해로운 영향'이라고 풀이된다(임경수 외, 2009).

법에서 명시하는 "재난"은 국민의 생명·신체·재산과 국가에 피해를 주거나 줄 수 있는 것으로서 자연재난과 사회재난으로 구분하고 있다. 자연재난은 태풍, 홍수, 호우(豪雨), 강풍, 풍랑, 해일(海溢), 대설, 낙뢰, 가뭄, 지진, 황사(黃砂), 조류(藻類) 대발생, 조수(潮水), 화산활동, 그 밖에 이에 준하는 자연현상으로 인하여 발생하는 재해가 해당되며, 사회재난은 화재·붕괴·폭발·교통사고(항공사고 및 해상사고를 포함)·화생방사고·환경오염사고 등으로 인하여 발생하는 대통령령으로 정하는 규모 이상의 피해와 에너지·통신·교통·금융·의료·수도 등 국가기반체계의 마비, 「감염병의 예방 및 관리에 관한 법률」에 따른 감염병 또는 「가축전염병예방법」에 따른 가축전염병의 확산 등으로 인한 피해를 말한다(「재난 및 안전관리 기본법」, 시행 2014. 12. 30).

(2) 재난의 특성

① 누적성

재난은 뜻밖의 사고라는 시각이 아니라 사건 발생시점의 그 이전부터 오랜 시간 동안 누적되어 온 위험 요인들이 특정한 시점에서 나타난 결과로, 비가시적으로 누적되어온 위험 요인들이 재난을 발생시키는 중요한 요인이 된다. 예를 들어 전형적인 자연재해인 지진이나 태풍의 경우에도 예측능력의 부족, 관리체계의 구조적인 결함, 위험에 대한 개인·조직의 타성에 기인한 위험에 대한 낮은 수준의 인지도 등이 중요한 요인이 될 수 있는 것이다.

② 불확실성

재난은 위험과 불확실성의 속성이 있다. 우선 재난에 대한 기존의 분명하다고 여겨졌던 특성이 변할 수 있고, 그에 따라 위기관리조직도 정상적인 대응의 단순한 확대를 넘어서서 선례가 없는 조치들을 취할 수밖에 없는 상황이 될 수도 있다. 따라서 재난은 선형적·기계적인 과정만을 따르는 것이 아니라 비선형적·유기적 혹은 진화적인 과정을 따를 수도 있다.

③ 복잡성

복잡성은 현재 발생한 재난 자체의 복잡성과 재난 발생 후 관련된 기관들 간의 관계에서 야기되는 복잡성으로 구분할 수 있다. 재난 자체의 복잡성의 경우 재난의 강도, 규모 그리고 최초 사건과 관련된 다른 재난으로 세 가지 측면에서 볼 수 있다. 재난의 발발은 대체로 단일한 원인에 기인하지 않으며, 어떤 특정한 결정적인 원인이 있다고 하더라도 그것은 또 다른 요인들과 재난의 발발을 향해 상호 상승작용을 하는 것이다. 재난 발생 후 관련된 기관 간에 야기되는 복잡성은 재난 이후 재난과 관련된 관련부처들이 참여하게 되고, 그에 따라 관련기관들 간의 권한 설정, 역할분담, 조정의 문제가 야기될 수 있다.

④ 인지성

인지성은 동일한 재난에 대한 인식의 정도가 대상자에 따라 다를 수 있다는 것으로 재난의 객관적 사실과 주관적인 인지의 불일치와 언어의 모호성으로 인해 재난 발생 시 정보 수집과 의사소통에 어려움이 발생하게 되고 그에 따라 위험발발 요인이 축적되게 된다(나동석 외, 2015).

(3) 우리나라의 국가 재난의 역사와 국가재난관리시스템

우리나라에서 역사상 가장 큰 재난은 한국전쟁이다. 약 3년 1개월간의 전쟁기간 동안 수많은 군인과 민간인이 죽거나 다치고 대부분의 산업시설들이 파괴되었으나, 재난에 대한 대응체계 및 정신건강에 대한 개입은 거의 전무한 실정이었다. 한국의 크고 작은 재난에도 불구하고 재난과 관련된 정책은 1975년 「민방위기본법」이 제정되면서 시작되었으며, 1980년대 이후 급격한 산업화와 도시화가 진행되면서 대규모의 사건사고들이 빈발하기 시작하였으나 재난 발생 시 대응체계를 제대로 갖출 여유가 없이 안전불감증이 증가하고 외상 노출의 고 위험사회가 되었다.

우리나라는 1995년 7월 18일 「재난관리법」을 제정하면서 중앙부처는 물론 지방자치단체에 재난관리전담기구와 인력 확보를 서두르게 되었고, 공공 및 민간 시설물 등 제반시설물에 대한 일제 안전점검 실시와 위험시설물의 보수·재건축 추진과 동시에 60여 개의 재난관련법령 재정비를 통해 재난 예방장치를 강화하였다.

2001년부터는 국무총리 소속하에 발족한 '안전관리개선기획단'을 중심으로 그간 정부의 많은 기관에서 각각 관리하는 재난관리기능을 종합·조정함은 물론 점검·평가함으로써 안전관리업무의 실효성을 확보하는 한편 관계 행정기관 간 역할분담으로 안전관리개선업무에 관하여 원활한 추진체계가 구축되었다.

그러나 2003년 2월 18일 발생한 '대구지하철 방화사고'를 계기로 국가재난관리체계를 획기적으로 개선하기 위하여 「소방방재청개청준비단」(3. 11)과 「국가재난관리시스템 기획단」(3. 17)을 설치하여 「국가재난관리 종합대책」을 수립함으로써 범정부적인 재난관리기반 체계를 구축하였다. 그동안 '재난'과 '재해'로 이원화된 개념을 '재난'으로 통합하여 일원화하고, 국민안전처에서 2013년 재난연감(인적재난)을 발간하였고, 재난관리시스템 개선을 통하여 국가 최초의 재난관리 전담기구인 「소방방재청」을 설치하게 되었다.

2004년 6월 1일에 출범한 「소방방재청」은 안전행정부 민방위재난통제본부 기능을 중심으로 새롭게 설치된 것으로 민방위와 방재 및 소방기능을 포괄적으로 수용하는 한편, 안전관리 기능을 추가함으로써 명실공히 국가 재난을 총괄 관리하는 전담기구로서 우리나라 재난관리사에 큰 획을 그은 것으로 평가되고 있다.

그러나 2014년 4월 16일에 발생한 「세월호 사고」는 사망 295명, 실종 9명(추정)의 엄청난 인명피해를 발생하는 등 재난대응 컨트롤타워 기능 문제가 제기되어, 그 해 11월 19일에 출범한 「국민안전처」는 안전행정부

안전관리본부의 사회재난 관리기능과 소방방재청의 자연재난 관리기능을 국민안전처에서 일원화하여 통합 관리함으로써 국가재난 시 강력한 컨트롤 타워의 역할을 시행하게 되었다(『2013 재난연감』, 2013). 또한 재난발생시 국민안전처에서는 17개소의 재난심리회복지원센터를 운영하여 재난 피해자에게 사고의 경험으로 충격을 해소하고 정신건강증진 및 심리회복지원을 하고 있다.

최근 우리나라에서도 대규모의 재난재해가 지속 반복 발생되고 있음에도 불구하고 재난관리 시스템구축과 정책적 대안이 제대로 이루어지지 못하고 있어 국민들의 불안감이 가중되고 있으며, 재난발생 이전의 철저한 예방적 대책과 재난 이후의 신속하고 효율적인 수습 및 심리지원 등 국민의 안전이 보장된 환경과 새로운 정책적 대안이 요구된다.

(4) 우리나라의 국가 재난의 정신건강 대응체계

우리나라의 재난 시 현장 의료체계는 행정자치부(소방방재청)와 보건복지부를 중심으로 행정체계와 집행체계가 동시에 진행되고 있다. 소방방재청에서는 2006년부터 재난심리안정지원 정책을 시행하고 있으며, 효율적인 서비스 제공을 목적으로 소방방재청에서 재난심리관련 업무를 재난심리지원센터에 위임하였다.

2016년 현재 시·도별로 17개의 재난심리지원센터를 운영하고 있으며, 재난심리지원센터는 재난발생 시 현장에 우선 접근하는 기관으로 재난심리지원 계획수립과 활동전개, 재난심리지원 전문가 인력풀구성 및 운영, 재난 심리지원프로그램 개발, 재난심리지원 전문가 양성 및 교육훈련 프로그램개발, 유관기관과의 네트워크 구축을 담당한다.

또한 보건복지부와 관련된 국공립병원, 광역 및 기초 정신건강복지센터 등의 유관기관에서는 재난 발생 시 강력한 협조체계를 토대로 신속하고 포괄적인 재난정신건강 지원서비스를 제공한다.

〈표 13-1〉 인적 재난에 따른 최근 10년간 주요사건

일 시		사고내용	인명피해		
			계	사망	부상
1993	1993. 1. 7.	충북 청주 우암상가 아파트 화재로 인한 가스 폭발	76	28	48
	1993. 3. 28.	부산 북구구포열차 전복	274	78	196
	1993. 7. 26.	목포 공항 인근 항공기 사고	66	66	–
1994	1994. 10. 10.	전북 부안군 서해 훼리호 침몰	362	292	70
	1994. 10. 21.	서울 성동구 성수대교 붕괴	49	32	17
	1994. 12. 7.	서울 마포구 아현동 도시가스 폭발 화재	113	12	101
1995	1995. 4. 28.	대구 달서구 도시가스 폭발 및 화재	303	101	202
	1995. 6. 29.	서울 서초구 삼풍백화점 붕괴	1440	502	938
	1995. 7. 16.	울릉도 북동 200마일 해상 어선 침몰 사고	26	8	18
1996	1996. 4. 3.	경기 양평 남한강 버스 추락	59	22	37
1997	1997. 8. 6.	괌 아가나 공항 항공기 추락	254	229	25
1999	1999. 6. 30.	경기 화성 씨랜드 화재	29	23	6
	1999. 10. 30.	인천 중구 논현동 히트노래방 화재	137	57	80
2000	2000. 4. 7.~13.	동해안 산불	19	2	17
	2000. 11. 2.	경기 안산 반월공단 단일화학 폭발 사고	53	5	48
2001	2001. 3. 4.	서울 서대문구 홍제동 주택화재 및 붕괴매몰	9	6	3
	2001. 5. 16.	경기 광주 예지학원 화재	33	10	23
2003	2003. 2. 18.	대구 지하철 중앙로역 방화 사건	340	192	148
2005	2005. 4. 4.	양양 산불	–	–	–
	2005. 10. 6.	경기 이천 GS 물류센터 신축공사장 붕괴 사고	14	9	5
2006	2006. 10. 3.	서해대교 교통사고	68	11	57
2007	2007. 2. 11.	여수출입국관리사무소 화재 사고	26	8	18
	2007. 12. 7.	허베이 스리피트 유류유출 사고	–	–	–
2008	2008. 1. 7.	경기 이천 냉동창고 화재	50	40	19
2009	2009. 11. 14.	부산 신창동 실내사격장 화재	16	11	5
2014	2014. 2. 17.	경주 마우나리조트 체육관 붕괴	214	10	204
	2014. 4. 16.	전남 진도 앞바다 세월호 침몰 사고	304	295	(실종 9)

출처: 임경수 외(2009) 재인용.

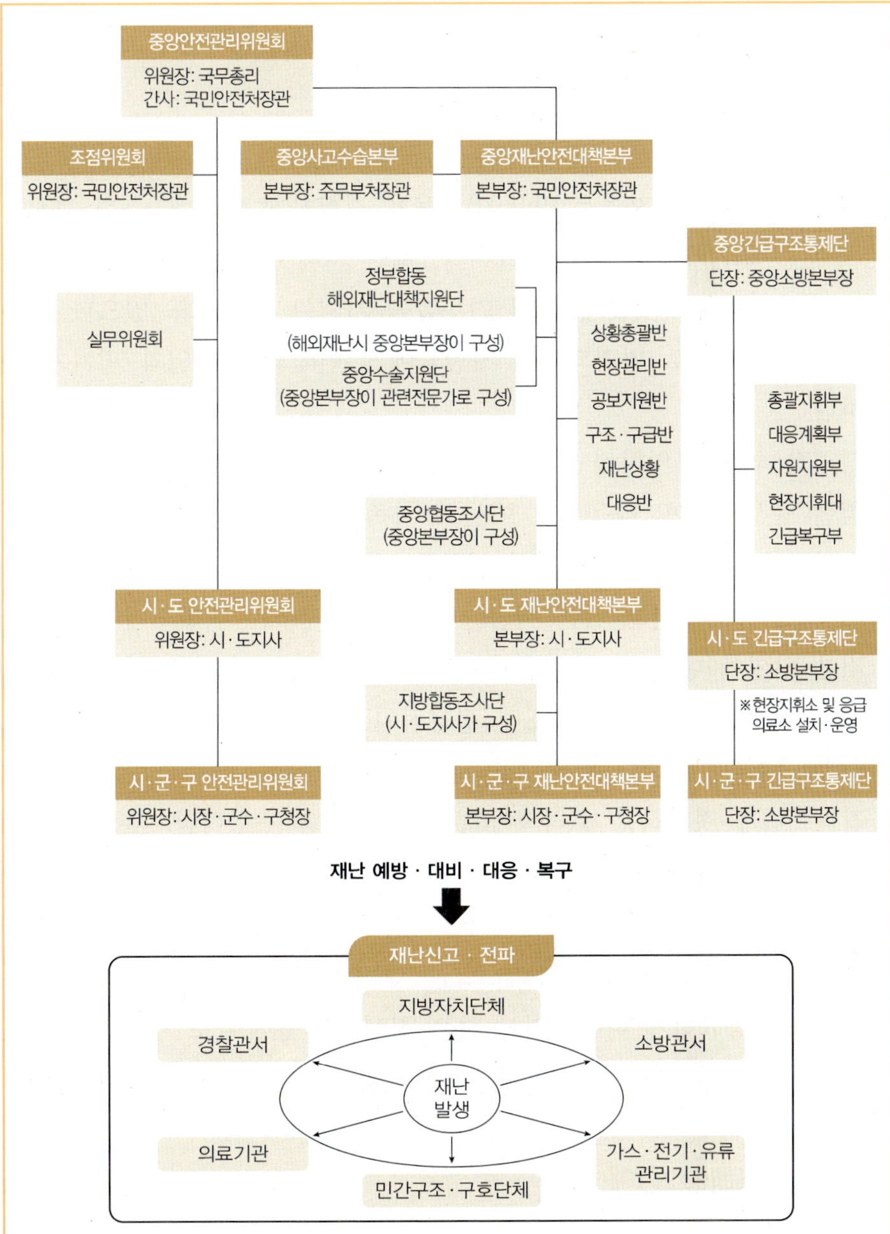

[그림 13-1] 국가재난관리시스템

출처: 국민안전처(2013).

2. 재난과 정신병리

재난 이후에 피해자들은 많은 어려움을 경험하게 되는데, 특히 정신적인 부분은 초기개입이 매우 중요하다. 재난 피해자는 물론 전문가들조차도 진단을 내려지는 것에 대해 거부감을 가지는 사람들도 있으나 모든 현상이 구체적으로 명명되어야 사람들에게 인식되고 개입과 평가가 가능하다.

심리적 외상의 일차적인 피해자는 재난의 발생지 또는 외상 사건을 경험한 당사자이며, 다음으로 이들의 가족이나 친인척, 친구들이다. 구조요원이나 재난 관리자들 또한 영향을 받으며, 지역사회 주민들과 이를 통해 스트레스를 겪고 있는 사람들이다. 스트레스는 위협적이거나 혼란스러운 상황에 대한 몸의 반응과 정신적인 반응을 말하며, 외상후 스트레스는 비정상적인 사건에 대해 정상적인 사람들에게서 나타나는 정상적인 반응이다.

갑작스럽게 경험하는 충격적이고 두려운 경험은 무력감, 분노를 동반하게 하게 된다. 재난을 경험한 후 일부에게는 더 나은 방향으로 적응이 되기도 하지만, 대부분의 생존자나 그 가족들에게서는 재난이 일시적이거나 영원히 부적응적 행동을 일으키는 치명적인 시련이 될 수 있다. 재난 시 가장 중요하게 다루어져야 하는 정신적인 문제들로 재난과 관련된 정신건강의 쟁점들과 정신건강에 대한 개입에 대하여 살펴보고자 한다.

1) 급성 스트레스장애

급성 스트레스장애(acute stress disorder)의 주요한 특성은 갑작스럽고 비극적인 사건(위협적이거나 심각한 부상, 비정상적인 죽음, 심한 폭력, 신체적 성적 학대)을 경험하고 3일에서 1개월까지 지속되는 증상으로 비현실감, 이인증(자신 스스로부터 분리된 느낌), 해리성 기억상실 등과 같은 증상을 보이는 것이 특성이다. 각성상태 시 불면, 신경질, 과도한 불안이나 놀람 등의 증상이 대개는 시간이 지나면서 서서히 증상이 약화되거나 사라진다. 그러나 일부의 환자들은 증상이 수일에서 수주간 지속되는데, 이 경우 급성 스트레스장애로 진단을 내리고 이중 60~80% 환자들이 외상후 스트레스장애로 발전된다. 급성 스트레스장애는 재난 피해자 중에 조기선별과 초기진단 및 적절한 대응을 통해 외상후 스트레스장애(post traumatic stress disorder: PTSD)로 진행을 막기 위한 목적의 중요한 진단기준으로 정해져 있어 조기개입과 대응이 매우 중요하다는 것을 시사한다. 급성 스트레스장애 진단기준은 실제 죽음이나 죽음에 대한 위협, 심각한 부상 또는 성폭력에 노출되고, 침습, 부정적 감정, 해리, 회피, 각성 등의 증상이 나타나며 3일 이상 1개월 미만 나타날 경우 진단된다.

2) 외상후 스트레스장애

외상후 스트레스장애(post traumatic stress disorder)는 다음의 세 가지 주요 증상으로 나타난다.

사건의 경험에 대한 심리적 고통은 다양한 양상으로 나타나며, 그중 불안과 공포를 기본증상으로 한다. 이외에도 무쾌감과 불쾌감, 화, 공격성, 해리증상 등이 두드러지게 나타날 수 있다. DSM-5에서의 진단기준은 성인, 청소년 그리고 7세 이상의 아동과 6세 이하 아동을 구분하여 제시하고 있으며, 여기서는 전자를 중심으로 살펴보고자 한다.

DSM-5

A. 실제적이거나 위협적인 죽음, 심각한 부상, 성폭력에 노출이 다음과 같은 방식 가운데 한 가지 또는 그 이상 나타난다.
  1) 외상적 사건을 직접적으로 경험
  2) 그 사건들이 다른 사람들에게 일어난 것을 직접적으로 목격
  3) 외상적 사건이 가족, 가까운 친척, 친한 친구에게 일어나 것을 알게 됨

4) 외상적 사건의 혐오스러운 세부 사항에 대한 반복적이고 지나친 노출 경험(예: 변사체 처리의 최초 대처자, 아동 학대의 세부적 사항에 반복적으로 노출된 경찰관)
단, 업무 관련이 아닌 전자미디어, 텔레비전, 영화 또는 사진을 통한 노출은 제외

B. 외상성 사건 이후에 시작되며, 외상성 사건과 관련이 있는 침습증상이 다음 중 하나 또는 그 이상이다.
1) 외상성 사건(들)의 반복적, 불수의적이고, 침습적인 고통스러운 기억
2) 꿈의 내용과 정동이 외상성 사건(들)과 관련되는 반복적으로 나타나는 고통스러운 꿈
3) 외상성 사건이 재생되는 것처럼 느끼고 행동하는 해리반응(예: 플레시백)의 반복
4) 외상성 사건을 상징하거나 닮은 단서에 노출되었을 때 나타나는 극심하거나 장기적인 심리적 고통
5) 외상성 사건을 상징하거나 닮은 단서에 대한 뚜렷한 생리적 반응

C. 외상성 사건이 일어난 후에 시작된, 외상적 사건과 관련이 있는 자극에 대한 지속적인 회피가 다음 중 한 가지 또는 두 가지 모두에 명백하다.
1) 외상적 사건에 대한 또는 밀접한 관련이 있는 고통스러운 기억, 생각, 감정을 회피 또는 회피하려는 노력
2) 외상적 사건에 대한 또는 밀접한 관련이 있는 고통스러운 기억, 생각, 감정을 불러일으키는 외부적 암시(사람, 장소, 대화, 행동, 사물, 상황)를 회피 또는 회피하려는 노력

D. 외상적 사건 이후에 시작되거나 악화된, 외상성 사건과 관련이 있는 인지와 감정의 부정적 변화가 다음 중 2가지, 또는 그 이상 나타난다.
1) 외상적 사건의 중요한 부분을 기억할 수 없는 무능력(두부외상, 알코올 또는 약물 등의 이유가 아니며 전형적인 해리성 기억상실에 기인)
2) 자신, 다른 사람, 세상에 대한 지속적이고 과장된 부정적인 믿음(예: "나는 나쁘다", "세상은 위험하다")
3) 외상적 사건의 원인 또는 결과에 대하여 지속적으로 왜곡된 인지를 하여 자신 또는 다른 사람을 비난
4) 지속적으로 부정적인 감정상태(예: 공포, 경악, 화, 죄책감 또는 수치심)
5) 주요 활동에서의 현저하게 저하된 흥미 또는 참여
6) 다른 사람과의 사이가 멀어지고 소원한 느낌
7) 긍정적 감정을 경험할 수 없는 지속적인 무능력

E. 외상성 사건이 일어난 후에 시작되거나 악화된, 외상적 사건과 관련이 있는 각성과 반응성의 뚜렷한 변화가 다음 중 2가지 이상에서 현저하다.
1) (자극이 거의 없거나 아예 없이) 전형적으로 사람 또는 사물에 대한 언어적, 신체적 공격성으로 표현되는 민감한 행동과 분노폭발
2) 무모하거나 자기파괴적 행동
3) 과각성
4) 과장된 놀람반응

5) 집중력의 문제
6) 수면교란(수면을 취하거나 유지하는 데 어려움)

F. B, C, D, E의 기간이 1개월 이상

G. 장애가 사회적·직업적 또는 다른 중요한 기능영역에서 외상적으로 현저한 고통과 손상 초래

H. 장애가 물질(치료약물이나 알코올)로 인한 생리적 효과나 다른 의학적 상태로 인한 것이 아니다.

(1) 재경험(침습)

외상후 사건을 경험하고 많은 시간이 지났음에도 불구하고 마치 현재에도 그 외상이 지속적으로 일어나고 있는 것처럼 경험하게 된다. 이러한 외상은 대부분 경험한 외상과 비슷한 자극을 받을 때 반복해서 일어나게 된다. 대구지하철 참사 사건의 생존자들은 지하철을 타는 것을 두려워하고, 세월호 생존자들은 배를 타는 것에 대한 두려움이 있다. 또한 외상 이후 재경험은 강렬한 정서적 고통을 동반하며, 공포심, 무력감, 분노감, 우울감을 반복적으로 경험하게 된다.

(2) 회피와 둔감화

외상 사건에 대해 의지적으로 피하는 과정으로 외상을 재연시킬 수 있는 것을 두려워하여 압도적인 위협에 대해 무기력해진다. 회피는 재경험 증상 중 침습에 대한 특정적인 기제에 의해 유발되는 반응으로, 이것은 보다 전략적인 기제에 의해 조절되는 것인데, 즉 침습에 대해 보다 효율적이고 전략적으로 의식상태를 변형시키는 방어를 하게 되는 것이다. 몸에서 느껴지는 고통, 놀람, 두려움 등을 의식에서 분리되어 느끼지 못하게 하거나 또는 외상에 대한 기억을 못하게 되는 증상이 두드러진다.

(3) 부정적인 인지/감정의 변화

피해자들은 대부분 외상과 관련된 사건의 원인이나 결과에 대해 자신

이나 타인을 지속적으로 비난하게 되는 왜곡된 인지를 경험한다. 또한 정서적 반응(감정)의 마비 증상은 활동에서의 흥미가 떨어지고, 다른 사람으로부터 철회 혹은 소원해지고, 감정 범위가 제한되는 등의 특징을 갖는다. 또한 이 증상은 우울감, 절망감, 생존에 대한 죄책감, 단념, 자포자기, 즐거움을 상실, 감정이 무뎌지고, 멍해지고, 자제력이 저하되기 때문에 개인과 대인관계유지 등 기능 손상에 큰 영향을 미친다.

(4) 각성과 반응 – 과각성

외상성 사건의 경험 이후, 외상적 사건과 관련된 각성과 반응에 대해 뚜렷한 변화를 보이는데, 특히 과각성은 외상 사건의 경험 후 발생하는 생리적이고 자율적 흥분에 관련된 것으로, 신경심리학적 반응으로 어지러움과 시야 흐려짐, 사소한 자극에도 이자극적 반응 등의 증상을 보인다. 또한, 순환계통의 심장 두근거림, 빠른맥, 진전 및 두통 등 다양한 통증을 수반하는 신경근육계증상, 메스꺼움, 구토, 복통, 설사 등의 소화기계 이상증상, 호흡곤란, 불규칙한 호흡, 과호흡 등의 호흡계 증상, 기타 발한과 발열 등의 증상으로 나타난다. 이와 같은 증상으로 인하여 무모하거나 자기파괴적인 행동을 하기도 하는데, 주로 공격성, 위험행동, 자살사고 등이 있을 수 있다.

앞서 살펴본 바와 같이 재난 피해자의 진단에는 여러 가지 고려사항이 있다. 아직은 일반인일 경우 정신과 진단을 받는 것에 대한 거부감이 심하고, 재난 피해자의 개입을 위해서는 진단 없이 심리상담을 진행하는 것이 효과적일 수도 있다. 하지만, 정확한 진단이 심리지원서비스를 위해서는 반드시 정확한 진단이 내려질 경우 효과적이며, 향후 피해자들과 가족들의 삶의 질을 향상시킬 수 있는 가장 중요한 요인이 될 수 있다.

3. 재난과 정신건강 개입

1) 재난 피해자의 특성

재난으로 인하여 재산이나 생활수단에 피해를 입거나 사회 간접시설의 손상으로 인해 스스로 이를 극복하기 어렵고 외부의 도움을 필요로 하는 사람을 말한다. 재난 피해자는 일반적으로 사건 직후의 충격으로 인한 스트레스를 경험하는데 대개는 불안과 두려움을 느끼고, 수치심이나 죄책감을 느낄 수 있다.

이러한 반응은 정상적인 반응으로써 시간이 지나면 점차 감소하게 된다. 그러나 일부는 시간이 지나도 심각한 고통과 외상 반응이 남는 경우가 있으며, 이 경우에 외상후 스트레스장애 또는 급성 스트레스장애로 진단된다.

2) 재난 피해자들의 단계별 반응

(1) 급성기(사고 후 7일까지)

신체적 도움이 최우선시 되며 심리적 피해는 아직 파악하기 어렵다. 피해자에게 어떤 일이 발생했는지 사태를 파악하는 것부터 해야 하는 시기이다.

(2) 아급성기(사고 후 3개월까지)

이 시기에는 애도반응이나 외상후 스트레스장애 증상이 본격적으로 두드러지는 시기로 수면장애가 있거나 사소한 자극에도 힘들어 한다. 일반적으로 주위에 대해 고립감과 위화감을 갖기 시작하고, 피해자가 돌아가게 되는 직장이나 학교 등에서 충분히 이해받지 못하는 경우 피해자의 불신감이나 고립감이 발생된다.

(3) 만성기(사고 후 3개월 이후)

초조와 불안, 쉽게 화를 내는 증상이 나타나며 이러한 증상은 스스로 조절이 잘되지 않는다. 증상이 회복되지 않는 것을 치료 자체에 대하 의문을 품기도 하며, 자신이 왜 이렇게 되어야만 하는가 라는 생각에 사로잡혀 분노의 감정을 표출하거나 죄책감, 우울증상이 나타날 수 있다, 특히 사고 전의 일상생활로 돌아갈 수 없음에 초조해 지고 친한 동료나 친구를 잃은 경우나 유족을 잃은 경우 더욱 심각한 비탄 반응이 나타날 수 있다.

또한 사고 후 정신건강상의 문제가 생각보다 길게 가는 것에 피해자의 증상은 사고로 인한 것이라고 인식되기보다는 성격이 약하거나 무능하다는 등 성격의 문제 때문이라고 취급하여 피해자는 더욱 고립감과 불신감에 시달리게 된다.

3) 재난현장에서 재난심리지원전문가의 태도

재난심리지원전문가는 공인된 재난 대응체제에서 활동하는 것이 바람직하다. 재난상담자가 현장에 출동할 때 공식적인 지위를 가지고 활동하여 피해자가 비전문가나 이익단체, 또는 단순 호기심으로 접근하는 사람들로부터 이차적인 피해를 입지 않도록 하여야 한다. 재난심리전문가는 침착하고, 예의바르며, 차분하게, 실질적 도움을 주는 행동을 보이도록 하여 피해자들이 건강한 대처행동을 모델링할 수 있도록 하여야 하고, 반드시 상담자는 피해자와 대화를 나눌 때 최대한 대화내용이 다른 사람들에게 들리지 않도록 하여 비밀보장의 원칙을 준수하여야 한다. 또한 재난상담자는 자신의 전문성과 주어진 역할의 한계를 넘지 않도록 주의하여야 하며, 도움이 필요할 경우 지체 없이 전문가에게 의뢰하여야 한다.

재난심리전문가는 스트레스가 많은 활동이므로 평소 자신의 정서적·신체적 반응에 주의를 기울이고 자기관리에 특별히 신경을 쓰도록 하여야 한다.

4) 심리적 응급처치

(1) 심리적 응급처치의 이해

심리적 응급처치(Psychological First Aid: PFA)란 재난으로 인한 충격과 고통을 완화하고 상실과 변화에 대한 적응 및 기능회복을 위하여 정신건강전문가나 심리적 응급처치에 대해 훈련을 받은 사람이 재난 직후(1주~1달 이내) 생존자쉼터, 현장 의료센터, 개인 가정 등 다양한 장소에서 실시되는 위기개입이다.

재난에 노출된 사람은 상황에 압도되어 혼란스럽고 불안한 감정 상태로 두려움과 걱정에 휩싸이며 부적절한 감정반응을 한다. 이러한 감정반응은 과거의 경험과 대인관계, 신체적·정신적 건강상태 및 문화적 배경이나 나이에 따라 개인차가 심하다.

심리적 응급처치는 현실적이고 직접적인 도움을 제공한다. 재난발생 시의 몇 분 또는 몇 시간 동안 즉각적으로 개입하며, 제일선에 있는 조력자들인 전문구호요원이나 경찰, 목사, 의사, 간호사, 사회사업가, 교사 등에 의해 진행된다. 심리적 응급처치의 장소는 재난 현장에서 가까운 지역사회 내에서 이루어지며 즉시적으로 대처를 돕는 개입방법으로 재난 피해자에게 무엇이 필요한지, 무엇을 걱정하는지에 대해 조사하고, 피해상황과 식량 및 식수 등의 상황, 구호 대책 등에 대한 정보를 제공한다. 투입된 조력자들은 재난 생존자의 이야기를 들어주고, 심리적 안정을 위한 위로와 도움을 주고 추가적인 피해에 대한 예방활동과 전문적이고 집중적인 심리적 지원의 필요성에 대한 판단과 관련기관이나 전문가에 연계한다.

(2) 심리적 응급처치의 목적

심리적 응급처치의 과정에서는 감정적 재경험을 강요하지 않는 태도가 필요하다. 재난사건에 대한 느낌이나 반응을 되묻지 않아야 하며, 재난 피해자의 말을 경청하되 요구하거나 강요하지 않는 태도가 필요하다. 지나치게 자세하게 고통스러운 상황에 대해서 상기시키지 않도록 주의

한다. 또한, 적극적이고 신속한 개입이 필요한데 정신과의사가 아니어도 개입할 수 있다. 그리고 모든 과정은 피해자 중심으로 이루어져야 하고 피해자 중심으로 이야기해야 한다. 이러한 사항은 심리적 응급처치의 목적에 입각하여 진행되어야 함을 상기시키는데 그 목적은 다음과 같다.

첫째, 재난의 수습 과정에서 발생하게 되는 다양한 측면에서의 불필요한 불안을 제거시켜주고 둘째, 지역사회 구성원 간의 유대감 회복시켜 지역사회가 안전하고 지지적인 자원이 되어주어야 하며, 셋째, 신체적·사회적·심리적 지원을 준다는 확신을 제공하고, 넷째, 재난으로 인한 외상의 충격으로부터 벗어나 정상적인 삶으로 돌아갈 수 있다는 자신감과 희망이 회복될 수 있도록 돕는 것이다(나동석 외, 2015).

(3) 심리적 응급처치의 실제

초기에 개입하게 되는 심리적 응급처치의 원칙은 신속하고 현실적이며 필요한 실질적인 도움에 우선순위를 두고 제공해야 한다. 신속하고 조직적인 대응과 서비스 제공, 대상자에 대한 이해가 있어야 하며, 개인과 집단의 특성, 문화적 배경과 고위험군에 따른 주의 깊은 배려를 바탕으로 한 진지하고 안정된 태도를 유지하는 것이 중요하다.

① 첫 접촉과 라포형성

상담자는 자신의 이름, 소속, 역할, 방문 목적 등 공식적인 체계 내에서 활동하고 있음을 밝히고 관심어린 시선과 침착한 태도로 당장 해결해야 하는 문제가 무엇인지, 즉각적인 처치가 필요한 의학적인 문제가 있는지 확인해야 한다. 단 비밀보장에 대한 노력을 하되 자해, 타해, 학대, 유기 등의 문제는 법적으로 보고해야 하는 사안으로 비밀보장에 있어 예외조항에 속한다.

② 안전과 지지

물리적인 안전을 즉각적으로 확보할 수 있도록 위험한 장소에서는 즉시 피하도록 하되 자해 또는 타해의 징후가 있을시 즉각적인 조치를 제공하며, 의학적 문제가 있거나 약물이 필요한 경우, 쇼크반응 등 의료진에 연계하여야 한다. 또한 정서적 반응, 인지적 반응, 자살위험성에 대한 평가를 통해 즉시 개입 또는 연계조치를 하여야 한다.

현재 상황에 대해 차분히 설명하고 신체적인 편안함에 관심을 기울여 생존자의 건강을 악화시킬 수 있는 요인은 없는지 주의를 기울여야 하며, 사회적 상호작용을 촉진하며, 외상을 떠올리게 하는 자극에 대해 노출을 줄이도록 한다. 특히 기자 또는 구경꾼 등으로부터 사생활보호를 위해 노력하며 외상과 관련된 방송을 과도하게 접하지 않도록 조언하여야 한다.

③ 안정화

생존자의 상태에 따라 과각성 상태에서는 복식호흡 등 이완기법을 사용하며, 해리상태에 있는 생존자는 지금 여기에서 안정화기법을 사용하도록 한다.

④ 정보 수집

현재의 요구와 고통파악을 위해 생존자에게 필요한 추가적인 정보를 수집하여 즉각적인 의뢰가 필요한지 전문적인 지원이 필요한 경우인지 맞춤식 지원을 제공하며, 생존자의 안정과 지원을 위하여 유용한 정보를 제공한다.

⑤ 실제적인 문제해결 지원

생존자가 자신의 욕구와 걱정을 명확하게 인식하고 이를 스스로 체계적으로 해결하도록 돕는 것이 핵심이다. 문제해결을 지원에는 먼저, 가장 시급한 요구를 파악하고 파악된 요구를 명료화한 후, 행동계획을 수립한 후 문제해결을 위해 행동하여야 한다.

⑥ 사회 지지체계와의 연계

가족, 친지, 지역사회 지원 네트워크 등 사회적 지지체계와 연계하되, 현재 접촉이 어렵다면 다른 생존자나 지원단체등을 연결하되, 사회적 지지의 종류, 가치와 필요성, 접촉방법, 생존자 자신도 다른 생존자들에게 도움을 줄 수 있음에 대해 논의하여야 한다.

⑦ 대처방법에 대한 정보제공

생존자가 경험하는 스트레스 반응에 대한 정보를 제공하고, 적응을 위한 긍정적인 대처방법을 소개하며, 부적응적인 대처방식을 소개하고, 이완기법과 분노조절방법에 대한 소개를 통해 적응적인 대처방식을 사용할 수 있도록 돕는다.

⑧ 관련 서비스 연결안내

급성기 의료, 정신건강의 문제가 있거나 자해 또는 타해의 위협이나 가능성이 있거나, 술이나 약물사용문제가 있거나, 생존자 본인이 의뢰를 요구할 경우 관련된 서비스를 이용할 수 있도록 서비스를 연계하여야 한다.

5) 재난 피해자들의 정신건강 관리

(1) 초기평가 및 관리 등록

인적사항을 포함한 기본정보 외에 외상을 경험한 충격양상과 피해자가 가지고 있는 위험 요인에 대한 사항, 실질적 요구사항, 정신과적 과거력, 지지체계 여부, 향후 대상자가 원하는 개입서비스에 대한 충분한 정보를 수집한다. 현재 피해자가 가지고 있는 증상을 주로 체크하면서 외상 후 스트레스증상, 우울감, 자살사고, 음주, 신체증상이 무엇인지 확인하고, 선별평가 결과를 재확인하여야 한다.

(2) 심층사정평가 실시

초기평가에서 집중적인 서비스제공이 필요하고 이에 동의한 피해자의 경우 더욱 정확한 사정을 위해서 외상 후 스트레스증상(IES-R), 스트레스(PSS-10), 해리증상(DES), 우울감(CEDS), 자살사고(SSI), 음주(AUDIT-C)의

척도들이 기본적으로 평가되어야 하며, 추가평가가 가능하다면 아동기 외상경험과 스트레스 대처방식 등을 시행할 수 있다.

(3) 정신건강개입의 실제

첫 접촉 시에는 상담자가 먼저 자신을 소개하고 피해자가 당장 필요한 것을 물어보되 의료적 처치가 필요하다고 판단될 경우 최우선적으로 도움을 받을 수 있도록 하고, 먼저 말을 걸어도 되는지 허락을 구하거나, 아동일 경우에는 부모의 허락을 필요로 한다. 심리적·신체적 안전에 대한 확인을 심시하여야 하며, 재난 피해자들이 경험하는 반응들이 정상적이고 당연한 것이라는 것을 설명해 주어야 한다. 또한 생리적·심리적·사회적 관점에서 외상 후 스트레스장애에 대한 설명을 하되, 피해자가 자신의 증상을 인식하고 명명화할 수 있도록 도움을 주고, 피해자가 자기 효능감을 높이고 희망을 갖도록 하되, "이제 다 잊어라. 다 끝났으니 제발 툴툴 털어버려라"는 말이나 메시지는 피해자의 치유과정에 해로울 수 있다.

피해자가 구체적인 문제 상황을 규정하고, 문제 상황에서 효과적으로 대처할 수 있도록 계획을 세우고 행동할 수 있도록 문제해결과 대처행동의 강화가 필요하며, 사회적 지지 체계와의 연계, 외상 후 심리적 반응에 대한 인지적 재해석을 할 수 있도록 하여 외상을 제거하는 것이 아니라 증상을 다른 각도에서 볼 수 있도록 피해자에게 상황을 설득력 있게 받아들임으로써 고통스러운 기억을 통합할 수 있도록 하여야 한다.

생각해보기

1. 영화 〈어 라이프 백워즈〉, 〈가을로〉, 〈터널〉 감상 후 영화 속 재난을 경험한 주인공의 심리상태와 증상 치료과정을 생각해보기.

2. 최근 우리나라에서 발생한 재난에 대해 정신건강 대응체계의 문제점과 대책에 대해 생각해보기.

14장

탈원화와 지역사회통합

<학습목표>

1. 탈원화의 개념과 특성에 대해서 학습한다.
2. 미국과 영국의 탈원화 과정에 대해 이해한다.
3. 우리나라의 탈원화 과정을 이해하고 정신장애인 지역사회통합 지원 대책을 학습한다.

<키워드>

탈원화, 지역사회통합, 정신보건법, 정신건강복지법, 비자의입원, 지역정신보건법, Lanteman-Petris-short Act, 계속입원심사청구

1. 탈원화

1) 탈원화의 개념

탈원화(deinstitutionalization)는 정신질환자에게 지역사회와 밀접한 환경에서 치료와 재활을 제공함으로써 인간적인 관리를 하고자 하는 목적에서 시작하였다(Larsen & Jerrell, 1983). 탈원화 과정은 정신질환

자가 과거의 장기수용위주의 병원환경에서 지역사회로 옮기는 과정이며, 삶의 현장인 지역사회 내에서 인간적인 치료적 환경을 이용할 수 있도록 하는 것이다.

즉, 탈원화는 정신장애인 보호형태를 기존의 시설수용 방식에서 지역사회의 보호를 의미하며, 지역사회에 적응하며 자신의 삶을 살아갈 수 있도록 국가 또는 사회가 지원하는 서비스를 이용하게 하는 것을 의미한다. 탈원화는 정신장애인 스스로 치료를 받을 권리를 선택할 수 있어야 하며, 치료를 거부할 수 있는 권리도 가져야 한다. 따라서 국가와 지역사회는 정신장애인이 지역사회를 바탕으로 하는 서비스를 다양하게 개발해 나아가도록 하여야 한다.

2) 서구의 탈원화 과정

(1) 미국의 탈원화

미국의 탈원화는 1955년부터 시작되었다. 케네디 정부에서는 정신질환자들이 분리되어 병원에 수용되는 것보다는 지역사회에서 인간적인 대우를 받으며, 가족들과 가까이 사는 시스템구축하려는 움직임으로 1963년 지역정신건강법이 탄생되었다. 한편 Thorazine이라는 치료제가 개발되어 양성증상을 완화시키게 되자 병원입원치료보다 지역사회 적응에 대한 희망을 갖게 되었다. 또한 이 시기에 타인에 의한 비자발적 입원에 대한 인권문제가 제기되었다. 이러한 움직임으로 탈원화에 대한 관심이 고조되는 계기가 되었던 것이다.

제2차 세계대전 이후 1946년 정신보건법(National Mental Health Act)이 제정되고, 국립정신보건연구원이 설립되어 정신건강문제에 대한 분석과 자원조사를 전국적으로 실시하도록 하였다(국가인권위원회, 2009). 이러한 노력들로 사회적 관심이 대규모수용시설, 생활조건개선 등 제도적 대안을 모색하였으며, 케네디 대통령은 여동생의 정신질환으로 인하여 지역사회에서 인간적인 대우를 받으며 살아갈 수 있도록 하려는 노력을 하게 되었다. 1963년 지역정신보건법(Community Mental Health Act)이 제정되었다.

지역정신보건법 제정에 따라 본격적인 정신장애인의 지역사회정신보건센터에서 외래진료, 응급치료, 주간프로그램 등 교육 상담서비스를 제공하였으며, 정신보건센터는 정신보건체계의 중요한 전달체계가 되었다.

이후 비자발적 입원이 인간의 기본권을 박탈하고, 환자의 일상생활에 많은 제약을 가져오기 때문에 캘리포니아 주지사 로널드 레이건(Ronald Reagan)은 가족이나 친지가 환자의 권리를 보호하기 위한 법적 절차를 거치지 않고 환자를 강제 입원시킬 수 없는 Lanteman-Petris-short Act가 통과됨에 따라 미국에 비자발적 정신병원 입원 결정시스템을 바꾸어 놓은 계기가 되었다(한국장애인개발원, 2014).

또한 미국이 탈원화의 변혁에 기여한 정책 중의 하나는 1965년 저소득층 노인이나 장애인을 위한 정부 지원 의료혜택인 Medicaid와 은퇴자들을 위한 의료혜택인 Medicare가 시작되고, 연방정부과 포괄정부금을 통하여 정신건강센터를 지원하며 주정부가 정신건강에 쓰는 경제적 부담을 연방정부로 옮길 수 있는 기회가 생기도록 한 것이다. 정신장애인들이 주립정신병원에 입원하는 경우 주정부에서 부담하지만, 지역사회에서 살면서 치료를 받으면 연방정부의 포괄보조금으로 정신보건센터와 마약치료프로그램의 지원을 받을 수 있어 주정부가 재정적인 인센티브를 갖게 되었다(Dinitto, D. 2011, 한국장애인개발원 재인용).

이러한 정책들로 인하여 미국은 탈원화가 진행될 수 있었는데, 정부에서 관장하는 입원병상 수는 1955년 560,000명, 1995년 69,000명, 2005년 49,000명으로 감소하였으며, 주립병원의 수는 1955년 275개, 1995년 258개, 2005년 204개로 감소하였고, 평균재원일수도 1954년 6개월에서 1960년 23일로 감소하였다.

(2) 영국의 탈원화

영국은 1957년 '정신병 및 정신지체에 관한 왕립위원회 보고서'에서 지역사회보호(Community Care)라는 용어가 처음 사용되었다. 시설 수용방식, 입원 환자에 대한 처우문제에 대한 반성으로 지역사회에서 보건 및 대인서비스를 제공하자고 하는 지역사회보호의 전환을 하려는 움직임이 나타났다.

1959년 정신보건법(Mental Health Act)이 제정되어 정신장애인에 대한 정책을 체계화하고 정신장애인에 대한 치료를 강화하였으며, 지역사회로의 방향성을 명확하게 하였다(국가인권위원회, 2009). 1962년에는 영국 보건성이 '병원계획'을 통하여 입원 중인 급성 정신질환자를 지역종합병원에서 보호하며, 13년간 정신과 병상을 반감시키는 방침을 발표하였으며, 영국 정부는 최초의 지역사회보호체계인 '보건과 복지'를 발표하였으나 지자체의 정비와 인력확보의 어려움으로 1966년 중단되었다(김치영, 1999).

본격적인 병원폐쇄는 1980년 이후부터 이루어졌으며, 1983년 보수당 정부가 정신질환자의 권리를 옹호하는 정신보건법위원회를 창설하고 『정신보건법』으로 개정하였다. 1980년대 후반에는 노숙자가 늘어나면서 새로운 정신보건정책인 '케어프로그램접근(Care Program Approach)'으로 지역사회의 정신장애인에 대한 보호를 강화하게 되었다.

또한 1988년 그린피스보고서와 와그너보고서가 등장하여 재가보호와 시설보호를 재검토하고, 이 보고서들에 기초한 국민보건서비스 및 지역사회보호법 체계를 구축하게 되었다.

이와 같은 정책들로 인하여 대규모시설들이 1990년대 이후 문을 닫게 되면서 장기입원 환자들은 소규모 그룹홈으로 옮겨지게 되고 정신병원 병상 수와 재원일수가 줄어들게 되었다.

3) 우리나라의 탈원화 과정

우리나라는 1995년 정신질환자의 인권 및 치료환경을 개선하고 정신질환자의 사회복귀를 도모하기 위하여 「정신보건법」을 제정하였다(보건복지부, 1995). 이 법의 제정 당시에는 정신질환자의 진료체제를 정비하고 정신질환자에게 적절한 서비스를 통해 지역사회에서 사회의 구성원으로서 적응하기 위한 목적으로 사회복귀시설을 설립하고, 정신요양시설을 정신요양병원으로 전환하고자 하였다. 「정신보건법」이 시행되는 첫 해인 1997년 정신보건 중점추진과제에서 '탈원화'라는 용어가 구체적으로 언급되었고(보건복지부, 1997), 정신보건 서비스의 질을 향상하여 실질적인 탈원화가 가능하도록 보건소에 정신보건전문요원을 배치하여 정신보건서비스의 질을 높이고자 하였다. 그러나 「정신보건법」의 제정과 정부의 탈원화 노력에도 불구하고 정신과 병상 수가 증가하고, 정신질환자들의 반복적인 재입원율과 장기입원율이 증가하는 결과를 가져왔다.

우리나라의 탈원화의 역사를 「정신보건법」, 정신과 병상 수 및 시설의 변화 및 재원일수와 퇴원승인율의 변화로 구분하여 살펴보면 다음과 같다.

(1) 「정신보건법」의 제·개정과정

1968년 대한신경정신의학회와 대한의학협회가 공동심의하여 오늘날의 「정신보건법」인 정신위생법안을 상정하였으나 예산부족의 이유로 기각된 이후 수차례 법안의 상정과 기각을 반복하다가 1995년 「정신보건법」이 제정되었다. 「정신보건법」이 제정 시행된 이후 2회의 전부개정, 3회의 일부개정이 이루어졌으며, 「정신건강증진 및 정신질환자 복지서비스 지원에 관한 법률」, 즉 「정신건강복지법」이 2017년 5월 30일부터 시행되었다. 「정신보건법」에서의 탈원화 관련 내용을 살펴보면 〈표 14-1〉과 같다.

〈표 14-1〉 「정신보건법」에서의 탈원화 관련 내용

	제정 (1995.12.30)	제1차 개정 (1997.12.31)	제2차 개정 (2000.1.12)	제3차 개정 (2004.1.29)	제4차 개정 (2008.3.21)
입·퇴원 자율성	•입원: 자의입원/동의입원/평가입원/시·도지사에 의한 입원/응급입원 •퇴원: -자의입원 환자는 퇴원 신청이 있는 경우 즉시 퇴원(단, 정신의료기관장의 퇴원중지 가능) -퇴원심사청구	•입원: -자의입원/보호의무자에 의한 입원/시·도지사에 의한 입원/응급입원 •퇴원: 좌동	좌동 (단, 자의입원 환자에 정신의료기관장의 퇴원중지 규정(제23조 ③항, ④항) 삭제)	좌동	좌동 (단, 자의입원 환자에 대한 퇴원의사 확인 규정(제23조 ③항) 신설)

	제정 (1995.12.30)	제1차 개정 (1997.12.31)	제2차 개정 (2000.1.12)	제3차 개정 (2004.1.29)	제4차 개정 (2008.3.21)
사회복귀 시설	•정신질환자 생활훈련시설 •정신질환자 작업훈련시설 •보건복지부령으로 정하는 시설	좌동	좌동	좌동	•정신질환자 생활시설 •정신질환자 지역사회재활시설 •정신질환자 직업재활시설 •대통령령으로 정하는 시설
지역사회 정신보건 사업 주체	•보건소 •정신보건전문요원	좌동	좌동	•보건소 •정신보건전문요원 •정신보건센터	좌동

출처: 성희자·문순영(2015).

(2) 정신병원 병상 수의 변화

정신병원이 병상 수는 정신장애인이 입원하고 있는 의료기관 병상 수가 가장 중요한 지표이다. 〈표 16-2〉와 같이 정신병원의 병상 수는 전반적으로 증가하고 있고, 정신요양시설의 병상 수만 다소 감소를 보이고 있는 추세이다.

〈표 14-2〉 정신병원 병상 수의 변화 (단위: 병상)

	1999	2000	2002	2004	2005	2006	2008	2011	2012	2013
국공립	7,611	7,570	7,805	7,965	7,781	7,883	8,043	7,846	7,732	8,481
민간	16,908	20,667	21,880	33,395	22,463	23,856	28,384	46,483	41,779	41,894
(종합)병원 정신과	10,391	13,393	16,188	18,841	21,736	26,773	25,667	19,835	28,835	26,998
정신과 의원	1,927	2,245	3,995	4,310	6,130	5,298	7,608	5,906	5,533	5,628
정신요양시설	16,594	14,135	13,837	13,886	14,296	14,296	14,235	14,241	14,208	13,964
합계	53,431	58,010	63,705	78,397	72,406	78,056	83,937	94,311	98,087	96,965

출처: 보건복지부(2014). 2013 정신보건통계현황집 재구성.

(3) 정신보건시설의 변화

탈원화 현상을 파악할 수 있는 주요한 지표가 되는 것이 지역사회 정신보건시설이 어느 정도 확충되어 있는가 하는 것이다. 지역사회시설들이 점차 증가하고 있는 것은 사실이지만, 대부분 재활의 기능을 담당하고 있는 정신재활시설의 경우 지방이양사업으로 전환되어 재정자립도가 열악한 지방자치단체에서 설치하기 어려워 더 이상 확대되고 있지 못한 실정이다.

〈표 14-3〉 지역사회정신보건시설의 변화 (단위: 개소)

	1998	1999	2000	2002	2004	2005	2008	2011	2013
기초정신건강증진센터	7	17	46	50	52	62	153	160	189
사회복귀시설	12	21	49	89	115	138	211	275	255
알코올상담센터	–	–	4	14	17	20	34	43	43
낮병원	–	–	82	77	81	77	70	59	–
합계	19	38	181	230	265	297	468	537	–

출처: 보건복지부·중앙정신보건사업지원단(2012). 2011 중앙정신보건사업지원단보고서; 보건복지부 2014년 정신보건사업 안내 지침.

(4) 재원일수 및 퇴원승인율의 변화

탈원화는 장기입원일수가 줄어들어 지역사회에서 적절한 치료가 이루어지는 것을 의미하는데 「정신보건법」 제정 이후의 장기입원일수는 〈표 14-4〉에서 13년 동안 큰 차이를 보이고 있지 않아 크게 개선되지 않았음을 보여주고 있다. 또한 1997년부터 시행된 정신보건심판위원회가 주관이 되어 실시하고 있는 "계속입원심사청구제" 또한 탈원화에는 크게 기여한 바는 없었던 것으로 보인다.

〈표 14-4〉 정신보건기관 입원환자의 평균재원기간(중앙값) 분포(2000~2013) (단위: 일수)

	2000	2002	2004	2005	2007	2009	2011	2012	2013
총계	277	287	267	267	236	246	251	247	262
정신의료기관 소계	166	165	159	159	155	161	170	161	176
국립정신병원	142	118	101	89	117	152	256	191	192
공립정신병원	207	216	260	240	235	272	267	233	272
사립정신병원	220	240	266	264	252	217	208	223	252
종합병원정신과	80	67	69	75	61	50	66	65	70
병원정신과	231	215	168	165	163	164	157	157	153
정신과의원	75	74	77	75	75	93	103	105	111
정신요양시설	2,787	2,665	2,521	2,867	2,914	3,231	3,539	3,693	3,655

출처: 보건복지부(2014). 2013 정신보건통계현황집 재구성.

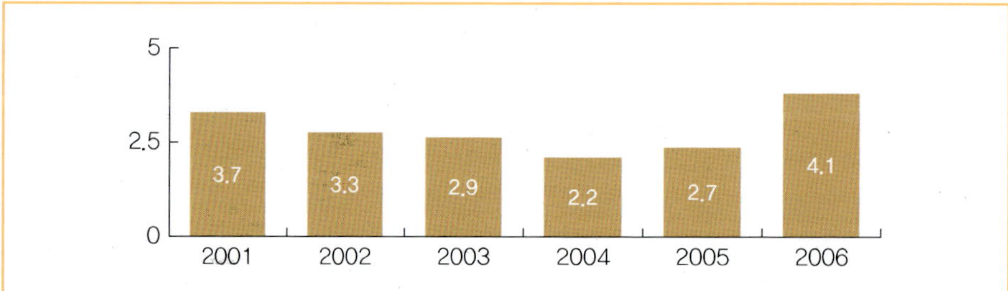

[그림 14-1] 연도별 퇴원 명령률

출처: 국가인권위원회(2009). "정신장애인 인권개선을 위한 각국의 사례연구와 선진모델 구축", p.417.

2. 정신장애인 지역사회 통합

1) 정신장애인 지역사회통합의 개념

1960년대 이후 정신장애인이 제한된 정신병원 환경에서 벗어나 지역사회로의 움직임을 보이며 탈원화(deinstitutionalization)가 시작되어 정신장애인에게 지역사회에서 포괄적이고 통합적인 정신건강서비스가 요구되었다. 특히 우리나라의 경우에는 2014년 장애인권리위원회에서 의료 중심의 정신보건시스템에 대한 우려와 정신보건법의 폐지 및 국회 계류 중이었던 「정신건강증진법」 개정이 필요함을 권고받기도 하였다.

1995년 「정신보건법」이 제정되고, 1997년부터 시행된 「정신보건법」의 목적은 탈원화를 통한 정신장애인의 지역사회로의 복귀였으나 「정신보건법」의 보호의무자에 의한 비자의입원은 정신장애인의 입원기간을 연장하도록 하고, 오히려 인권을 침해하는 결과를 가져왔다. 또한, 지역사회정신보건사업이 전국으로 확대되고 정신보건관련 중앙정부예산의 84.3%를 정신건강복지센터(구, 정신건강증진센터) 사업에 심혈을 기울이고 있으나 여전히 정신과 병상 수는 줄어들지 않고 있는 실정이다.

정신장애인이 출현율도 지속적으로 증가하고 있으나, 등록율은 저조하고, 정신장애인의 교육수준에 비해 취업률도 매우 낮은 편이며, 재입원과 장기입원이 줄어들지 않고 있는 추세이다. 우리나라의 정신장애인의 현실을 정신장애인과 인권의 측면에서 재조명하려는 노력과 함께 정신장애인 지역사회통합의 움직임이 시작되었다.

정신장애인 지역사회통합이란 '정상화(normalization) 이념과 사회통합의 이념 아래 정신장애인의 자립, 역량강화, 자기선택 등의 가치를 반영함으로써, 정신장애인이 지역사회 내에서 활동 가능하고(물리적 통합), 지역 구성원들과의 상호작용과 사회적 관계를 유지하며(사회적 통합), 정신장애인들이 지역사회 속에서 소속감을 가지고 생활하는 것(심리적 통합)'으로 개념화하였다(한국장애인개발원, 2014).

2) 지역사회통합의 장애요인

정신장애인의 지역사회통합의 가장 큰 장애요인이 되고 있는 것은 「정신보건법」의 비자의입원절차이다. 「정신보건법」이 제정된 이후 정신과 병상 수와 장기입원율은 빠른 속도로 증가되었고, 이는 정신장애인의 인권을 침해하는 가장 중요한 요인이 되었다. 장애인복지전달체계에 정신장애인이 배제되어 있으며, 다양한 형태의 지역사회중심의 주거공간이 부족하며, 정신장애인에 대한 서비스도 수요자 중심의 욕구보다는 공급자중심의 서비스가 주로 이루어져 있으며, 정신건강복지센터의 확충에도 불가하고 정신과 병상 수가 증가하고 있어 지역사회통합을 위한 장애요인이 되고 있다.

3) 지역사회통합 지원정책의 기본방향

우리나라에서 지역사회통합정책은 탈원화와 같은 의미로 연장선상에서 이루어진다. 장기입원 후 지역사회로 복귀하여 원만한 적응을 위한 지역사회통합 지원정책의 기본방향은 다음과 같다.

① 정신의료기관에의 불필요한 수용이나 감금을 방지하기 위하여 비인권적 비자의입원 절차를 개선하여야 한다.
② 정신장애인의 장기입원을 조장하는 의료급여제도를 개선하여야 한다.
③ 정신장애인의 지역사회통합을 지원하기 위해 정신보건전달체계와는 다른 정신장애인복지전달체계로서 '당사자 중심'의 정신장애인 복지전달체계를 수립하여야 한다.
④ 정신장애인의 지역사회통합을 지원하기 위한 주거, 소득, 직업, 일상생활지원, 돌봄, 교육 등의 지원책 및 인프라를 수립하여야 한다.
⑤ 지역사회통합을 위한 지원책 중 주거지원이 가장 우선적으로 이루어져야 한다.
⑥ 정신건강복지센터(구, 정신건강증진센터)의 공공성이 제고되어야 한다.
⑦ 정신장애인에 대한 집중적인 위기관리체계가 구축되어야 한다.
⑧ 정신장애인 자조활동 지원책이 마련되어야 한다.
⑨ 정신장애가 있는 청소년에 대한 보호 및 지원책이 마련되어야 한다.
⑩ 정신장애인에 대한 차별 및 권리옹호에 대한 지원책이 마련되어야 한다.

4) 정신장애인의 지역사회통합을 위한 단기 및 장기전략

한국장애인개발원에서 정신장애인의 지역사회통합을 위한 단기 및 장기과제는 총 10개로 단기과제 7개, 장기과제 3개로 선정되었으며 그 내용은 〈표 14-5〉와 같다.

〈표 14-5〉 단기 및 장기과제 개요

구분	주요 과제	핵심 과제
단기 전략	1. 우선적인 주거 지원책 마련	1-1. 입소생활시설과 주거제공시설 이후 다음단계 '이행'에 관한 구체적인 연계방안 구축
		1-2. 사회복귀시설의 이용대상 기준설정 필요
		1-3. 사회복귀시설의 수급계획 수립
		1-4. 하프웨이하우스의 병원과 지역사회의 중간단계로서의 역할 강화
	2. 주거·소득·직업·일상생활지원·돌봄·교육 등의 지원책 및 인프라 수립	2-1. 공동생활가정 확충
		2-2. 토탈케어서비스형 사회서비스 확장
		2-3. 「정신보건법」상 '정신질환자직업재활시설' 확장
		2-4. 사회복귀시설 운영비의 국고 환원
		2-5. 정신요양시설의 기능 전환
		2-6. '장애인직업재활시설'의 이용 및 '장애인고용및직업재활'에 있어 정신장애인의 배제 감소
		2-7. '지역사회 자립 중심'의 '추가급여' 지원 및 근로소득 공제율 검토
		2-8. 정신장애인 '보호제공자'에 대한 전략
	3. 정신보건체계 개선	3-1. '정신건강증진센터'의 사례관리 시스템 강화
		3-2. 효율적인 사례관리 시스템을 구축을 위한 사례관리 체계의 단계적 개선
	4. 정신장애인에 대한 집중적인 위기관리 체계 구축	4-1. 입소형 사회복귀시설의 기능전환을 통한 위기관리체계의 마련
		4-2. 위기상황의 정신장애인 관리체계의 세분화
	5. 정신장애인 자조활동 지원책 마련	5-1. '중증정신장애인자립생활지원센터 설치'에 대한 규정 및 지원책을 구체화
		5-2. '장애동료 간 상담'에 대한 규정 및 지원책을 구체화
		5-3. 사회복귀시설의 당사자 고용 활성화
	6. 정신장애가 있는 청소년에 대한 보호 및 지원책 마련	6-1. 사회서비스와 교육이 결합된 새로운 형태의 사회서비스 개발 및 장려
	7. 정신장애인에 대한 차별 및 권리옹호 지원책 구축	7-1. 정신장애인의 차별조항의 단계적 검토
		7-2. '당사자 중심' 정신장애인 권리옹호기관 구축
		7-3. 정신장애인 인권 및 복지생활 실태조사

구분	주요 과제	핵심 과제
장기 전략	1. '비자의입원절차'의 개선 및 강화	1-1. 입원요건 및 기준의 엄격성 강화
		1-2. 비자의입원의 결정주체의 공공성 강화
		1-3. 비자의 입원의 적법한 절차를 마련
	2. '당사자 중심'의 장애인복지전달 체계 수립	2-1. 「장애인복지법」 제15조의 개정
	3. 의료급여제도의 개선	3-1. 의료급여 내용의 범위 확장
		3-2. 의료급여에 대한 포괄예산제(block grants) 도입

출처: (재)한국장애인개발원(2014).

〈표 14-5〉에서 살펴본 바와 같이 우리나라의 「정신보건법」의 취지를 살려 정신장애인의 지역사회통합을 실현하기 위한 다음과 같은 정책전환이 필요하다.

첫째, 정신장애인을 병원의 치료대상이 아니라 사회적 삶이 가능한 존재로 보는 시각의 전환, 패러다임의 전환이 필요하다.

둘째, 「정신보건법」의 강제입원제도의 남용 가능성을 억제할 수 있는 「정신건강복지법」이 개정되었으나 입원결정의 정당성을 공식적으로 검증하는 심의절차가 실질적으로 잘 이행될 수 있는지 검토하여야 한다.

셋째, 「정신건강복지법」의 개정에 따라 상대적으로 입원절차가 쉽지 않은 반면, 치료적 접근이 필요한 정신장애인이 이용할 수 있는 시설들이 완비되고 지역사회전달체계 구축이 우선시 되어야 한다.

넷째, 국민건강보험과 의료급여제도의 재정비가 요구된다. 의료비 자기부담비율을 입원기간에 따라 차등 적용하여야 하며, 의료급여제도 또한 소액의 자기부담비용을 기간에 따라 차등 부과함으로써 퇴원인센티브를 강화할 필요가 있다.

생각해보기

1. 영화 〈뻐꾸기 둥지 위로 날아간 새〉, 〈28일 동안〉 감상 후 주인공의 삶 속에서 정신장애인 치료환경을 비교해 보고 인권과 치료적 환경에 대해 생각해보기.

Mental
Health
Social
Welfare

- 한국어판 ADHD 평정척도(Korean ADHD Rating Scale: K-ARS)
- 한국형 청소년 인터넷중독 자가 진단척도(K-척도)
- AUDIT-K(알코올사용장애 선별검사)
- 변화준비도 척도(Readiness To Change Questionnaire: RTCQ)
- 한국어판 니코틴 의존도(Korean Version Fagerstrom Test For Nicotine Dependence)
- 도박중독 자가진단표(CPCI)
- 사건충격척도-수정판(IES-R)
- 모즐리 강박증 척도
- 한국판 우울척도(CES-D)

한국어판 ADHD 평정척도(Korean ADHD Rating Scale: K-ARS)[1]

교사 또는 부모 평정용

번호	내 용	전혀 그렇지 않다	때때로 그렇다	자주 그렇다	매우 자주 그렇다
1	세부적인 면에 대해 꼼꼼하게 주의를 기울이지 못하거나 학업에서 부주의한 실수를 한다.	0	1	2	3
2	손발을 가만히 두지 못하거나 의자에 앉아서도 몸을 꼼지락거린다.	0	1	2	3
3	일을 하거나 놀이를 할 때 지속적으로 주의를 집중하는 데 어려움이 있다.	0	1	2	3
4	자리에 앉아 있어야 하는 교실이나 다른 상황에서 앉아 있지 못한다.	0	1	2	3
5	다른 사람이 마주보고 이야기할 때 경청하지 않는 것처럼 보인다.	0	1	2	3
6	그렇게 하면 안 되는 상황에서 지나치게 뛰어다니거나 기어오른다.	0	1	2	3
7	지시를 따르지 않고, 일을 끝내지 못한다.	0	1	2	3
8	여가활동이나 재미있는 일에 조용히 참여하기가 어렵다.	0	1	2	3
9	과제와 일을 체계적으로 하지 못한다.	0	1	2	3
10	끊임없이 무엇인가를 하거나 마치 모터가 돌아가듯 움직인다.	0	1	2	3
11	지속적인 노력이 요구되는 과제(학교공부나 숙제)를 하지 않으려 한다.	0	1	2	3
12	지나치게 말을 많이 한다.	0	1	2	3
13	과제나 일을 하는 데 필요한 물건들은 잃어버린다.	0	1	2	3
14	질문이 채 끝나기도 전에 성급하게 대답한다.	0	1	2	3
15	쉽게 산만해진다.	0	1	2	3
16	차례를 기다리는 데 어려움이 있다.	0	1	2	3
17	일상적으로 하는 일을 잊어버린다.	0	1	2	3
18	다른 사람을 방해하거나 간섭한다.	0	1	2	3

1) 『소유경·노주선·김영신·고선규·고윤주(2002). 한국어판 부모, 교사 ADHD 평가 척도의 신뢰도와 타당도 연구. 신경정신의학, 41, 283-289』에서 발췌하였다. 이 척도는 Dupaul (1991)이 개발한 것으로 홀수 문항의 총점은 부주의성을 측정하며, 짝수문항의 총점은 과잉활동-충동성을 측정하도록 구성되어 있다. 부모용은 19점, 교사용은 17점이 절단점이다.

한국형 청소년 인터넷중독 자가 진단척도(K-척도)[2]

20___년 __월 __일 ________학교 ___학년 (남, 여) 나이 ____ 이름 _________

번호		내 용	전혀 그렇지 않다	때때로 그렇다	자주 그렇다	항상 그렇다
1	1	인터넷 사용으로 건강이 이전보다 나빠진 것 같다.	1	2	3	4
	2	인터넷을 너무 사용해서 머리가 아프다.	1	2	3	4
	3	인터넷을 하다가 계획한 일들을 제대로 못한 적이 있다.	1	2	3	4
	4	인터넷을 하느라고 피곤해서 수업시간에 잠을 자기도 한다.	1	2	3	4
	5	인터넷을 너무 사용해서 시력 등에 문제가 생겼다.	1	2	3	4
	6	다른 할 일이 많을 때에도 인터넷을 사용하게 된다.	1	2	3	4
2	7	인터넷을 하는 동안 나는 더욱 자신감이 생긴다.	1	2	3	4
3	8	인터넷을 하지 못하면 생활이 지루하고 재미가 없다.	1	2	3	4
	9	인터넷을 하지 못하면 안절부절못하고 초조해진다.	1	2	3	4
	10	인터넷을 하고 있지 않을 때에도 인터넷에 대한 생각이 자꾸 떠오른다.	1	2	3	4
	11	인터넷을 할 때 누군가 방해를 하면 짜증스럽고 화가 난다.	1	2	3	4
4	12	인터넷에서 알게 된 사람들이 현실에서 아는 사람들보다 나에게 더 잘해 준다.	1	2	3	4
	13	오프라인에서보다 온라인에서 나를 인정해 주는 사람이 더 많다.	1	2	3	4
	14	실제에서보다 인터넷에서 만난 사람들을 더 잘 이해하게 된다.	1	2	3	4
5	15	인터넷 사용시간을 속이려고 한 적이 있다.	1	2	3	4
	16	인터넷 때문에 돈을 더 많이 쓰게 된다.	1	2	3	4
6	17	인터넷을 하다가 그만 두면 또 하고 싶다.	1	2	3	4
	18	인터넷 사용 시간을 줄이려고 해 보았지만 실패한다.	1	2	3	4
	19	인터넷 사용을 줄여야 한다는 생각이 끊임없이 들곤 한다.	1	2	3	4
6	20	주위 사람들이 내가 인터넷을 너무 많이 한다고 지적한다.	1	2	3	4

2) 이 척도는 2002년 한국정보문화진흥원과 서울대학교가 공동 개발한 것이다. 초등학생을 기준으로 53점 이상은 고위험 사용자군, 48~52점은 잠재적 위험 사용자군, 47점 이하는 일반 사용자군이다. 중고등학생은 46점 이상을 고위험 사용자군으로 본다.

AUDIT-K(알코올사용장애 선별검사)

질 문	0점	1점	2점	3점	4점
1. 얼마나 자주 술을 마십니까?	전혀 안 마심	월 1회 이하	월 2~4회	주 2~3회	주 4회
2. 술을 마시는 날은 보통 몇 잔을 마십니까?	1~2잔	3~4잔	5~6잔	7~9잔	10잔 이상
3. 한 번에 술좌석에서 6잔(또는 맥주 2,000cc) 이상을 마시는 횟수는 어느 정도입니까?	없음	월 1회 미만	월 1회	주 1회	거의 매일
4. 지난 1년간, 일단 술을 마시기 시작하여 자제가 안 된 적이 있습니까?	없음	월 1회 미만	월 1회	주 1회	거의 매일
5. 지난 1년간, 음주 때문에 일상생활에 지장을 받은 적이 있습니까?	없음	월 1회 미만	월 1회	주 1회	거의 매일
6. 지난 1년간, 과음 후 다음날 아침 정신을 차리기 위해 해장술을 마신 적이 있습니까?	없음	월 1회 미만	월 1회	주 1회	거의 매일
7. 지난 1년간, 음주 후 술을 마신 것에 대해 후회한 적이 있습니까?	없음	월 1회 미만	월 1회	주 1회	거의 매일
8. 지난 1년간, 술이 깬 후에 취중의 일을 기억할 수 없었던 적이 있습니까?	없음	월 1회 미만	월 1회	주 1회	거의 매일
9. 당신의 음주로 인해 자신이나 다른 사람이 다친 적이 있습니까?	없음		있지만 지난 1년간 없음		지난 1년간 있음
10. 가족이나 의사가 당신의 음주에 대해 걱정을 하거나, 또는 술을 끊거나 줄이라는 권고를 한 적이 있습니까?	없음		있지만 지난 1년간 없음		지난 1년간 있음
소계					
총점					

*평가기준			
0~7점	8~11점	12~19점	20점 이상
정상 음주자	상습적인 과음자로 주의를 요함	문제음주자 혹은 잠재적인 알코올의존자	알코올의존자로 분류

변화준비도 척도(Readiness To Change Questionnaire: RTCQ)

성명 :

문항	내 용	전혀 그렇지 않다	그렇지 않다	반반이다	그렇다	매우 그렇다
1	내가 술을 너무 많이 마시는 것은 아니다.	−2	−1	0	1	2
2	술을 끊기 위한 구체적인 노력들은 하고 있다.	−2	−1	0	1	2
3	술을 즐기지만 가끔은 너무 많이 마신다.	−2	−1	0	1	2
4	술을 끊어야 한다는 생각을 가끔 한다.	−2	−1	0	1	2
5	내 음주습관은 문제가 없다.	−2	−1	0	1	2
6	나는 최근에 완전히 술을 끊었다.	−2	−1	0	1	2
7	술을 완전히 끊기 위한 구체적인 행동을 적극적으로 실천하고 있다.	−2	−1	0	1	2
8	술을 끊는 것을 생각해야만 할 때가 되었다.	−2	−1	0	1	2
9	나의 음주습관은 가끔 문제가 된다.	−2	−1	0	1	2
10	내 음주습관을 바꿀 필요가 없다고 생각한다.	−2	−1	0	1	2
11	나는 현재 음주습관을 실제로 바꾸고 있다.	−2	−1	0	1	2
12	술을 끊는 것은 내게 별다른 이득이 없다.	−2	−1	0	1	2

Precontemplation(P): 점(1, 5, 10, 12번 문항)
Contemplation(C): 점(3, 4, 8, 9번 문항)
Action(A): 점(2, 6, 7, 11번 문항)

척도점수		변화준비도
전숙고 점수	☐	
전숙고 단계	☐	(전숙고 점수의 부호를 바꾸어 기록한다)
숙고 점수	☐	
숙고 단계	☐	(숙고 점수와 동일함)
실행 점수	☐	
실행 단계	☐	(실행 점수와 동일함)
내담자의 변화단계(☑) : ☐ 전숙고 단계 ☐ 숙고 단계 ☐ 실행 단계		

한국어판 니코틴 의존도(Korean Version Fagerstrom Test For Nicotine Dependence)[3)]

이름: ________________ 성별/나이 : ________________ 날짜 : ________________

번호	문항	내용	점수
1	아침에 일어나서 언제 첫 담배를 피우십니까?	5분 이내	3
		6~60분 사이	2
		31~60분 사이	1
		60분 이후	0
2	지하철, 버스, 병원, 영화관 등과 같은 금연구역 흡연을 참기 어렵습니까?	예	1
		아니오	0
3	가장 포기하기 싫은 담배, 다시 말해 가장 좋아하는 담배는 어떤 것입니까?	아침의 첫 담배	1
		그 외의 담배	0
4	하루에 담배를 총 몇 개피 피웁니까?	10개비 이하	0
		11~20개비	1
		21~30개비	2
		31개비 이상	3
5	깨어나서 처음 몇 시간 피우는 흡연량이 하루의 다른 때보다 더 많습니까?	예	1
		아니오	0
6	아파서 거의 하루 종일 누워 있거나, 감기나 독감에 걸려 호흡이 곤란할 때에도 담배를 피우십니까?	예	1
		아니오	0
총점			

3) 『안희경 · 이화진 · 정도식 · 이선영 · 김선영 · 강재헌(2002). 한국어판 니코틴 의존도 설문도구(FTQ and FTND)의 신뢰도 및 타당도. 가정의학회지, 23(8), 999-1007』에서 발췌하였다. 7점 이상은 금단 증상이 심하고, 금연하기가 더 어렵고, 더 고용량의 니코틴을 보충해야 할 필요성이 있는 니코틴 의존도를 나타낸다.

도박중독 자가진단표(CPCI)[4]

지난 1년 동안에 대해 생각해 보고, 해당하는 번호에 표시하세요.

번호	문 항	없음	가끔	때때로	거의 항상
1	귀하는 도박에서 잃어도 크게 상관없는 금액 이상으로 도박을 한 적이 있습니까?	0	1	2	3
2	귀하는 도박에서 이전과 같은 흥분감을 느끼기 위해 더 많은 돈을 걸어야 했던 적이 있습니까?	0	1	2	3
3	귀하는 도박으로 잃은 돈을 만회하기 위해 다른날 다시 도박을 하신 적이 있습니까?	0	1	2	3
4	귀하는 자신의 도박행위가 문제가 될 만한 수준이라고 느낀 적이 있습니까?	0	1	2	3
5	귀하는 자신의 도박행위가 문제가 될 만한 수준이라고 느낀 적이 있습니까?	0	1	2	3
6	귀하는 도박으로 인해 스트레스나 불안 등을 포함한 어떤 건강상의 문제를 겪은 적이 있습니까?	0	1	2	3
7	귀하는 사실 여부에 상관없이 다른 사람들로부터 도박행위를 비난받거나 도박문제가 있다는 얘기를 들은 적이 있습니까?	0	1	2	3
8	귀하의 도박행위로 인해 본인이나 가정에 재정적인 문제가 발생한 적이 있습니까?	0	1	2	3
9	귀하는 자신의 도박하는 방식이나 도박을 해서 발생한 일에 대해 죄책감을 느낀 적이 있습니까?	0	1	2	3

4) * 이 척도는 사행산업통합감독위원회에서 개발하고 한국도박문제관리센터에 게재된 도박중독 자가진단표(CPCI)이다.

1~2점은 저위험성 도박. 도박으로 인한 부정적인 결과가 나타나지 않는 수준으로 도박을 하고 있다. 하지만 도박을 자주 한다면 도박 관련 문제에 빠질 위험성을 탐색해 봐야 한다.

3~7점은 중위험성 도박. 도박으로 인해 일상생활을 적절하게 유지하는 데 어려움이 나타날 가능성이 있다.

8점 이상은 문제성 도박. 도박행동을 조절하지 못하는 상태를 나타내며, 점수가 높을수록 문제의 심각성은 더욱 크다. 반드시 전문가와 상담이 필요하다.

사건충격척도-수정판(IES-R)[5]

번호	문 항	전혀 없다	드물게 있다	가끔 있다	자주 있다	많이 있다
1	그 사건을 상기시켜 주는 것들이 그 사건에 대한 감정(느낌)을 다시 되살아나게 한다.	0	1	2	3	4
2	나는 수면을 지속하는 데 어려움이 있었다.	0	1	2	3	4
3	나는 다른 일들로 인해 그 사건을 생각하게 된다.	0	1	2	3	4
4	나는 그 사건 이후로 예민하고 화가 난다고 느꼈다.	0	1	2	3	4
5	그 사건에 대해 생각하거나 떠오를 때마다 혼란스러워지기 때문에 회피하려고 했다.	0	1	2	3	4
6	내가 생각하지 않으려고 해도 그 사건이 생각난다.	0	1	2	3	4
7	그 사건이 일어나지 않았거나, 현실이 아닌 것처럼 느꼈다.	0	1	2	3	4
8	그 사건을 상기시키는 것들을 멀리하며 지냈다.	0	1	2	3	4
9	그 사건의 영상이 나의 마음속에 갑자기 떠오르곤 했다.	0	1	2	3	4
10	나는 신경이 예민해졌고 쉽게 깜짝 놀랐다.	0	1	2	3	4
11	그 사건에 관해 생각하지 않기 위해 노력했다.	0	1	2	3	4
12	나는 그 사건에 관하여 여전히 많은 감정을 가지고 있다는 것을 알지만 신경 쓰고 싶지 않았다.	0	1	2	3	4
13	그 사건에 대한 나의 감정은 무감각한 느낌이었다.	0	1	2	3	4
14	나는 마치 사건 당시로 돌아간 것처럼 느끼거나 행동할 때가 있었다.	0	1	2	3	4
15	나는 그 사건이후로 잠들기가 어려웠다.	0	1	2	3	4
16	나는 그 사건에 대한 강한 감정이 물 밀 듯 밀려오는 것을 느꼈다.	0	1	2	3	4
17	내 기억에서 그 사건을 지워 버리려고 노력했다.	0	1	2	3	4
18	나는 집중하는 데 어려움이 있었다.	0	1	2	3	4
19	그 사건을 떠올리게 하는 어떤 것에도 식은땀, 호흡곤란, 오심, 심장 두근거림 같은 신체적인 반응을 일으켰다.	0	1	2	3	4
20	나는 그 사건에 관한 꿈들을 꾼 적이 있었다.	0	1	2	3	4
21	내가 주위를 경계하고 감시하고 있다고 느꼈다.	0	1	2	3	4
22	나는 그 사건에 대해 이야기하지 않으려고 노력했다.	0	1	2	3	4

5) 『은헌정·권태완·이선미·김태형·최말례·조수진(2005). 한국판 사건충격척도 수정판의 신뢰도 및 타당도 연구. 신경정신의학 제44권 제3호 통권 제186호』에서 발췌하였다. 절단점은 33점이다.

모즐리 강박증 척도6)

각 문장을 읽고 자신에게 해당되는 내용이면 "예", 자신에게 해당되지 않는 내용이면 "아니오"에 V표 해주세요.

번호	문 항	예	아니오
1	병균에 감염될까봐 버스나 지하철 손잡이를 잡기 싫다.	1	0
2	잡스러운 생각들이 자주 떠오르고 그런 생각들을 지워버리기 어렵다.	1	0
3	다른 사람들보다 더 정직하려고 노력한다.	1	0
4	일에 몰두하면 시간 관념이 없어져 일이 늦어진다.	1	0
5	동물을 만지고 나면 감염되지 않을까 매우 걱정한다.	1	0
6	가스레인지, 수도꼭지, 문 잠그는 것 등을 몇 번씩 확인하곤 한다.	1	0
7	나는 매우 양심적인 사람이라고 생각한다.	1	0
8	특별한 일이 없어도 자주 불쾌한 생각들이 떠올라 기분이 상한다.	1	0
9	우연히 다른 사람과 몸이 부딪히면 신경이 계속 쓰인다.	1	0
10	사소한 일을 할 때도 지나치게 신경을 쓰는 편이다.	1	0
11	우리 부모님은 나를 매우 엄격하게 키우셨다.	1	0
12	일을 할 때는 잘 할 수 있을 때까지 여러 번 반복한다.	1	0
13	나는 다른 사람들보다 비누를 더 많이 쓰는 편이라 생각한다.	1	0
14	어떤 숫자들은 불길한 의미가 있다고 생각한다.	1	0
15	메일이나 문자를 보내기 전에 쓴 것을 몇 번씩 확인한다.	1	0
16	외출하려고 옷 입을 때 시간이 많이 걸리는 편이다.	1	0
17	나는 내 주위가 지저분한 것은 못 참는 편이다.	1	0
18	세세한 것까지 모두 신경 쓰며 일하는 편이다.	1	0
19	깨끗하게 정리된 화장실을 사용할 때는 망설이게 된다.	1	0
20	나는 무엇이든 반복해서 확실하게 확인하는 편이다.	1	0
21	나는 병균이나 질병에 대해 걱정하는 일이 많다.	1	0
22	나는 다른 사람과 약속할 때 한번 이상은 꼭 확인한다.	1	0
23	나는 늘 하던 일을 할 때도 정해진 순서에 따라 하고 있다.	1	0
24	돈을 만진 후에는 내 손이 더러워졌다는 생각이 든다.	1	0
25	이를 닦을 때도 입안에 순서를 정하여 닦는 버릇이 있다.	1	0
26	아침에 세수하는 시간이 5분 이상 걸리는 편이다.	1	0
27	나는 평소에도 손세정제를 자주 쓰는 편이다.	1	0
28	했던 일들을 여러 번 확인하느라 많은 시간을 허비한다.	1	0
29	저녁에 옷을 정리하는 데 많은 시간을 쓰는 편이다.	1	0
30	일을 잘 했어도 만족스럽지 않게 됐다는 생각이 들곤 한다.	1	0

6)『민병배 · 원호택(1999). 한국판 Maudsley 강박행동 질문지와 Padua 강박 질문지의 신뢰도와 타당도. 한국심리학회지: 임상, 19(1), 163-182』에서 발췌하였다. 예: 1점, 아니오: 0점의 이분 척도이며 총점이 14점 이상이면 강박증상이 있는 것으로, 19점 이상이면 강박장애에 해당하는 것으로 분류한다.

한국판 우울척도(CES-D)[7]

아래에 있는 항목들은 지난 일주일 동안 귀하에게 얼마나 자주 일어났었는지 체크하세요.

- 극히 드물다: 일주일 1일 이하
- 가끔 있었다: 일주일 1~2일간
- 종종 있었다: 일주일 3~4일간
- 대부분 그랬다: 일주일 5일 이상

내 용	극히 드물다	가끔 있었다	종종 있었다	대부분 그랬다
1. 평소에는 아무렇지도 않던 일들이 괴롭고 귀찮게 느껴졌다.	0	1	2	3
2. 먹고 싶지 않고 식욕이 없다.	0	1	2	3
3. 어느 누가 도와준다 하더라도 나의 울적한 기분을 떨쳐 버릴 수 없을 것 같다.	0	1	2	3
4. 무슨 일을 하든 정신을 집중하기가 힘들었다.	0	1	2	3
5. 비교적 잘 지냈다.*	3	2	1	0
6. 상당히 우울했다.	0	1	2	3
7. 모든 일들이 힘들게 느껴졌다.	0	1	2	3
8. 앞일이 암담하게 느껴졌다.	0	1	2	3
9. 지금까지의 내 인생은 실패작이라는 생각이 들었다.	0	1	2	3
10. 적어도 보통 사람들만큼의 능력은 있었다고 생각한다.*	3	2	1	0
11. 잠을 설쳤다(잠을 잘 이루지 못했다).	0	1	2	3
12. 두려움을 느꼈다.	0	1	2	3
13. 평소에 비해 말수가 적었다.	0	1	2	3
14. 세상에 홀로 있는 듯한 외로움을 느꼈다.	0	1	2	3
15. 큰 불만 없이 생활했다.*	3	2	1	0
16. 사람들이 나에게 차갑게 대하는 것 같았다.	0	1	2	3
17. 갑자기 울음이 나왔다.	0	1	2	3
18. 마음이 슬펐다.	0	1	2	3
19. 사람들이 나를 싫어하는 것 같았다.	0	1	2	3
20. 도무지 뭘 해 나갈 엄두가 나지 않았다.	0	1	2	3

7) 『조맹제 · 김계희(1993). 정신분열병 환자 예비평가에서 The Center for Epidemiologic Studies Depression Scale(CES-D) 진단적 타당성 연구. 신경정신의학, 32(3), 381-399』에서 발췌하였다. *는 역점수 문항이며 절단점은 25점이다.

참고문헌

고병석 · 박명애 · 황춘화 · 김세영 · 민병윤(2009). 사회문제와 사회복지. 대왕사.

고제훈 · 김종미 · 김호진 · 김성천(2015). 2015년 장애인 경제활동 실태보고서. 한국장애인고용공단 고용개발원.

곽정란 · 김병하(2004). 장애담론의 정치적 이해. 특수교육저널.

국가인권위원회(2009). 정신장애인 인권보호와 증진을 위한 국가보고서.

국가인권위원회(2009). 정신장애인 인권개선을 위한 각국의 사례연구와 선진모델 구축.

국가인권위원회(2014). 정신보건 인권 길라잡이.

국가인권위원회(2016). 정신보건 의무교육 강사단 자료집.

권육상(2000). 정신건강. 유풍출판사.

권정옥(2007). 도박중독과 동기강화상담. 한국심리학회 추계심포지엄. 83-87.

권준수 · 김재진 · 남궁기 · 박원명 · 신민섭 · 유범희 · 윤진상 · 이상익 · 이승환 · 이영식 · 이헌정 · 임효덕 · 강도형 · 최수희 공역(2015). 정신질환의 진단 및 통계 편람(제5판). 학지사.

권진숙 · 김정진 · 전석균 · 성준모(2014). 정신보건사회복지론. 공동체.

권진숙 · 박지영(2008). 사례관리의 이론과 실제. 학지사.

김경미(2016). 정신질환자 권리에 대한 정신보건종사자의 인식과 보장에 관한 연구. 공주대학교 석사학위논문.

김경훈 · 김태우 · 김한우 · 안상일 · 이명찬 · 최성일 역(2007). 도박중독 심리치료. 시그마프레스.

김경희 · 김성남 · 김용진 · 배대석 · 이민규 · 임희수 · 황정우(2015). 정신보건전문요원 실태조사. 국립서울병원.

김교현(2003). 병적도박 선별을 위한 K-NODS의 신뢰도와 타당도. 한국심리학회지: 건강, 487-509.

김규수 · 김인숙 · 박미은 · 박정위 · 설진화 · 우국희 · 홍선미 역(2002). 인간행동과 사회환경. 나눔의 집.

김규수(2006). 정신보건사회복지실천론. 형설출판사.

김기태 · 황성동 · 최송식 · 박봉길 · 최말옥(2016). 정신보건사회복지론. 양서원.

김동일(2008). 청소년 인터넷중독 자가진단척도 고도화연구. 한국정보진흥원 07-13.

김래선(2007). 외상후 스트레스장애 증상의 구조: 증상의 재분류. 카톨릭대학교 석사학위논문.

김명정 · 김재익 · 오무경 · 황수희(2009). 국내외정신병상현황 및 정책. 중앙정신보건지원단 보고서.

김문근 · 하경희 · 최진실(2015). 정신보건전달체계 개편을 위한 정신보건기관 기능재조정 방안연구 보고서. 대구대학교 산학협력단.

김문근 · 하경희(2015). 정신보건서비스전달체계 개편을 위한 정신보건기관 기능재조명 방안 연구. 대구대학교 산학협력단.

김문근(2011). 정신장애인의 기능장애에 대한 당사자와 보호제공자의주관적 인식비교. 정신보건과 사회사업.

김미영(2003). 중학생의 인터넷중독과 정신건강과의 관계. 공주대학교 석사학위논문.

김민경(2006). 병적도박의 위험 요인 탐색. 중앙대학교 박사학위논문.

김성재(2009). 도박중독의 재발방지. 제4회 도박중독전문가양성교육 자료집. 사행산업통합감독위원회.

김소야자 · 현명선 · 성경미 · 공성숙(1993). 청소년 약물남용 예방대책. 연세교육과학, 24, 199-256.

김시업 역(1994). 생활적응을 위한 심리학. 문음사.

김연옥(2010). 영국의 정신장애인 탈원화 경험에 관한 연구. 사회과학연구, 26(2). 전북대학교 사회과학연구소.

김정남 · 서미경(2004). 정신장애인에 대한 편견과 차별에 관한 연구. 한국심리학회지 건강, 9(3), 589-607.

김치영(1999). 영국의 지역사회보호 정책 전환에 관한연구. 사회복지연구, 9(1). 133-164.

김혜숙 · 박선환 · 박숙희 · 신은영 · 이주희 · 정미경(2002). 인간관계론. 양서원.

김호진 · 김성천 · 양수정 · 최종철(2014). 2014년 기업체 장애인 고용실태조사. 한국장애인고용공단 고용개발원.

나동석 · 서혜석 · 이대식 · 강희양 · 곽의향 · 김미혜 · 신경애(2015). 최신 정신건강론. 양서원.

노수희(2015). 지역사회 정신보건시스템의 형태짓기를 통해 살펴보는 정신장애인 탈원화의 민낯. 2015년 비판과 대안을 위한 사회복지학회 춘계학술대회.

대전복지재단(2014). 알코올중독 사례관리매뉴얼.

류석상 · 남길우 · 엄나래(2016). 2016년 인터넷 과의존 실태조사. 미래창조과학부.

한국정보화진흥원.
미국정신의학회(2015). DSM-IV 정신질환의 진단 및 통계편람.
미국정신의학회(2015). DSM-5 정신질환의 진단 및 통계편람.
민성길(2006). 최신정신의학. 일조각.
민소영(2012). 사회복지사가 경험한 강점관점 사례관리 실천: 영유아 빈곤가정을 대상으로. 사회복지연구, 43(1), 275-304.
박선영(2011). 강점관점 사회복지실천 모델에 대한 시론적 연구: 성인 클라이언트를 중심으로. 사회과학논총, 30(1), 89-113.
박숙희(1996). 프로이트와 무의식. 한성대신문.
박승민(2006). 성인인터넷중독 상담프로그램 개발연구. 한국정보문화진흥원 06-06.
박영숙(2000). 청소년 약물남용 실태 및 대책에 관한 연구. 교정복지연구, 3, 165-184.
박중규(2008). 인터넷중독 특성분석연구. 한국정보문화진흥원 07-14.
반신환(2014). 심리적 응급처치(Psychological First Aid)－외사상성 상실의 초기 개입. 실천신학, 42, 287-303.
보건복지부·국립서울병원·중앙정신보건사업지원단(2015). 2015 국가 정신건강보고서.
보건복지부·중앙정신보건사업지원단·국립정신건강센터(2015). 국가 정신건강현황 예비조사 결과보고서.
보건복지부·중앙정신보건사업지원단(2016). 2015년 중앙정신보건사업지원단 사업보고서.
보건복지부·한국보건복지인력개발원(2016). 정신보건시설 인권교육 강사 보수교육자료집.
보건복지부(2009). 정신보건법. 보건복지부.
보건복지부(2013). 정신보건통계현황집.
보건복지부(2014). 정신보건통계현황집.
보건복지부(2014). 진도해상선박 재난피해자 심리지원 가이드라인.
보건복지부(2014). 2014년 정신보건사업안내.
보건복지부(2015). 2015년 정신건강사업안내.
보건복지부(2016). 2016년 정신건강사업안내.
사행산업통합감독위원회(2010). 도박중독예방치유센터사업안내.
서미경(2002). 정신장애인 가족의 치료참여에 관한 연구. 한국사회복지학, 51호,

119-140.
서미경(2006). 성인 정신장애인의 평생계획 모형 : 뉴질랜드 정신보건서비스를 중심으로. 한국사회복지학, 58(2). 33-56.
서울대의과대학(2011). 2011년도 정신질환실태역학조사.
서울시자살예방센터(2011). 자살 및 정신질환 위기관리 프로토콜. 서울시자살예방센터.
서울시자살예방센터(2015). 자살예방응급요원교육. 서울시자살예방센터.
서혜석(2006). 청소년의 자살생각에 영향을 미치는 요인에 관한 연구. 대구대학교 박사학위논문.
서혜석·이미영·김영호(2014). 인간행동과 사회환경. 청목출판사.
성희자·문순영(2015). 정신보건법에서의 탈원화 과정분석. 사회과학연구. 31, 303-325.
송진아(2008). 도박중독 과정에 관한 사례연구. 성균관대학교 석사학위논문.
신영전·남정현(2001). 국가정신보건체계 모형개발과 정책과제. 사회정신의학, 6(1), 36-48.
양옥경·김정진·서미경·김미옥·김소희(2006). 사회복지실천론. 나남출판.
양옥경(1996). 지역사회 정신건강. 나남출판.
양옥경(2006). 정신보건 사회복지의 이해. 나남출판.
엄윤경(2005). 가족교육이 정신장애인 가족의 태도에 미치는 영향에 관한 연구. 대구대학교 석사학위논문.
오창순(2002). 정신보건법 시행 이후 정책평가와 방향, 한국정신보건사회복지학회 추계학술대회자료집.
원호택·박현순(1996). 공황장애 환자의 인지특성에 관한 연구. 한국심리학회지 임상, 15(1), 1-16.
이근후 역(1995). 정신장애의 진단 및 통계 편람 제4판. 하나의학사.
이근희·김미영·한은정(2012). 정신장애인 평생계획 프로그램 개발 및 효과성 연구, 정신보건 3(1), 8-17.
이근희(2014). 동료지원활동에 참여한 정신장애인의 회복과정에 관한 근거이론연구. 서울여자대학교 박사학위논문.
이민규 외 역(1988). 스트레스. 중앙적성출판사.
이민규·임정문(2005). 정신건강론, 성결정신건강출판부.
이영호·심경순·김태준(2015). 정신보건사회복지론. 학지사.

이용표·강상경·김미영(2006). 정신보건의 이해와 실천 패러다임. 도서출판 EM커뮤니티.
이윤로(2000). 정신보건사회복지론. 학지사.
이인혜(1999). 현대인의 정신건강. 대왕사.
이준우·손덕순(2016), 정신보건사회복지론. 서현사.
이현수(1997). 이상행동의 심리학. 대왕사.
이호정(2016). 정신장애인 자기옹호 운동과정. 성공회대학교 석사학위논문.
임경수·황성오·안무업·안희철(2009). 재난의학. 군자출판사.
임상사회사업연구회 엮음(1999). 사회복지실천과 임상사회사업. 학문사.
임승권(1993). 정신위생. 양서원.
장현갑·강성군(편저)(1999). 스트레스와 정신건강. 학지사.
재난정신건강위원회(2015). 재난과 정신건강.
정문자·정혜정·이선혜·전영주(2012). 가족치료의 이해 제2판. 학지사.
정운선(2015). 재난피해자 심리적응급개입의 실제-대전광역시정신건강증진센터 교육자료집.
정원철(2010). 정신보건사회사업론. 공동체.
정일출(1997). 과밀 및 소음환경이 중학생의 정신건강에 미치는 영향. 한국 교원대학교 석사학위논문.
정혜은(2004). "알코올중독의 유형분류와 유형별 특징". 학생생활연구, 9, 133-149.
조대경·이관용·김기중(1994). 정신위생. 중앙적성출판사.
조은숙(2000). 현대인의 정신건강. 법문사.
주혜선(2016). 재난의 심리적응급처치: 사례중심의 개입실습.
중앙정신보건사업지원단(2011). 2011년 중앙정신보건사업지원단 사업보고서.
중앙정신보건사업지원단(2012). 2012년 중앙정신보건사업지원단 사업보고서.
채은희·천지은·이지향(2011). 정신보건전문요원 수련기관 및 수련생 실태조사 보고서. 국립서울병원 국립정신보건교육연구센터 보고서.
최규련(2013). 가족상담 및 치료. 공동체.
최명민(2013). 정신보건사회복지실천을 위한 이론의 활용. 한국정신보건사회복지사협회.
최송식(2008). 지역사회정신보건과 사례관리실천. 공동체.
태화샘솟는집(2011). 정신장애인 인권실천제안 프로그램.
한국건강증진재단(2011). 정신보건전문요원 수련기관평가인증 및 보수교육지침

개발 연구.
한국사회복지학회(2009). 정신장애인과 사회적 배제: 법적 차별과 권리.
한국심리학회(1997). 현대 심리학의 이해. 학문사.
한국자살예방협회(2008). 자살의 이해와 예방. 학지사.
한국장애인개발원(2014). 정신장애인 지역사회통합 지원방안 연구. 행복나무.
한국정신보건사회복지사협회(2012). 정신보건사회복지의 이론과 실제 정신보건전문요원 수련 교재. 양서원.
한국정신보건사회복지사협회(2016). 정신보건사회복지의 이해와 적용. 예일기획.
한국정신보건사회복지사협회(2016). 2016년도 정신보건사회복지사 수련지침서.
한국정신보건사회복지사협회(2017). 2017년도 정신보건사회복지사 수련지침서.
한국정신보건사회복지학회(2017). 춘계학술대회자료집.
홍선미·하경희(2009). 지역사회네트워크 중심 통합사례관리에 대한 탐색적 연구, 한국사회복지행정학, 11(1), 29-61.

Bloom, B. L.(1984). *Community Mental Health: A General Introducation*. Brooks/Cole Publising Company.
Brammer, L. M.(1985). *The Helping Relationship: Process and Skills*(3rd ed). Upper Saddle River, NJ: Prentice Hall.
Calliutt, J. W. & Lecca, P. J.(1983). *Social Work and Health*. The Free Press.
DiNitto, D.(2011). *Social Welfare: Politics and Public Policy*, 7th edition, Allyn and Bacon.
Hamilton, G.(1940). *The Theory and Parctice of Social Case Work*. The NewYork School of Social Work by Columbia University.
Hersen, M. & Bellack, A. S.(1976). Social skills training for chronic psychiatric patients: Rationale, research findings, and future directions. *Comprehensive Psychiatry*, 17, 559-580.
Hollis, F.(1964). *Casework: A Psychosocial Therapy*. New York, Random House.
Horwitz, A. V. & Scheid, T. L(Eds.).(1999). *A Handbook for the Study of Mental Health*. Cambridge University Press.
Huxley, P.(1985). *Social Work Practice in Mental Health*. Gower.
Liberman, R. P., Derisi, W. J. & Mueser, K. T.(1989). *Social Skills Training for Psychiatric Patients*, Permagon Press.

Lin, A. M.(1995). "Mental health overview.", *In Encyclopedia of Social Work.* edited by Edwards, R. NASW Press, 1705-1711.

Lusk, M. W.(1983). "The Psychosocial evaluation of the hospice patient". *Health and Social Work*, 8(3), Summer.

Mary Richmond(1917). *Social Diagnosis*. Kessinger Publishing.

McClain C. S., Rosenfeld, B. & Breibart, W.(2003). "Effect of spiritual wellbeing on end of life despair in terminally ill cancer patients". *Lancet,* 361(6369), 1603-1607.

Mechnic, D.(1999). *Mental Health and Social Policy: The Enegency of Managed Care*. Boston: Allyn & Bacon.

Morrissey, J. P.(1989). Commentary, In C.A. Taube, D. Mechanic, A. A. Hohmann, *the Future of Mental Health Service Research*, DHHS pub. No.(ADM), 89-1600. Washington, DC.,: Dept. of Docs., U.S. Government Printing Office.

Mueser, k. T., Bond, G. R., Drake, R. E. & Resnick, S. G.(1998). Models of community care for severe mental illness: a review of research on case management. *Schizophrenia Bulletin*, 24(1): 37-74

Phillip Fellin(1996). *Mental Health and Mental Illness, Politics, Programs and Services*, F. E. Peacock Pub, Inc., Illinos.

Rapp, C. A.(1998). *The Strength Model: Case Management with People Suffering from Severe and Persistent Mental Illness*. New York, Oxford: Oxford University Press.

Romas, J. A. & Sharma. M.(1995). *Practical Stress Management*. Boston: Allyn & Bacon.

Rubenowitz, E. Waern, M., Wilhelmson, k. & Allebeck, P.(2001). "Life evevts and psychosocial factors in elderly suicides: case control study". *Phychol Med*, 31(7), 1193-1202.

Saleebey(1996). "The Strengths perspective in social work practice: Extentions and cautions", *Social Work*, 41(3), 296-305.

Seaward, B. L.(1994). *Management Stress*. Boston: Jones and Barlett.

Simonton, O. C. & Matthews-Simontons, S.(1978). *Getting Well Again*, Los Angeles, CA: J. P. Tarcher.

Tice, C. J. & Perkins, K.(1999). *Mental Health Issue and Asing*. Brooks/Cole.

Trower, P., Bryant, B. & Argyle, M.(1978). *Social Skills and Mental Health*, London: Methen Co.

Walrond-Skinner, S.(1978). 'Indications and contra-indications for the use of family therapy'. *Journal of Child Psychology and Psychiatry*, 19, 57-62.

국가인권위원회 http://www.humanrights.go.kr

국립정신건강센터 http://www.ncmh.go.kr

김춘진 전 국회의원 블로그 http://blog.naver.com/kimcj334

로앤비 http://www.lawnb.com

별자리사회심리극연구소 http://psychodrama.or.kr

보건복지부 http://www.mohw.go.kr

서울시자살예방센터 http://www.suicide.or.kr

서울시 정신보건통계 www.seoulmentalhealth.kr

중앙정신건강사업지원단 http://www.nmhc.or.kr

한국도박문제관리센터 http://www.kcgp.or.kr

한국장애인개발원 http://www.koddi.or.kr

한국장애인고용공단 https://www.kead.or.kr

한국정보화진흥원스마트쉼센터 http://www.iapc.or.kr

한국정신건강사회복지사협회 http://www.kamhsw.or.kr

한국정신장애인자립생활센터 http://cafe.daum.net/kmdpcil

한국정신장애인연대 KAMI http://www.kami.ne.kr

http://blog.daum.net/unis3way/12419447

http://blog.homi.co.kr/konigy/7123

http://www.familylink.or.kr. "가족과 함께 하는 교육 프로그램" 교육자용 자료.

찾아보기

저/자/소/개

•나동석
중앙대학교 사회복지학과 학사, 석사, 박사
중앙대학교 의료원 정신건강사회복지사 역임
(사)한국군사회복지학회 자문위원 역임
충북 정신건강사업지원단 위원 역임
정신건강사회복지사 1급(보건복지부)
수련감독 교정 및 진로 전문상담사(한국교정상담심리학회)
현) 청주대학교 사회복지학과 정교수

•서혜석
청주대학교, 동대학원 사회복지학과 석사, 대구대학교 대학원 사회복지학과 박사
예수대학교 사회복지학과 교수, 예수대학교 정신건강상담연구소 소장 역임
(사)한국군사회복지학회 회장, (사)한국상담학회 전북상담학회 회장 역임
전문영역 수련감독(대학, 집단, 진로, 한국상담학회)
1급 정신건강증진상담사(한국정신건강상담사협의회)
현) 한국심리상담교육센터 센터장
전자장치부착대상 전문상담위원(법무부 대전준법지원센터, 청주준법지원센터, 전주준법지원센터)

•김선범
청주대학교 사회복지학과 학사, 동대학원 사회복지학과 석사, 박사과정 수료
한국정신건강사회복지사협회 수련위원 부회장 및 대전충청지회장, (사)한국군사회복지학회 충남지회장 역임
정신건강사회복지사 1급
현) 국립법무병원 사회정신과 정신건강사회복지사

•홍재은
청주대학교 사회복지학과 학사, 동대학원 석사, 충북대학교 대학원 아동복지학과 박사
정신건강사회복지사 1급, 중독전문사회복지사 1급
보육교사 1급, 보육시설장(일반)
현) 청주의료원 정신건강의학과 정신건강사회복지사
정신건강사회복지사 수련 슈퍼바이저

•곽의향
청주대학교, 동대학원 사회복지학과 석사
한국사이코드라마소시오드라마학회 대전지부장, 한국정신건강사회복지사협회 중독전문사회복지사 대전충청지부장, (사)한국군사회복지학회 총무위원장 역임
정신건강사회복지사 1급, 중독전문가 2급(중독전문가협회), 중독전문사회복지사 1급
현) 대전광역시 대덕구 중독통합관리지원센터 팀장,
성년후견인 보호관찰위원(법무부 대전준법지원센터)

•유은무
청주대학교 대학원 사회복지학과 석사, 동대학원 사회복지학과 박사과정 수료
천안시 정신건강증진센터 팀장, 천안시 자살예방센터 팀장 역임
정신건강사회복지사 1급, 중독전문사회복지사 2급
수련감독 전문상담사(교정상담, 한국교정상담심리학회)
현) (주) 에스제이 정신건강토탈케어서비스 팀장
국가인권위원회 위촉 인권강사(정신건강분야)

정신건강사회복지론

초판 1쇄 인쇄 / 2017년 8월 3일
초판 1쇄 발행 / 2017년 8월 10일

공저자 / 나동석 · 서혜석 · 김선범
홍재은 · 곽의향 · 유은무
발행인 / 이 중 수
발행처 / **동 문 사**

서울특별시 서대문구 홍제원 1길 12
(홍제동 137-8)
Tel : 02)736-3718(대), 736-3710, 3720
Fax : 02)736-3719
등록번호 : 제9-17호
가격 : 19,000원

ISBN : 978-89-8251-926-0(93330)
E-mail : dong736@naver.com
www.dongmunsa.com